W0076177

Mein SMART Board

Das Praxishandbuch für den
erfolgreichen Einsatz im Unterricht

Christian Kohls

Whiteboard-Software.de
ist eine Marke der
KIDS interactive GmbH
Erich-Kästner-Str. 1
99094 Erfurt
www.kids-interactive.de
www.whiteboard-software.de

© 2011 KIDS interactive GmbH, Erfurt
2. Auflage
ISBN 978-3-9814295-0-3

Das Werk und seine Teile sind urheberrechtlich geschützt. Jede Nutzung in anderen als den gesetzlich zugelassenen Fällen bedarf der vorherigen schriftlichen Einwilligung des Verlages.

Hinweis zu § 52a UrhG: Weder das Werk noch seine Teile dürfen ohne eine solche Einwilligung eingescannt und in ein Netzwerk eingestellt werden. Dies gilt auch für Intranets von Schulen und sonstigen Bildungseinrichtungen.

Umschlagkonzeption, Satz und Layout: Patrizia Stovermann
Herstellung: manageyourmedia, Augsburg

Inhaltsverzeichnis – Mein SMART Board

Kapitel 3: Phase: Vorbereiten und Material erstellen 81

Kapitel 4: Phase: Aktivieren und Motivieren 115

Kapitel 5: Phase: Informationen sammeln und Strukturen erarbeiten 137

Kapitel 6: Phase: Üben und Anwenden 183

Kapitel 7: Phase: Feedback geben und Ergebnisse sichern 223

Vorwort

Wir schreiben das Jahr 1986. Dave Martin und seine Frau Nancy Knowlton fahren durch den Bundesstaat New York, und Dave erzählt Nancy von seiner bahnbrechenden Idee. Glücklicherweise bleibt es nicht bei der Idee. Vier Jahre und viele Tausend Ingenieurstunden später ist es so weit: Das SMART Board, das weltweit erste interaktive Whiteboard, kommt auf den Markt. Über zwei Millionen interaktive Whiteboards werden seitdem in Schulen rund um den Globus eingesetzt. In England sind bereits knapp 80 % aller Klassenräume mit diesen Systemen ausgestattet.

Ich werde häufig gefragt, ob die Kreidetafel wohl vollständig von der „interaktiven Tafel" abgelöst werden wird. Die Frage ist interessant, weil eine Kreidetafel mit dem SMART Board in etwa so viele Gemeinsamkeiten hat wie eine Schreibmaschine mit dem Computer. Man sollte sich interaktive Whiteboards im Zusammenspiel mit geeigneter Software und dem Internet eher als Werkzeugkasten vorstellen. Lehrende haben mit diesem Werkzeugkasten in allen Unterrichtsphasen zusätzliche Möglichkeiten, um den Unterricht interessanter, anschaulicher und schließlich effektiver zu gestalten. Der Computer bekommt damit die Rolle eines universellen, fächerübergreifenden Werkzeugs, das Lernprozesse unterstützen kann.

Für die heutigen Schülergenerationen ist der Umgang mit dem interaktiven Whiteboard übrigens weit weniger ungewöhnlich als die Arbeit mit der Tafel. Die Technologie kann also auch dabei helfen, die viel kritisierte Parallelwelt Schule näher an die Realität der Schüler und der Arbeitswelt heranzurücken. Untersuchungen zu diesem Thema zeigen, dass dies signifikant positive Auswirkungen auf die Motivation hat – übrigens nicht nur aufseiten der Schüler, sondern auch bei den Lehrenden.

Ein Werkzeugkasten allein macht noch keinen guten Unterricht. Der Lehrende muss die neuen Möglichkeiten kennen und verinnerlichen, um im richtigen Moment das geeignete Werkzeug nutzen zu können. Das vorliegende Buch soll Sie genau hierbei unterstützen. Ich wünsche Ihnen viel Spaß und Erfolg beim Entdecken der Möglichkeiten und bei der Arbeit mit Ihrem SMART Board Interactive Whiteboard!

Tobias Windbrake

Vorwort des Autors

Mein erstes SMART Board habe ich auf einem Bild gesehen. Das ist mittlerweile neun Jahre her. Ich saß in einer Vorlesung, in der es um allgegenwärtige Informationstechnologien ging: In jeder Waschmaschine, jedem Auto, jedem Telefon steckt heute ein Computer. Gerade in Bildungsumwelten haben digitale Werkzeuge und Medien einen positiven Einfluss. Denn Computer ermöglichen den Zugang, die Verarbeitung und die Vernetzung von Informationen und helfen bei der sozialen Wissenskonstruktion. Genau aus diesem Grund hat mich bereits damals das interaktive Whiteboard fasziniert.

Vier Wochen später stand ein Modell bei mir im Arbeitsraum. Das Berühren und Verschieben von Objekten mit den Fingern war und ist einfach, natürlich und intuitiv. Inzwischen hat sich viel getan, insbesondere die Unterrichtssoftware hat einen Sprung nach vorne gemacht. Während für mich das interaktive Whiteboard zum vertrauten und lernförderlichen Werkzeug geworden ist, habe ich immer wieder feststellen müssen, dass manchmal auch Skepsis gegenüber diesem Medium besteht.

Setzt man das interaktive Whiteboard wie die klassische Tafel ein, darf man sich natürlich nicht wundern, dass dabei keine neuen, innovativen Lernformen zustande kommen. Man kann nicht alte Dinge weiterführen und neue Ergebnisse erwarten. Der große Unterschied liegt jedoch in einer ganz anderen Nutzung aufgrund der Interaktivität und den damit verbundenen Möglichkeiten, Konzepte zu explorieren, gemeinsam Informationen zu sammeln und zu strukturieren, verschiedenste Medienformen einzusetzen und miteinander zu verknüpfen.

In ihrem hervorragenden Buch „The Interactive Whiteboard Revolution" identifizieren Chris Betcher und Mal Lee drei Phasen, wie sich der Unterricht durch interaktive Whiteboards verändert: 1. Zunächst wird mit dem interaktiven Board in gleicher Weise gearbeitet wie bisher mit der Tafel. 2. Je vertrauter die Möglichkeiten der Technologie sind, umso häufiger werden neue Wege ausprobiert, um den Unterricht wie bisher zu gestalten. 3. Sobald das interaktive Board zum vertrauten Werkzeug geworden ist, beginnen Lehrende schrittweise mit neuen Methoden den Unterricht auf neue Art zu gestalten.

Ich möchte Sie mit diesem Buch in allen drei Phasen begleiten und Ihnen das nötige Rüstzeug geben, eigene Wege zu entdecken und auf erprobte Wege zurückzugreifen. In allen empirischen Studien über den Einsatz interaktiver Whiteboards überwiegen die Vorteile. Für mich persönlich sind die im Folgenden aufgelisteten Vorteile stets relevant gewesen.

Interaktive Visualisierung: Der visuelle Sinneskanal ist für die Aufnahme von Informationen sehr wichtig. Am SMART Board wird es besonders einfach, Bilder vorzubereiten und vor allem damit zu arbeiten. Digitale Wandkarten sind nicht nur schneller verfügbar, sie lassen sich auch gemeinsam verändern, um dynamische Wirkzusammenhänge besser zu erfassen.

Medienmix: Texte, Bilder, Videos, Animationen, verschiebbare Objekte und Webinhalte lassen sich sehr leicht einbinden und miteinander kombinieren. Bilder lassen sich mit Audio belegen, Texte und Zeichnungen können auf Fotos eingefügt, Standbilder von Videos mit vorhandenen Materialien oder Texten aus Wikipedia kombiniert werden.

Kognitive Entlastung: Strukturen lassen sich Schritt für Schritt aufbauen, verändern oder reduzieren. Mit Zeigewerkzeugen, Scheinwerferlicht oder farblichen Markierungen können wichtige Informationen hervorgehoben und so kognitiv fokussiert werden.

Konstruktivistische Arbeitsweise: Das Durchspielen verschiedener Konstellationen, Was-wäre-wenn-Fragen, das Prüfen von Hypothesen und Verknüpfen von Informationen wird durch mehrere Faktoren begünstigt. Das Verschieben, Sortieren, Klassifizieren und Verändern von Objekten lädt dazu ein, verschiedene Strukturen und Perspektiven auszutesten. Das Speichern von Zwischenergebnissen lässt in verschiedene Richtungen denken.

Agile Unterrichtsgestaltung und Individualisierung: Der Stundenverlauf lässt sich spontan ändern, indem auf zusätzliches Material aus dem Internet oder auf dem eigenen Rechner zurückgegriffen wird. Als Lernstation kann das SMART Board genutzt werden, um Inhalte in kleinen Gruppen zu wiederholen, zu erklären oder zu vertiefen, während der Rest der Klasse an einer Aufgabe arbeitet. Durch das Bereithalten digitaler Materialien lassen sich die Inhalte besser auf die Bedürfnisse der Klasse und einzelner Schüler anpassen.

Ergebnissicherung: Alles, was in der Klassengemeinschaft oder in Gruppen erarbeitet wurde, lässt sich einfach speichern, verteilen und wiederverwenden. Vorbei sind die Zeiten, in denen mühsam erarbeitete Visualisierungen oder Pinnwand-Karten einfach verloren gehen oder umständlich abfotografiert werden müssen.

Medienkompetenz: Das interaktive Whiteboard bringt den Computer in immer mehr Klassenräume und fördert so den Umgang mit Medien, das Auffinden, Einordnen und Bewerten von Informationen im Internet, den Schutz der Schüler vor Internetkriminalität sowie das Bewusstwerden über die eigene Identität in sozialen Netzwerken und die Folgen des Handelns im Internet.

Zum Aufbau des Buches

Das Buch gliedert sich in sieben Kapitel, denen ein methodischer, das heißt wegorientierter, Gedanke zugrunde liegt. Die Gleichwertigkeit weiblicher und männlicher Lehrkräfte, von Schülerinnen und Schülern ist für den Autoren selbstverständlich. Für die bessere Lesbarkeit wurde auf eine Doppelnennung verzichtet.

Teil 1: Die Basisausrüstung

Jeder gute Wanderer kennt seine Ausrüstung. Deshalb geht es in den ersten drei Kapiteln darum, Ihnen das interaktive Whiteboard als Unterrichtswerkzeug vorzustellen.

Kapitel 1: Der Einstieg
Das Kapitel beschäftigt sich mit den grundlegenden Funktionen des SMART Boards. Wie funktioniert die Bedienung des Computers mittels des interaktiven Whiteboards? Welche Möglichkeiten gibt es, mit den Programmen auf Ihrem Computer zu arbeiten?

Kapitel 2: SMART Notebook zum Nachschlagen
Die SMART Notebook-Software befindet sich im Lieferumfang des SMART Boards und darf von allen Lehrern und Schülern kostenlos genutzt werden, wenn es ein SMART Board an der Schule gibt. Sie stellt eine Vielzahl von Werkzeugen für die Unterrichtsgestaltung zur Verfügung. Dieses Kapitel stellt die Funktionen vor und ist gleichzeitig eine Referenz.

Kapitel 3: Vorbereiten und Material erstellen
Hier finden Sie Tipps für die Unterrichtsvorbereitung und Gestaltung des Unterrichtsmaterials. Es werden grundlegende Techniken für den Werkzeugeinsatz vorgestellt und Designwissen vermittelt.

Teil 2: Unterrichtswege

Im zweiten Teil des Buches geht es um die Vorstellung bereits bekannter Methoden – Wege, die von erfahrenen „Wanderern" bereits erkundet wurden. Die Vorstellung der einzelnen Methoden folgt einem einheitlichen Aufbau.

Methodenbeschreibung: Der Unterrichtsablauf wird kurz skizziert.
Warum: Es folgt eine Begründung für den Weg unter der Überschrift „Warum?".
Stolpersteine: Wie lassen sich typische Stolpersteine umgehen?
Am SMART Board: Beispiele für den sinnvollen Einsatz des SMART Boards.

Zur besseren Orientierung sind die Methoden in verschiedene aufeinanderfolgende Phasen eingeordnet. Dabei sind die hintereinander geordneten Phasen in der Realität keineswegs so schön sauber linear, wie hier dargestellt. Vielmehr gibt es eine Rückkopplung und einen ständigen Wechsel zwischen den einzelnen Phasen.

Kapitel 4: Aktivieren und Motivieren

In der Schule geht es darum, bestimmte Sach-, Sozial- und Methodenkompetenzen zu erlangen. Methoden für die Aktivierung und Motivierung sollen eine Hingabe und Aufmerksamkeit für das gerade behandelte Thema wecken.

Kapitel 5: Informationen sammeln und Strukturen erarbeiten

Der Aufbau neuer Wissensstrukturen erfolgt durch die Verknüpfung bereits vorhandener Informationen. Methoden zum Sammeln, Recherchieren, Darbieten und Reaktivieren von Wissen werden mit Methoden zum Sortieren, Strukturieren, Kategorisieren und Vernetzen kombiniert.

Kapitel 6: Üben und Anwenden

Die Verinnerlichung der konstruierten oder vermittelten Wissensstrukturen muss durch das Individuum selbst geschehen. Gesetzmäßigkeiten und Regeln sollen nicht nur bekannt sein, sondern auch verstanden und erfolgreich angewendet werden. Daher kommt der Phase des Übens und Anwendens in verschiedenen Sozialformen mit unterschiedlichen Aufgabentypen eine besonders wichtige Rolle zu.

Kapitel 7: Feedback und Ergebnissicherung

Wissensstrukturen werden permanent durch Rückmeldungen über ihre Adäquatheit angepasst. Sowohl durch Erfolge wie auch Fehlschläge lernen wir, ob unser konstruiertes Wissen mit den beobachtbaren Naturphänomenen und normativen Kulturregeln kohärent ist. Ausgewogene Erkenntnisse und Ergebnisse sollen gesichert und schnell wieder abrufbar sein.

Ich wünsche Ihnen viel Spaß beim Auskundschaften der Wege und hoffe, dass dieses Buch ein nützlicher Reisebegleiter ist.

Christian Kohls
Hamburg, im Februar 2010

Mit dem Smartboard
kann man Zeit sparen,
als wenn man ständig
mit dem Schwamm
die Tafel sauber
machen müßte.

Kati

Kapitel 1

Der Einstieg

Wie funktioniert das SMART Board?

Das SMART Board ist sehr leicht zu bedienen. Wenn Sie einen Computer bedienen können, dann können Sie auch ein SMART Board bedienen und sofort loslegen.

Darum geht es in diesem Kapitel:
- Die Funktionsweise des SMART Boards verstehen
- Erste Schritte mit dem interaktiven Whiteboard
- Arbeiten mit Fingern und Stiften
- Ausrichten des SMART Boards

Wie funktioniert mein SMART Board?

Das SMART Board, das in Ihrem Klassenraum an der Wand hängt, benötigt noch zwei weitere Geräte, damit es funktioniert: einen Computer und einen Projektor (Beamer). Der Computer sendet das Bild an den Projektor, und dieser projiziert es auf das SMART Board. Technisch gesehen ist ein SMART Board also sowohl Projektionsfläche als auch Eingabegerät, sozusagen ein riesiger Touchscreen.

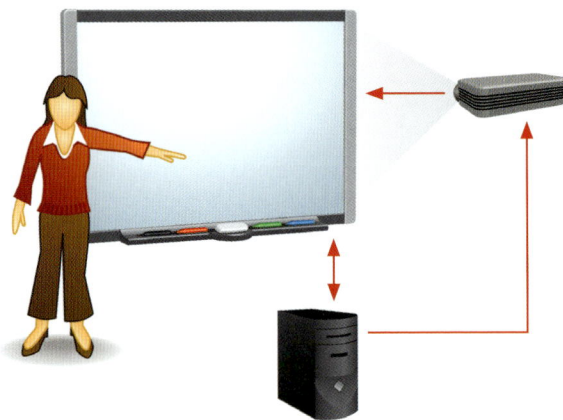

Je kürzer der Projektionsabstand ist, also der Abstand zwischen Projektor und Board, desto weniger Schatten wird erzeugt. Während Projektoren in der Vergangenheit an der Decke befestigt werden mussten und relativ viel Schatten erzeugten, können modernere Varianten an der Wand oberhalb des Boards angebracht werden. Durch den geringeren Schattenwurf gestaltet sich die Arbeit am Board angenehmer, und man schaut nicht versehentlich ins Licht des Projektors.

Die wichtigste Komponente des Gesamtsystems ist allerdings die SMART Board-Software, die auf dem angeschlossenen Computer installiert sein muss. Teil dieser Software ist die leistungsfähige Anwendung SMART Notebook, deren Möglichkeiten Sie im Laufe der Buchlektüre kennenlernen werden.

> **Tipp:** Installieren Sie die Notebook-Software in jedem Fall auch auf Ihrem heimischen Computer. Auf diese Weise können Sie sich zu Hause in die Arbeit mit dem SMART Board einarbeiten und zukünftig auch digitales Unterrichtsmaterial vorbereiten. Die Software können Sie von der Webseite *www.smarttech.de* herunterladen. Den Schlüssel zur Freischaltung der Software kann Ihnen Ihr Administrator zur Verfügung stellen.

Um die Arbeitsweise des SMART Board-Systems zu verstehen, ist es sinnvoll, auch die Verbindungen zwischen den Komponenten zu kennen. Mit diesem Wissen können Sie sich zukünftig auch dann helfen, wenn irgendetwas einmal nicht wie erwartet funktionieren sollte.

Für die Verbindung zwischen Computer und Projektor wird ein Video-Kabel benötigt, in der Regel ein sogenanntes VGA-Kabel. Damit das SMART Board mit dem Computer kommunizieren kann, werden beide über ein USB-Kabel miteinander verbunden. Das SMART Board bekommt seinen Strom übrigens über dieses USB-Kabel, eine Stromversorgung ist deshalb nur für Computer und Projektor notwendig.

Los geht's: erste Schritte am SMART Board

Es ist so weit, Sie betreten den Klassenraum und wollen mit dem SMART Board arbeiten. Sie finden im Folgenden eine Schritt-für-Schritt-Anleitung, mit der nichts mehr schiefgehen kann:

1. Projektor einschalten

Schalten Sie zunächst den Projektor ein. Dieser benötigt eine kurze Aufwärmphase (ca. 30 Sekunden), bevor ein Bild auf das SMART Board projiziert wird. Wenn es sich um einen Projektor handelt, der an der Decke installiert ist, benötigen Sie wahrscheinlich eine Fernbedienung zum Einschalten. Wenn sich der Projektor oberhalb des SMART Boards befindet, können Sie den Projektor in der Regel über einen Knopf einschalten, der sich an einem Anschlussfeld neben oder unter dem SMART Board befindet.

2. Computer einschalten

Als Nächstes schalten Sie den Computer ein. Nach dem sogenannten Hochfahren des Computers müssen Sie sich eventuell noch am System anmelden. Ihren Benutzernamen und Ihr Passwort erfragen Sie bitte bei Ihrem Systemadministrator.

Tipp: Geben Sie Benutzernamen und Passwort über die echte Computertastatur ein, also nicht über die Bildschirmtastatur des SMART Boards. Ansonsten können Ihre Schüler die Eingabe sehen und die Zugangsdaten möglicherweise missbrauchen.

3. Kurzer Check, ob das SMART Board funktioniert

Wenn die Verbindung zwischen Computer und Board reibungslos funktioniert, leuchtet die kleine LED, die sich rechts im Rahmen des SMART Boards befindet, grün. Falls die LED nicht leuchtet, ist das USB-Kabel offenbar nicht angeschlossen. Beim Start des Systems blinkt die LED grün, dies ist normal. Sollte das Blinken nicht aufhören oder sollte die LED eine andere Farbe als Grün anzeigen, so kontaktieren Sie bitte Ihren Systemadministrator. Informationen zu den verschiedenen Modi der Status-LED finden Sie auch im Supportbereich der SMART-Webseite.

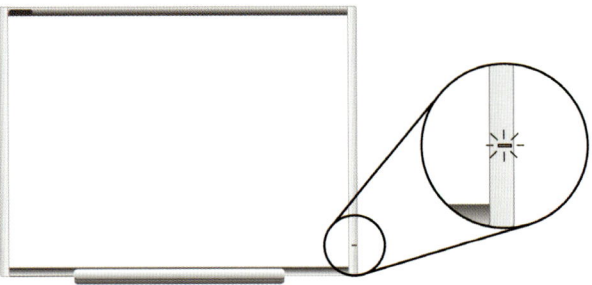

4. Geben Sie dem Computer ein wenig Zeit

Beachten Sie, dass beim Startvorgang eines Computers oft viele Programme geladen werden, beispielsweise Virenscanner. Warten Sie daher am besten, bis der Computer alles Notwendige geladen hat, bevor Sie mit der Arbeit am SMART Board beginnen. Ansonsten kann es sein, dass das System nicht direkt auf Ihre Eingaben reagiert.

5. Ihr Finger ist die Maus

Sie können alle Anwendungen wie gewohnt am SMART Board starten und bedienen. Ein Klick mit Ihrem Finger auf dem Board entspricht einem Klick mit der Maus, das Gleiche gilt für einen Doppelklick. Sie können mit Ihrem Finger auch Objekte und Dateien am Board verschieben.

6. Unterrichtssoftware starten

Zum Erstellen von Tafelbildern können Sie die Unterrichtssoftware SMART Notebook einsetzen. Das Besondere an der Notebook-Software ist, dass sie so einfach wie eine normale Tafel eingesetzt werden kann und gleichzeitig viel mehr Möglichkeiten für die interaktive Gestaltung der Inhalte bietet.

Wenn sich auf dem Desktop Ihres Computers das SMART Notebook-Icon befindet, dann können Sie die Unterrichtssoftware einfach durch einen Doppelklick starten. Berühren Sie dazu zweimal kurz hintereinander das SMART Notebook-Icon an genau derselben Position. Alternativ können Sie die Software auch über das Start-Menü von Windows starten.

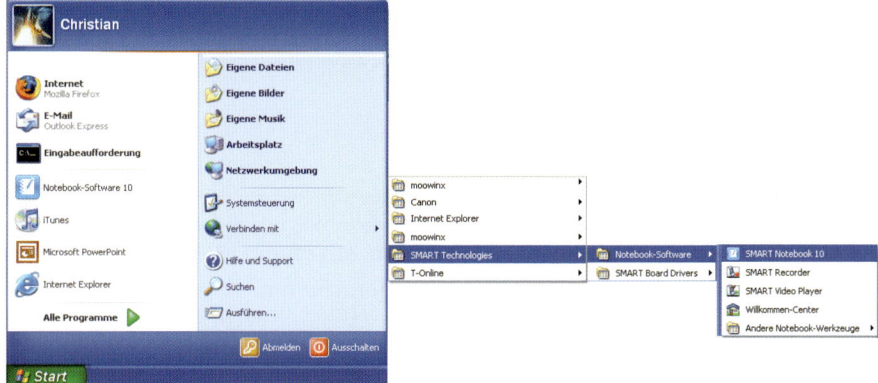

7. Mit Stiften zeichnen und schreiben

Wenn Sie mit einem der Stifte aus der Stiftablage über die Oberfläche des SMART Boards fahren, dann zeichnen Sie in der Farbe des Stiftes auf der Bild-schirmoberfläche des Computers.

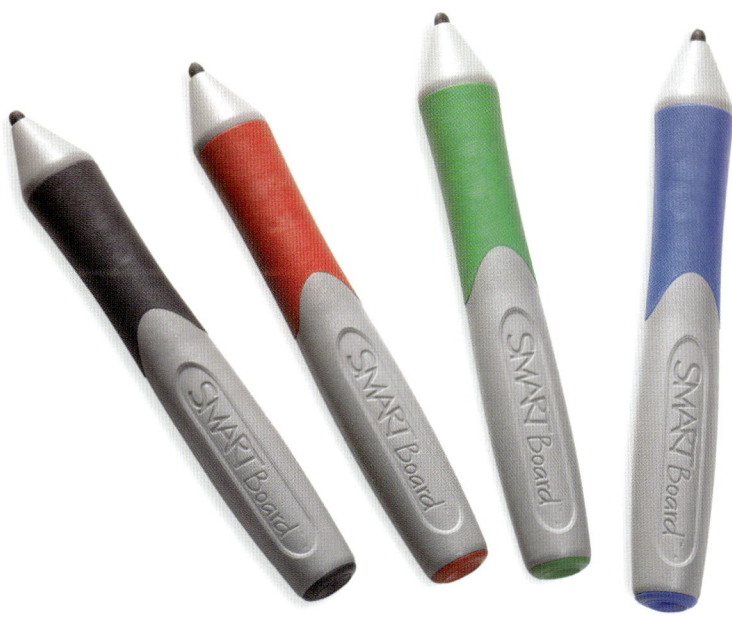

8. Die Tafel wischen

Mit dem Schwamm lässt sich die „digitale Tinte" wie gewohnt wegwischen.

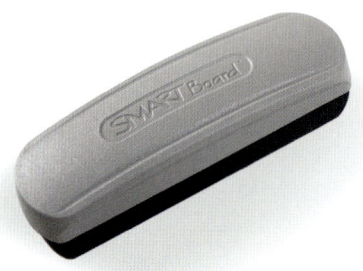

 Doch es geht auch einfacher und flexibler: Klicken Sie auf das Symbol *Seite hinzufügen*, um eine leere Seite hinzuzufügen. Mit einem Klick ist die gesamte Tafeloberfläche sauber, und Sie können weiterarbeiten.

  Ein weiterer Vorteil des SMART Boards besteht darin, dass Sie zu allen bisher erstellten Tafelbildern zurückblättern können. Ihnen gehen also keine Anschriften verloren.

9. Tafelbilder sichern und wieder verwenden

Am Ende der Stunde können Sie alle erstellten Tafelbilder dauerhaft auf dem Computer oder einem externen Datenträger (z. B. USB-Stick) speichern.

 Klicken Sie auf das Symbol *Speichern*. Wählen Sie einen aussagekräftigen Dateinamen aus, z. B. „Sachkunde-Klasse1b-stunde3". Klicken Sie dann auf die Schaltfläche *Speichern*.

 In der nächsten Unterrichtsstunde können Sie auf die erstellten Inhalte des vorangegangenen Unterrichts wieder zugreifen. Zu Beginn der nächsten Unterrichtsstunde starten Sie wieder die Notebook-Software und klicken dann auf das *Öffnen*-Symbol.

10. Computer und Beamer ausschalten

Wenn Sie Ihre Arbeitsergebnisse gespeichert haben, können Sie SMART Notebook beenden, ohne dass Ihnen Inhalte verloren gehen. Zum Beenden klicken Sie einfach auf das rote X oder wählen im Datei-Menü die Option *Beenden*.

Nachdem Sie die Unterrichtssoftware beendet haben, können Sie auch den Computer herunterfahren und ausschalten. Wählen Sie im Start-Menü den Punkt „Ausschalten". Der Computer schaltet sich nun automatisch ab. Bereits während der Computer herunterfährt, können Sie auch den Beamer über die Fernbedienung bzw. das Anschlussfeld ausschalten.

Stiftablage

Die Stiftablage des SMART Boards besteht aus vier Ablagefächern für die Stifte und einem Ablagefach für den Schwamm. Jedes Fach hat eine Lichtschranke, mit der erkannt wird, wenn ein Stift oder der Schwamm entnommen wird. Sie können mit dem Finger oder dem Stift schreiben, solange ein Stiftfach leer ist.

Das SMART Board merkt sich, welcher Stift (oder Schwamm) als Letztes entnommen wurde. Wenn Sie den Schwamm aus dem Fach nehmen, während Sie noch einen Stift in der Hand haben, erkennt die Technik in der Stiftablage, dass Sie jetzt wischen möchten. Die LED über dem Fach zeigt an, welcher Stift als Letztes entnommen wurde, und somit, welche Schreibfarbe verwendet wird.

Tipp: Sogar dann, wenn einmal weder Stifte noch Schwamm auffindbar sein sollten, können Sie uneingeschränkt mit dem SMART Board arbeiten: Legen Sie einfach beliebige Gegenstände in die Ablageschalen, beispielsweise ein Stück Papier. Wichtig ist nur, dass die jeweilige Lichtschranke bedeckt ist. Sie können diesen Gegenstand dann als Stiftersatz nutzen.

Je nach Modell gibt es mindestens zwei Tasten auf der Stiftablage. Mit einer Taste können Sie die Bildschirmtastatur aufrufen. Mit der anderen Taste wandeln Sie Ihre nächste Berührung am Board zu einem rechten Mausklick um, was durch ein Hinweisfenster unten rechts am Bildschirmrand angezeigt wird.

Stiftablage-Tasten

Einige SMART Board-Modelle haben noch eine weitere Taste, mit der Sie direkt das Hilfecenter aufrufen.

Bildschirmtastatur

Statt einer extern angeschlossenen Tastatur können Sie eine virtuelle Bildschirmtastatur aufrufen. Auf diese Weise können Sie Texte direkt am SMART
Board eintippen. Sie müssen also nicht mehr zwischen verschiedenen Eingabe-
geräten wechseln, und Ihre Schüler können unmittelbar beobachten, welche
Tasten Sie drücken.

Um die Bildschirmtastatur aufzurufen,
drücken Sie auf den *Tastatur*-Knopf auf
der Stiftablage Ihres SMART Boards.

Vorname	Sabine
Nachname	

*Sie können die
Bildschirmtastatur
verwenden, um
Online-Formulare
auszufüllen oder
Text einzugeben*

*Um eine alternative
Tastauransicht aus-
zuwählen, wählen
Sie die gewünschte
Ansicht aus der
Liste aus*

Rechter Mausklick

Drücken Sie an Ihrer Stiftablage auf die
Taste für den *rechten Mausklick*, um bei
der nächsten Berührung am SMART
Board einen Klick mit der rechten
Maustaste auszuführen, z. B. um ein
Kontextmenü aufzurufen.

Tipp: Statt auf die Taste für den *rechten Mausklick* zu drücken, halten Sie
Ihren Finger auf die Stelle, wo Sie einen rechten Mausklick durchführen
wollen. Nach wenigen Sekunden erscheint hier das Menü der *rechten Maus*.

SMART Board kalibrieren

Wenn Sie auf das SMART Board klicken und der Mauszeiger an einer anderen Position als Ihr Finger erscheint, dann müssen Sie das Board kalibrieren. Gleiches gilt dann, wenn die digitale Tinte nicht aus der Stiftspitze kommt, sondern seitlich versetzt erscheint.

Um das Kalibrierungsfenster aufzurufen, drücken Sie auf der Stiftablage gleichzeitig die Taste für die Bildschirmtastatur und die Taste für die rechte Maus.

Beim Kalibrieren steuern Sie nacheinander vorgegebene Punkte an. Dabei leuchtet jeweils ein Zielkreuz auf, das Sie anklicken müssen.

Tipp: Um das Zielkreuz exakt und bequem zu treffen, verwenden Sie einen Stift (nicht Ihren Finger!) und setzen diesen in der Nähe des Kreuzes an. Jetzt ziehen Sie den Stift – ohne ihn von der Oberfläche des Boards abzusetzen – genau in die Mitte des Zielkreuzes. Erst, wenn der Stift genau in der Mitte des Zielkreuzes positioniert ist, setzen Sie ihn wieder ab. Danach wird automatisch das nächste Zielkreuz aktiviert. Sollten Sie aus Versehen „daneben" geklickt haben, können Sie eine beliebige Taste auf der Stiftablage drücken. Sie springen dann zum vorherigen Zielkreuz zurück.

Transparente Folie

Wenn Sie einen Stift aus der Stiftablage nehmen, erscheint um Ihren Bildschirm ein Rahmen. Der Rahmen zeigt an, dass die Transparente Folie aktiv
ist und Sie auf Ihrem Bildschirm schreiben können, wie Sie es auch auf einer
echten transparenten Folie (z. B. auf einem Overhead-Projektor) können.

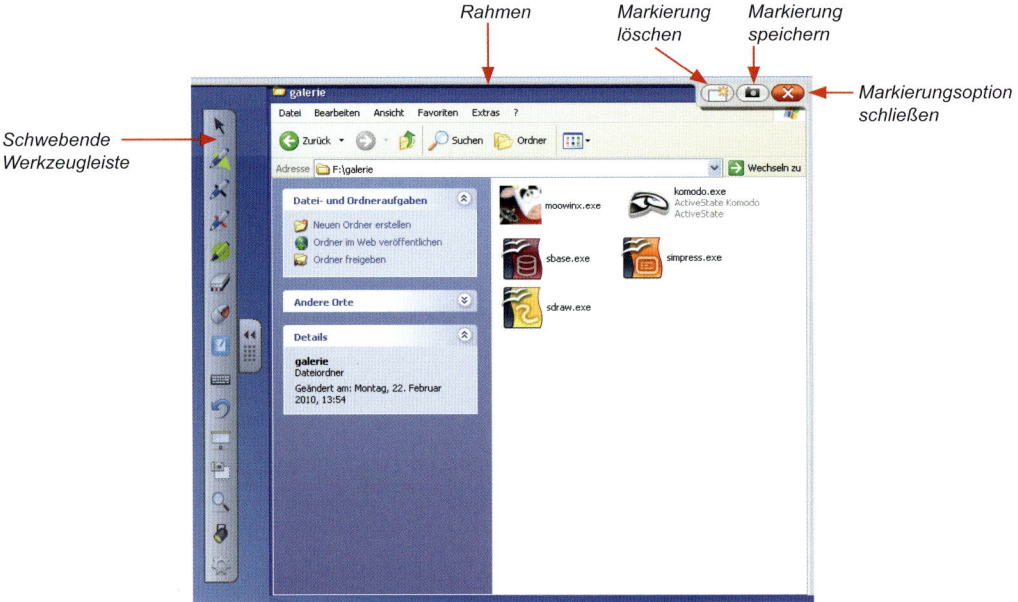

Wenn Sie alle Werkzeuge zurückgelegt haben und auf die Folie klicken, öffnet
sich ein Menü, mit dem Sie Ihre Notizen speichern können.

Um eine Bildschirmaufnahme mit Ihren Notizen in die Notebook-Software
zu übernehmen, klicken Sie auf *Markierung speichern*. Wenn Sie Ihre Notizen
löschen möchten, ohne die Transparente Folie zu schließen, klicken Sie auf
Markierung löschen. Um die Transparente Folie zu entfernen, klicken Sie auf
Markierungsoption schließen.

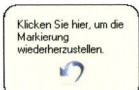

Rückgängig

Wenn Sie die Transparente Folie entfernen, verschwinden auch Ihre gerade
eingefügten Notizen und Aufzeichnungen. Daher erscheint unten rechts
auf Ihrem Bildschirm ein Fenster mit dem Hinweis *Klicken Sie hier, um die
Schrifteingabe wiederherzustellen*. Sollte der Hinweis *Klicken Sie hier, um
die Schrifteingabe wiederherzustellen* nicht erscheinen oder zu schnell verschwinden, nehmen Sie einen Stift aus der Stiftablage, und klicken Sie auf
der Schwebenden Werkzeugleiste am linken Bildschirmrand das Symbol für
Rückgängig, um Ihre Notizen und Zeichnungen wieder herzustellen.

Mit Ink Aware arbeiten

Verfügt ein Programm über die Funktion *Ink Aware*, können Sie direkt in ein aktives Dokument schreiben oder zeichnen. Die Zeichnungen werden als Objekt eingefügt und können daher direkt in der Anwendungsdatei der Software gespeichert werden. Microsoft® Word, Excel® und PowerPoint® sind die am häufigsten verwendeten Ink Aware-Anwendungen.

In einer Ink Aware-Anwendung wird zudem erkannt, wo der aktive Arbeitsbereich der Software ist und in welchem Bereich sich die Menüleiste und die Symbole befinden.

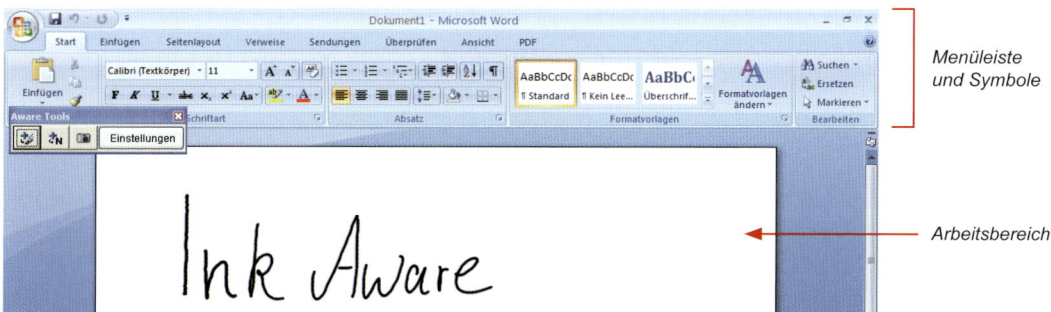

Menüleiste und Symbole

Arbeitsbereich

Praktisch bedeutet dies, dass Sie mit einem Stift in der Hand im Arbeitsbereich zeichnen und schreiben können und in der Menüleiste wie gewohnt auf die Symbole klicken können – ohne zwischendurch den Stift abzulegen.

Mit der Notebook-Software kann man einfach Inhalte darstellen und die Schrift vergrößern.

Lennart

Kapitel 2

SMART Notebook
zum Nachschlagen

Wie arbeite ich mit SMART Notebook?

SMART Notebook ist eine Unterrichtssoftware, die mit jedem SMART Board ausgeliefert wird. Sie können interessante und interaktive Aufgaben mit Notebook vorbereiten, durchführen und sichern. Ihnen stehen unbegrenzt leere Seiten zur Verfügung, mit denen Sie und Ihre Schüler arbeiten können. Ob Bilder, handschriftliche Notizen und Skizzen, Tabellen, Videos oder interaktive Simulationen – mit SMART Notebook lässt sich beinahe alles umsetzen.

Darum geht es in diesem Kapitel:
- Das Erstellen „klassischer" Tafelbilder
- Das Anreichern von Seiten mit aktivierenden Elementen
- Die Arbeit mit Stiften und Schwamm
- Das Zeichnen von Linien, Formen und Tabellen
- Die Arbeit mit Bildern und interaktiven Objekten
- Das Arbeiten mit verschiedenen Medienformen
- Der Einsatz interaktiver Werkzeuge für kreatives Arbeiten

Mit der Notebook-Software arbeiten

 Um die Notebook-Software zu öffnen, machen Sie bitte einen Doppel-klick auf das SMART Notebook-Icon auf Ihrem Desktop. Oder klicken Sie unten links auf Ihrem Bildschirm auf **Start > Alle Programme > SMART Technologies > Notebook Software > Notebook Software 10**. Es öffnet sich das *Begrüßungs-Center*. Falls diese Meldung beim Öffnen der Notebook-Software nicht anzeigt werden soll, entfernen Sie das Häkchen unten im Fenster.

Wenn Sie auf *Neue Notebook-Datei* klicken, öffnet sich eine neue leere Datei. In jeder neuen Notebook-Datei gibt es einen *Arbeitsbereich*, in dem Sie Objekte erstellen oder einfügen können (z. B. handschriftliche Notizen, getippter Text, Grafiken, Clip Art und Adobe® Flash®-Dateien). Ein großer Vorteil der Notebook-Software ist die Möglichkeit, immer neue Seiten zu erstellen, um alle gewünschten Informationen festzuhalten oder zu präsentieren.

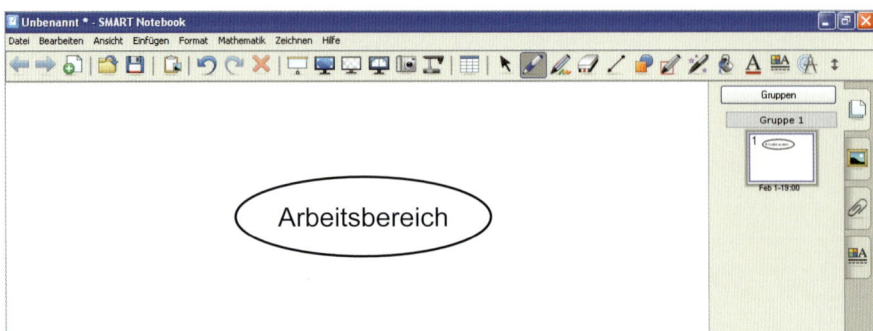

Am SMART Board schreiben

Das klassische Tafelbild

Die wichtigste Funktion der Kreidetafel ist das Anschreiben von Text sowie das Erstellen von Zeichnungen. An der Tafel müssen Sie nur ein Stück Kreide in die Hand nehmen und los geht's. Am SMART Board geht es genauso einfach. Starten Sie die Notebook-Software, und Sie können einfach mit einem der SMART Board-Stifte losschreiben.

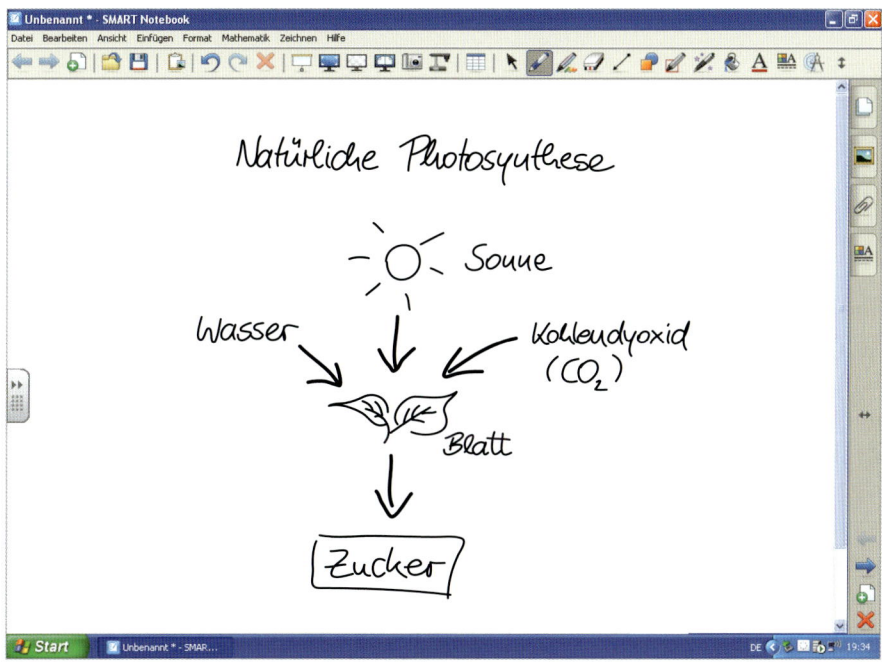

- Drücken Sie den Stift beim Schreiben ein wenig auf, denn das SMART Board reagiert auf Druck. Haben Sie dabei keine Angst, Sie können nichts kaputt machen!
- Schreiben Sie Text ruhig groß an das Board, dies erhöht die Lesbarkeit.
- Lehnen Sie sich nicht mit dem Ellenbogen oder der Handfläche an das Board. Das System reagiert auf jeden Berührungspunkt, und es wird daher immer dort gezeichnet, wo Druck auf das Board ausgeübt wird.

Mehrere Farben verwenden

Zur Hervorhebung von Text oder für Schaubilder ist es sinnvoll, mit verschiedenen Farben zu arbeiten. Nehmen Sie einfach den Stift mit der gewünschten Farbe in die Hand und schreiben Sie los.

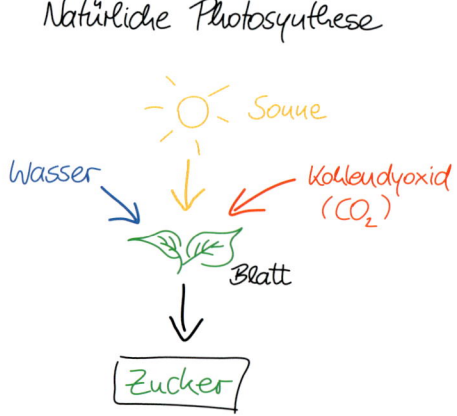

Sie fragen sich, was passiert, wenn Sie mehrere Stifte gleichzeitig aus der Stiftablage nehmen? Das SMART Board merkt sich, welchen Stift Sie als Letztes aus dem Fach genommen haben, und verwendet diese Farbe. Sie können auch an den kleinen Leuchtdioden an der Stiftablage des SMART Boards erkennen, welches die aktuelle Schreibfarbe ist. In den Stiften selbst steckt übrigens keine Technik. Dies hat zwei entscheidende Vorteile: Sie können auch mit dem Finger schreiben, und die SMART Stifte dürfen auf den Boden fallen, ohne dass etwas kaputtgeht!

Mit den vier Farben lassen sich schon sehr ansprechende Tafelbilder gestalten. Manchmal ist es für einen Sachverhalt sinnvoll, auf eine spezielle Farbe zurückzugreifen. Halten Sie sich fest: Am SMART Board haben Sie über 16 Millionen Farben zur Verfügung! Nun ja, so viele Farben werden Sie kaum brauchen, und das menschliche Auge kann so viele Farben auch gar nicht unterscheiden. Daher stehen Ihnen in Notebook erst einmal die wichtigsten, gut unterscheidbaren Grundfarben zur Verfügung:

Wenn Sie weitere Farben zum Zeichnen benötigen, dann klicken Sie zunächst auf das *Stift*-Symbol und dann auf das *Eigenschaften*-Symbol. Wählen Sie „Linienstil", um die Zeichenfarbe festzusetzen. Nun können Sie eine Farbe aus der Farbpalette wählen oder selbst Farben mixen, indem Sie auf „Mehr" klicken:

16,8 Millionen mögliche Farben

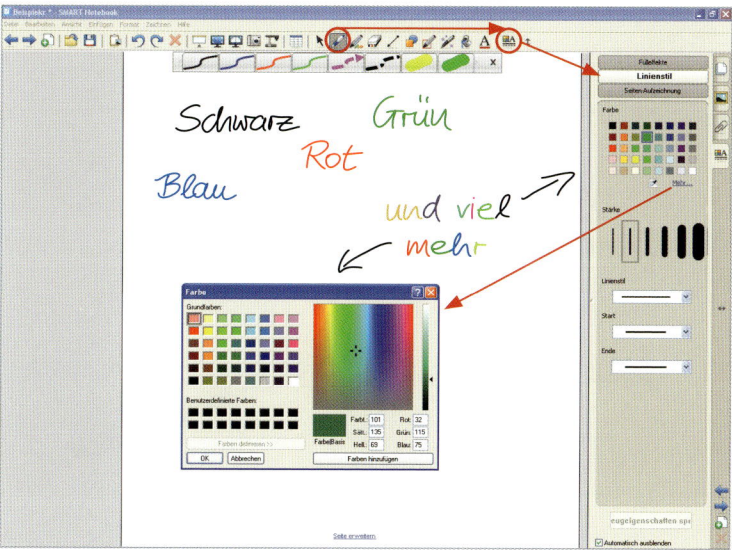

Stifte ohne Ende

Sie haben nicht nur eine große Auswahl unterschiedlicher Farben, Ihnen stehen auch verschiedene Strichstärken und Füllungen zur Verfügung. Mehr noch: Sie können automatisch gestrichelte Linien zeichnen und verschiedene Pfeilspitzen verwenden. Auch diese Einstellung wählen Sie über das Symbol *Eigenschaften* aus.

Wenn Sie auf das Register *Eigenschaften* klicken, können Sie die Eigenschaften für Objekte auch nachträglich verändern. Je nach Objekt, das Sie angeklickt haben, werden unterschiedliche Eigenschaften angezeigt.

Sie können hier die Fülleffekte, den Linienstil und den Textstil Ihres ausgewählten Objekts ändern oder den Linienstil des *Kreavtivstiftes*.

Tipp: Vergessen Sie nicht, auf das *Auswahl*-Symbol zu klicken, um wieder in den Mausmodus zurückzuschalten, bevor Sie ein Objekt auswählen oder verschieben.

Textmarker

Besonders interessant sind die beiden *Markerstifte*. Mit den Markern können Sie wie gewohnt zeichnen. Das Besondere ist, dass wie bei einem Textmarker der Hintergrund nicht vollkommen überdeckt wird. Sie können die Marker also sehr gut einsetzen, um damit Inhalte hervorzuheben.

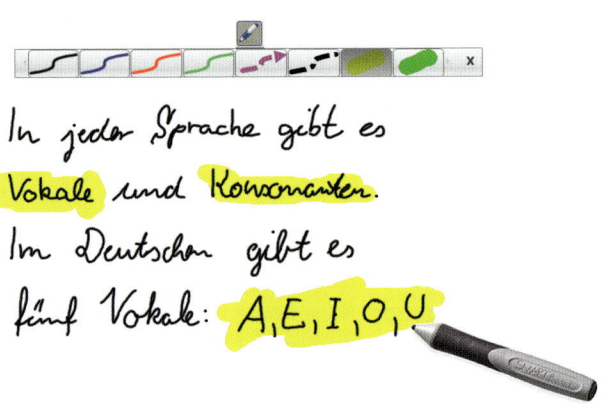

Wenn Sie für den aktuellen Stift eine Transparenz festlegen möchten, dann klicken Sie auf eines dieser Symbole:

In der Notebook-Software

In der Schwebenden Werkzeugleiste

Kreativstifte

Um das Tafelbild aufzulockern oder kindgerecht zu gestalten, können Sie auf *Kreativstifte* zurückgreifen. Diese Stifte zeichnen statt einer einfachen Linie lauter kleine Sticker auf das Board. Als Grundschullehrer können Sie beispielsweise die richtige Lösung eines Schülers mit dem *Kreativstift* Smileys einkringeln.

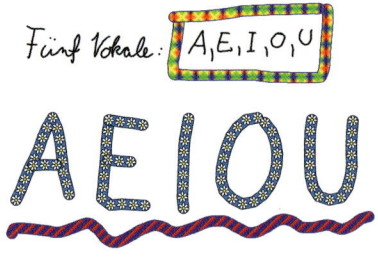

Wischen

Zum Korrigieren oder Ändern des Tafelbildes können Sie an der Kreidetafel einfach einen Schwamm oder Lappen verwenden. Auch am SMART Board gibt es einen Schwamm, sodass die Bedienung besonders intuitiv ist.

Legen Sie zunächst die Stifte zurück in die Stiftablage, und nehmen Sie den Schwamm in die Hand. Mit dem Schwamm können Sie Teile eines Wortes oder einer Zeichnung wegwischen.

Wenn Ihnen der Schwamm zu klein ist, dann klicken Sie auf das *Schwamm*-Symbol. Hier können Sie eine größere Schwammfläche wählen. Zum Wegwischen können Sie weiterhin den Schwamm in Ihrer Hand nutzen.

Tipp: Wenn Sie einen Bereich des Tafelbildes mit dem Schwamm einkreisen und dann in der Mitte einmal klicken, können Sie den eingekreisten Bereich in einem Schritt entfernen. Die Zeitspanne zwischen Einkreisen und Klicken darf allerdings nicht zu lang sein, sonst funktioniert dieser Trick nicht.

Häufig kommt es vor, dass Sie das zuletzt angeschriebene wieder wegwischen möchten, weil es unleserlich oder fehlerhaft geschrieben wurde oder Sie einen Satz anders formulieren möchten.

In diesem Fall brauchen Sie gar nicht zum Schwamm greifen, sondern können durch einen Klick das zuletzt Geschriebene wieder verschwinden lassen:
1. Markieren Sie das Objekt, das gelöscht werden soll, durch Anklicken.
2. Klicken Sie auf das *Löschen*-Symbol.

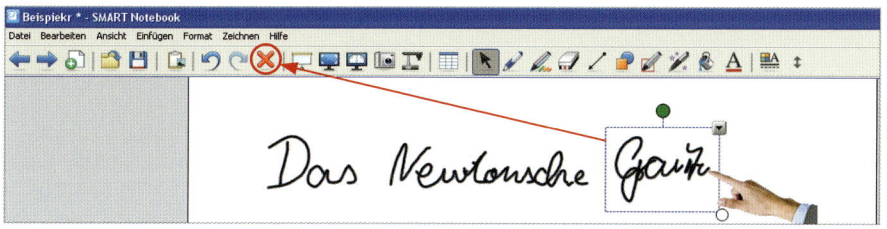

Sie können auch mehrfach auf das Symbol *Rückgängig* klicken, um mehrere Zeichenschritte wieder aufzuheben.

 Wenn Sie zu viel weggenommen haben, dann können Sie die Aufzeichnungen wieder herstellen, indem Sie das Symbol *Wiederholen* mit dem Finger oder Stift berühren.

> **Tipp:** Wenn Ihr SMART Board die sogenannte *Berührungserkennung* unterstützt, können Sie digitale Tinte auch einfach mit dem Handballen wegwischen. Erkannt wird hierbei die Größe der Kontaktfläche, sodass das Board automatisch zwischen Stift-, Maus- und Schwamm-Modus umschalten kann. In der Systemsteuerung des SMART Boards kann diese Option im Bereich **Hardwareeinstellungen → Maus- und Gesteneinstellungen** aktiviert werden.

Alles wegwischen

 Die Zeiten des Tafelwischens sind mit dem SMART Board nun endgültig vorbei! In Notebook können Sie einfach eine neue, leere und saubere Tafelseite erstellen, indem Sie auf das *Seite hinzufügen*-Symbol klicken.

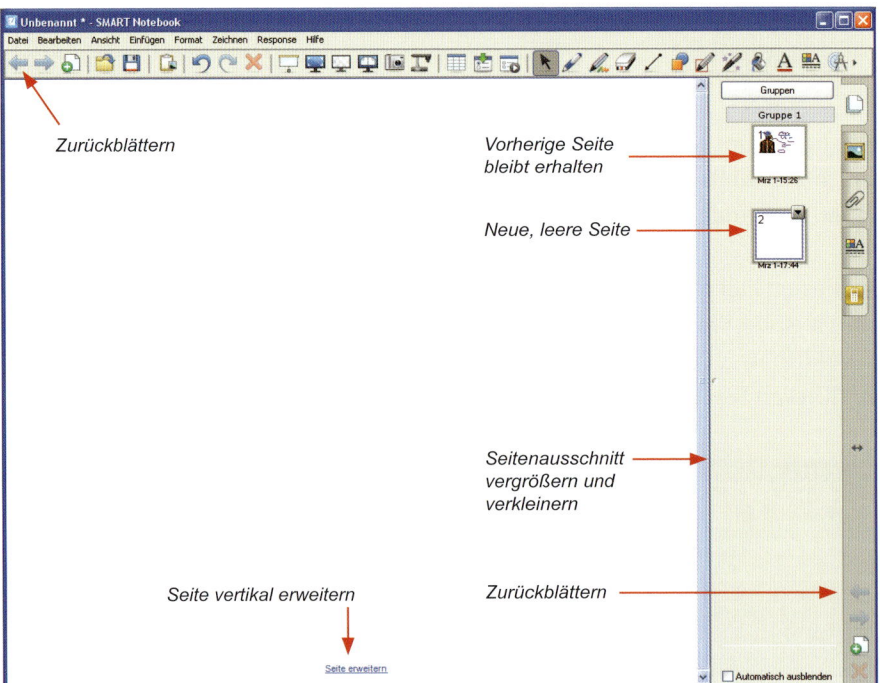

Sie sehen jetzt eine leere Seite, auf der Sie weiterarbeiten können. Das vorherige Tafelbild ist natürlich nicht verloren. Sie können einfach zwischen den Tafelbildern vor- und zurückblättern.

Wenn Sie beim letzten Tafelbild angelangt sind und vorwärtsblättern, wird übrigens automatisch eine neue, leere Seite eingefügt.

Statt ein neues Tafelbild anzufangen, können Sie das aktuelle Tafelbild auch vertikal erweitern. Am unteren Ende der Seite finden Sie hierfür die Funktion „Seite erweitern". Mit dem Schiebebalken am Rand können Sie das Tafelbild dann nach oben und unten verschieben und so den angezeigten Bereich wählen.

Tipp: Wenn Sie die Seite erweitert haben und am Ende der Stunde trotzdem alles „auf einen Blick" sehen möchten, können Sie die Vollbildansicht aktivieren. Sie finden das entsprechende Symbol in der Werkzeugleiste von Notebook oder auch unter der Menüoption **Ansicht → Vollbild**.

Formen und Linien zeichnen

Für viele Schaubilder werden geometrische Figuren benötigt, im einfachsten Fall ein Rechteck, das ein Wort umrahmen soll. In der Notebook-Software ist dies besonders einfach, da es hierfür eigene Werkzeuge gibt.

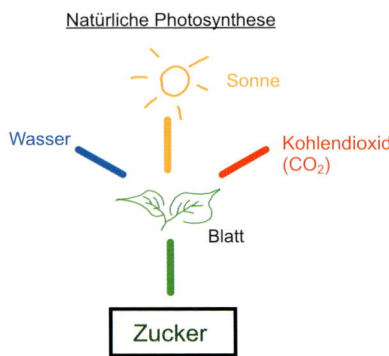

 Um Linien oder Verbindungspfeile zu zeichnen, klicken Sie auf das Symbol *Linien*:

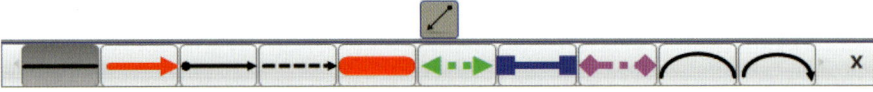

Sie können die Linienlänge und Position der Endpunkte nachträglich ändern, indem Sie einen Endpunkt anklicken und daran ziehen. Die Linie rotiert dann um den jeweils anderen Endpunkt. Wenn Sie dabei die Umschalttaste (Shift) gedrückt halten, wird die Linie jeweils bei 45 Grad einrasten.

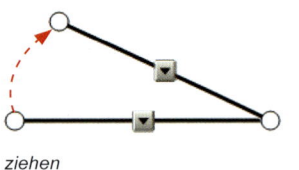

 Zum Zeichnen von Kreisen, Rechtecken, Symbolen oder Sprechblasen wählen Sie das Symbol *Formen*:

Wenn Sie auf das Symbol für das *Formen*-Werkzeug klicken, öffnet sich eine Auswahl von verschiedenen Formen. Wählen Sie eine Form aus und klicken Sie mit Maus oder Finger an die Stelle auf dem Arbeitsblatt, an der Sie die Form erstellen möchten. Ziehen Sie nun die Form in die gewünschte Größe. Um eine gleichmäßige Form zu erstellen, halten Sie beim Ziehen die Umschalttaste (Shift) gedrückt.

Tipp: Ab der Version 10.6. der Notebook-Software finden Sie in der Liste der Formen nicht nur zusätzliche Dreieckvarianten, sondern auch einen Kreis, der vom Mittelpunkt aus aufgezogen werden kann.

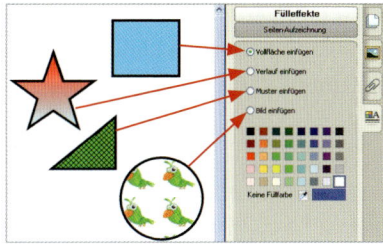

Wenn Sie das *Auswahl*-Werkzeug in der Symbolleiste aktivieren, können Sie mit einem Doppelklick auf die Form eine Beschriftung einfügen. Sie können Formen auch mit einer Füllfarbe versehen. Sie müssen die Form hierfür nicht per Hand ausmalen, sondern können vorher eine Füllfarbe festlegen. Nachdem Sie das *Formen*-Werkzeug gewählt haben, klicken Sie auf das Symbol *Eigenschaften*. Hier können Sie die Füllung und auch den Linienstil der Form festlegen.

Eigenschaften nachträglich ändern :

Sie können die Farbe und alle anderen Linieneigenschaften eines markierten Objektes auch später noch ändern, beispielsweise um Bereiche oder Veränderungen hervorzuheben.

1. Klicken Sie auf ein Objekt, um es zu markieren.
2. Klicken Sie auf das Symbol *Eigenschaften*.
3. Wählen Sie zum Beispiel den Linienstil.
4. Sie können die Farbe, Linienstärke, den Linienstil sowie Anfangs- und Endsymbol festlegen (z. B. Pfeilspitzen).

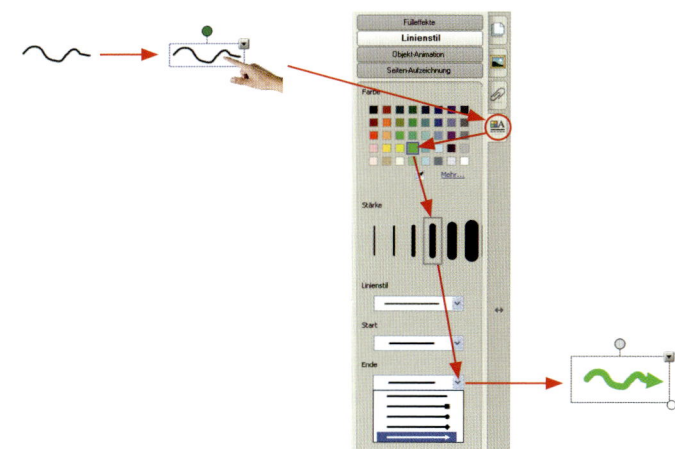

Füllwerkzeug

Um ein Formenobjekt farbig zu gestalten, klicken Sie einfach auf das *Füllwerkzeug* in der Symbolleiste und dann auf die Form. Die Form wird mit der Farbe gefüllt, die als Letztes aus der Farbpalette im Register *Eigenschaften* ausgewählt wurde. Um die Farbe zu verändern, klicken Sie auf die Form und dann auf das Register *Eigenschaften*, wo Sie eine Auswahl an Farben sehen, die Sie durch einfaches Anklicken in die Form übernehmen können.

Formenerkennung

Sie wollten schon immer einmal freihändig zeichnen und dabei perfekte geometrische Formen erstellen? Mit der automatischen Formenerkennung ist dies problemlos möglich! Wählen Sie zunächst das Werkzeug *Formenerkennung*, und zeichnen Sie dann ein Rechteck, eine Ellipse, ein Dreieck oder einfach eine Linie. Das Werkzeug erkennt diese Form direkt und begradigt sie, sodass Sie perfekte Formen buchstäblich „aus dem Ärmel schütteln" können.

Auch nachträglich können Sie eine freihändig erstellte geometrische Form noch „perfektionieren". Das Vorgehen ist hierbei analog zur Handschrifterkennung. Klicken Sie also im Kontextmenü des Objektes auf *Form erkennen*, um das Objekt umzuwandeln.

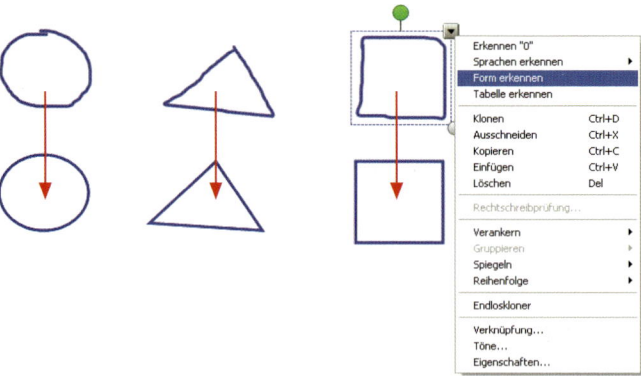

Texte einfügen

Nachdem Sie ein Wort geschrieben haben, können Sie es in Computertext umwandeln. Markieren Sie hierzu das Wort und öffnen Sie das Kontextmenü des Textobjektes. Die Notebook-Software versucht nun, Ihre Handschrift zu entziffern und bietet Ihnen in der Regel mehrere Vorschläge an. Der Vorschlag mit der höchsten Wahrscheinlichkeit steht ganz oben im Kontextmenü. Wenn der Text korrekt erkannt wurde, so klicken Sie den entsprechenden Vorschlag an, damit dieser dann als Computertext auf der Seite eingefügt wird.

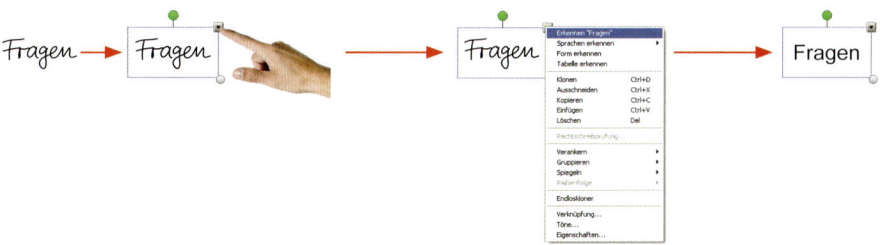

Diese Funktion wird vorrangig genutzt, wenn Sie am SMART Board Tafelbilder aus- oder nacharbeiten. Bei der Vorbereitung zu Hause ist es meistens sinnvoll, direkt die Computertastatur zu verwenden.

Tipp: Wenn Sie im Kontextmenü eines handschriftlichen Textes auf *Erkennen als* klicken, können Sie das Wörterbuch umschalten, auf dem die Erkennung beruht. Diese Funktion ist ideal, wenn Sie im Sprachenunterricht Wörter der unterrichteten Sprache umwandeln möchten. Auf diese Weise können auch sprachspezifische Sonderzeichen erkannt werden.

Text formatieren und bearbeiten

Wenn Sie auf ein Textobjekt klicken und dann auf das Register *Eigenschaften*, finden Sie dort im Bereich Textstil verschiedene Änderungsmöglichkeiten wie Schriftart, Größe und Schriftschnitt. Wenn Sie hier Texteigenschaften festlegen, beziehen sich diese Änderungen immer auf das komplette Textobjekt.

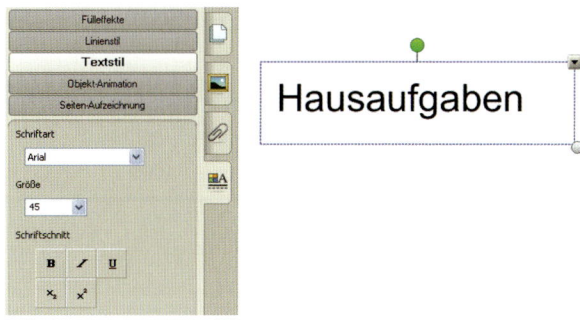

Sie können auch die Eigenschaften einzelner Wörter, Silben oder Buchstaben eines Textobjektes festlegen. Machen Sie hierzu einen Doppelklick auf das Textobjekt, das Sie verändern möchten. Der Text wird dann von einem Rahmen umgeben, der Ihnen anzeigt, dass Sie sich im Bearbeitungsmodus befinden. Zusätzlich öffnet sich eine schwebende Menüleiste, in der Sie die Formateigenschaften festlegen können, wenn zuvor ein Wort, eine Silbe oder ein einzelner Buchstabe markiert wurde. Übrigens lassen sich auch Formelzeichen hoch oder tief stellen:

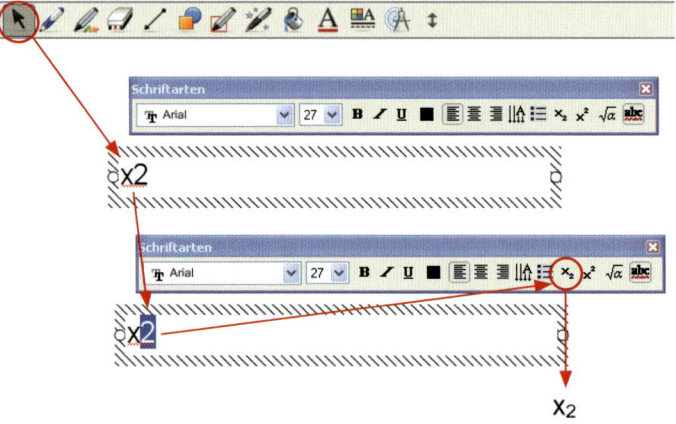

Drücken Sie auf die Taste *Esc*, wenn Sie die Eingabe beenden möchten. Um einen längeren Text einzufügen, nutzen Sie einfach die Tastatur Ihres Computers. Die schwebende Werkzeugleiste erscheint dann automatisch.

Verwenden Sie die Werkzeugleiste, um auf Schrifteigenschaften wie Schriftart, Schriftgröße, Schriftstil, Farbe, Schriftschnitt, Ausrichtung, Aufzählungszeichen, Hochstellung, Tiefstellung, Mathematiksymbole und Rechtschreibprüfung zuzugreifen.

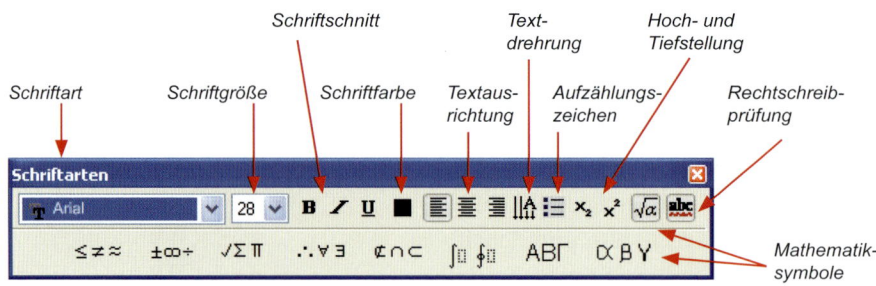

Wenn Sie sich im Bearbeitungsmodus befinden, können Sie Text auch einfach per Copy & Paste aus der Zwischenablage an der aktuellen Eingabeposition einfügen.

Um ein neues Textobjekt einzufügen, klicken Sie oben in der Symbolleiste auf das *Text*-Symbol und anschließend an die Stelle auf dem Board, wo der Text eingefügt werden soll.

Symbol für Textobjekte

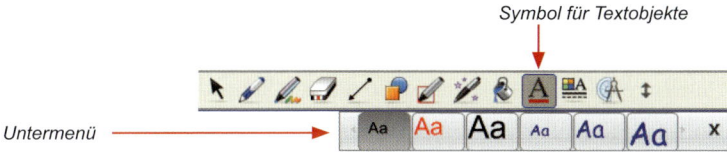

Untermenü

Wenn sich in der Zwischenablage Text befindet, dann können Sie in Notebook einfach auf das *Einfügen*-Symbol klicken. Dann wird automatisch ein neues Textobjekt mit dem Inhalt aus der Zwischenablage erzeugt.

Text mit Aufzählungszeichen:

- Löwe
- Elefant
- Zebra

Vertikale Textdarstellung:

Giraffe

Rechtschreibprüfung

Klicken Sie auf die Option *Recht-schreibprüfung* im Kontextmenü, um die Rechtschreibung eines Textobjekts überprüfen zu lassen.

Es erscheint nun ein Dialogfenster mit einigen Vorschlägen für die richtige Schreibweise, sofern das Wort nicht korrekt geschrieben wurde. Wählen Sie die richtige Schreibweise aus und klicken Sie auf die Schaltfläche *Ändern*, um den Korrekturvorschlag zu übernehmen.

Wenn Sie die Rechtschreibprüfung in der Werkzeugleiste aktivieren, wird Ihnen beim Schreiben durch eine rote Linie direkt angezeigt, wenn die Schreibweise nicht korrekt ist. Mit einem rechten Mausklick auf die unterstrichene Stelle können Sie nun Korrekturvorschläge einblenden lassen, die Sie durch einen einfachen Klick übernehmen können.

Klicken Sie im Notebook-Menü *Bearbeiten* auf die Option *Rechtschreibprüfung*, um eine Überprüfung aller Textobjekte der aktuellen Datei durchzuführen. Wenn die Prüfung beendet ist, erscheint ein entsprechendes Hinweisfenster.

Bilder einfügen

Um Bilder von Ihrem Computer in die Notebook-Datei einzufügen, wählen Sie im *Einfügen*-Menü die Option *Bilddatei*. Es öffnet sich ein Dateidialog, und Sie können eine Bilddatei auswählen. Folgende Formate werden unterstützt:

- Windows Bitmap (.bmp)
- Joint Photographic Experts Group (.jpeg)
- Tagged Image File Format (.tiff)
- Portable Network Graphics (.png)
- Windows Metafile (.wmf)
- Graphics Interchange Format (*.gif)

Über das GIF-Format können Sie auch animierte Bilder auf eine Notebook-Seite einfügen. Von den genannten Formaten ist nur das WMF-Format ein sogenanntes Vektorformat, das heißt Sie können die eingefügte Grafik verlustfrei vergrößern (so wie viele Objekte der Notebook-Galerie). Bei den anderen Formaten kann es zu Qualitätsverlusten kommen, wenn Sie die Grafik sehr groß ziehen. Bilder und realistische Fotos lassen sich am besten über das JPEG- oder PNG-Format abbilden.

> **Tipp:** Wenn Sie Bildbearbeitungsprogramme wie beispielsweise Adobe® Photoshop® nutzen, um selbst Bilder für die Notebook-Software vorzubereiten, sollten Sie diese im PNG-Format exportieren. Das PNG-Format bietet eine verlustfreie Komprimierung sowie die Möglichkeit, transparente Bereich zu definieren.

Wenn Sie einen Scanner oder eine SMART Dokumentenkamera angeschlossen haben, können Sie damit direkt Bilder aufnehmen und auf die aktuelle Seite übernehmen.

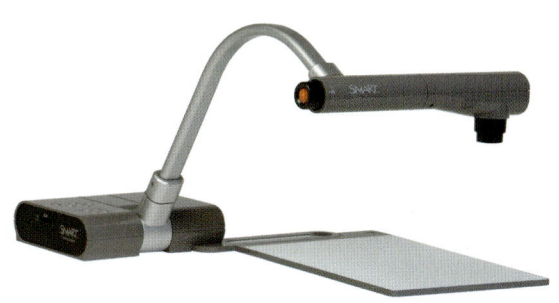

Bildschirmaufnahme-Werkzeugleiste

Mit der Werkzeugleiste *Bildschirm-aufnahme* können Sie ein beliebiges Bild, beispielsweise ein Foto aus dem Internet, in Ihre Notebook-Datei übernehmen. Um diese Werkzeugleiste aufzurufen, klicken Sie in der Symbolleiste auf das *Kamera*-Symbol. Achten Sie bitte immer auf Urheberrechts-Bestimmungen.

Schaltfläche	Funktion
	Ziehen Sie mit linker gedrückter Maus oder dem Finger einen Rahmen um den Bereich, den Sie abfotografieren möchten. Lassen Sie die Maustaste los oder nehmen Sie den Finger vom Board.
	Klicken Sie in das Fenster, das Sie abfotografieren möchten. Ziehen Sie mit dem Finger oder der Maus die Schraffierung über einen Bereich und entfernen Sie den Finger oder die Maus.
	Rufen Sie das Fenster auf, das Sie abfotografieren möchten, und klicken Sie auf dieses Symbol, um eine Bildschirmaufnahme zu machen.
	Ziehen Sie mit der Maus oder dem Finger wie mit einer Schere freihändig einen Rahmen um den Bereich, den Sie abfotografieren möchten, und entfernen Sie dann den Finger oder die Maus.

Tipp: Sie können die Aufnahmewerkzeuge auch für Bilder verwenden, die Sie bereits in Notebook eingefügt haben. Auf diese Weise lassen sich Ränder entfernen oder Bilder in Einzelteile zerlegen, beispielsweise für ein Puzzle.

Sie können Bilder am SMART Board besonders bequem per Drag & Drop von einer anderen Anwendung nach Notebook kopieren. Wechseln Sie hierzu in die Anwendung, aus der Sie das Bild übernehmen möchten. Ziehen Sie das Bild nun so lange bis zum unteren Bildschirmrand, bis Sie mit Ihrem Finger das Notebook-Symbol in der Taskleiste von Windows erreicht haben. Warten Sie, bei gedrücktem Finger, bis die Notebook-Software aktiviert wird. Wenn Sie jetzt Ihren Finger nach oben verschieben (in den Arbeitsbereich von Notebook) und loslassen, erscheint die Grafik direkt in Notebook. Wichtig ist, dass Sie den Finger bei dem gesamten Vorgang NICHT vom Board nehmen. Die Quellanwendung muss diese Funktionalität unterstützen, es funktioniert also leider nicht mit allen Anwendungen.

Objekte verschieben, vergrößern oder drehen

Im Gegensatz zur normalen Tafel können Sie am SMART Board das Tafelbild interaktiv verändern. Um ein Objekt auszuwählen, legen Sie alle Stifte ab oder klicken Sie auf das *Auswahl*-Symbol. Danach klicken Sie auf das Objekt, das geändert werden soll. Das ausgewählte Objekt wird von einem Rahmen markiert.

 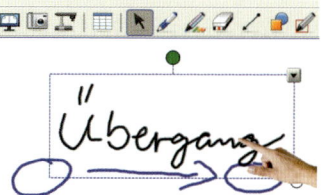

Sie können mehrere Objekte gleichzeitig markieren, indem Sie mit Ihrem Finger einen Rahmen um mehrere Objekte aufspannen.

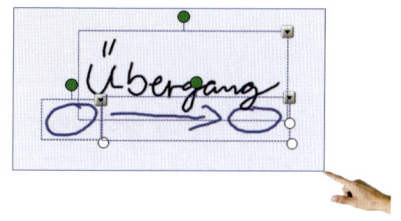

Um ein Objekt zu verschieben, fassen Sie es einfach mit dem Finger an und verschieben es an eine andere Position. Wichtig: Damit Sie das Objekt auch „treffen", ist es wichtig, dass Sie direkt auf die digitale Tinte klicken, und nicht auf einen transparenten Bereich.

Wenn ein markiertes Objekt vergrößert oder verkleinert werden soll, dann fassen Sie mit dem Finger den weißen Kreis (am Rahmen unten rechts) an und ziehen Sie es größer oder kleiner.

Tipp: Das Seitenverhältnis bleibt dabei erhalten, die Skalierung erfolgt also proportional. Wenn Sie die Proportionen frei verändern möchten, dann ändern Sie zunächst nur die Höhe oder Breite sehr stark. Ab einem bestimmten Punkt wird das Beibehalten der exakten Seitenverhältnisse aufgegeben.

Wenn Sie ein markiertes Objekt am grünen Kreis anfassen und daran ziehen, dann können Sie es beliebig drehen.

Durch Veränderungen am Tafelbild können Sie die Inhalte sehr genau anordnen:

Mit Objekten arbeiten

Alles, was Sie auf einer Notebook-Seite auswählen können, wird als Objekt bezeichnet. Wir haben bereits mehrere Möglichkeiten kennengelernt, Objekte zu erzeugen:

- Tippen Sie ein Wort ein.
- Schreiben oder zeichnen Sie mit dem Stift.
- Erstellen Sie mit dem Formenwerkzeug eine Form.
- Fügen Sie Inhalte aus der Galerie, von Ihrem Computer (z. B. eine Bilddatei) oder aus dem Internet ein.

Hilfslinien

Mit Hilfslinien, die optional eingeblendet werden, können Sie Objekte an anderen Objekten ausrichten. Auf diese Weise können Sie beispielsweise eine Liste von Begriffen linksbündig ausrichten. Klicken Sie dafür im Menü *Ansicht* auf die Option *Ausrichtung*, um das Dialogfenster für die Hilfslinien aufzurufen.

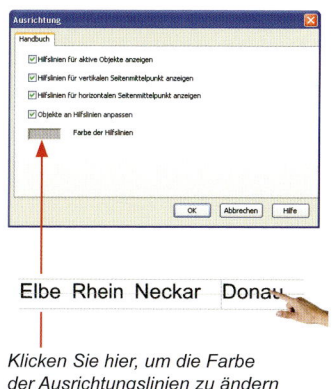

Klicken Sie hier, um die Farbe
der Ausrichtungslinien zu ändern

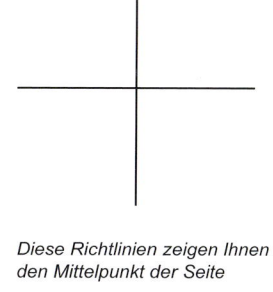

Diese Richtlinien zeigen Ihnen
den Mittelpunkt der Seite

Kontextmenü der Objekte

Über das Kontextmenü eines Objektes können Sie mit einem Klick die Eigenschaften des Objektes verändern und verschiedene Operationen mit dem Objekt ausführen.

Kontextmenü der Objekte – eine Übersicht

Menüoption	Funktion
Erkennen	Konvertiert mit digitaler Tinte geschriebene Wörter oder Zahlen in computerlesbaren Text.
Form erkennen	Erkennt und perfektioniert die Form eines freihändig gezeichneten Objektes.
Klonen	Erstellt eine exakte Kopie des ausgewählten Objektes.
Ausschneiden	Entfernt das markierte Objekt aus der Notebook-Seite und speichert es vorübergehend im Arbeitsspeicher.
Kopieren	Kopiert das markierte Objekt in den Arbeitsspeicher des Computers, ohne das Objekt aus der Notebook-Seite zu entfernen.
Einfügen	Fügt das zuletzt in den Arbeitsspeicher kopierte Objekt in die Notebook-Seite ein.
Löschen	Entfernt das markierte Objekt aus der Notebook-Seite.
Rechtschreib-prüfung	Prüft die Rechtschreibung des momentan ausgewählten Textobjektes.
Bildtransparenz einstellen	Blendet gleichfarbige Bereiche, beispielsweise den Bildhintergrund, eines importierten Bildes aus, indem diese transparent gesetzt werden.
Verankern	Sperrt ein Objekt für die Bearbeitung.
Gruppieren	Fasst mehrere markierte Objekte zu einem einzigen Objekt zusammen.
Spiegeln	Dreht ein Objekt spiegelverkehrt um die eigene Achse.
Reihenfolge	Positioniert ein markiertes Objekt über oder unter einem anderen Objekt im selben Bereich der Notebook-Seite.
Endloskloner	Ermöglicht es, ein Objekt in unbegrenzter Anzahl zu klonen. Sobald der Endloskloner für ein Objekt aktiviert ist, kann ein Duplikat dadurch erzeugt werden, dass man das Originalobjekt verschiebt. Statt des Originals verschiebt man dann eine neue Kopie.
Verknüpfung	Fügt eine Verknüpfung zu einer Webseite, einer weiteren Notebook-Seite, einer Datei auf Ihrem Computer oder einer Datei auf der Registerkarte Anhänge hinzu.
Töne	Fügt einem Objekt eine Audio-Datei hinzu, die durch Anklicken des Objektes oder des Ecksymbols wiedergegeben werden kann.
Eigenschaften	Ändert Farbe, Linienstärke, Linienstil oder Transparenz eines markierten Objektes.

Objekte verankern

Wenn Sie ein Objekt verankern, können die Eigenschaften des Objektes nicht versehentlich geändert werden. Im Untermenü *Verankern* finden Sie folgende Möglichkeiten, um das Objekt zu verankern:

Klicken Sie auf *Verankern*, damit das Objekt nicht verändert, gedreht oder verschoben werden kann. Dies bietet sich beispielsweise an, wenn ein Bild als Hintergrund dienen soll.

Klicken Sie auf *Verschieben zulassen*, damit das Objekt zwar verschoben, aber nicht gedreht, in der Größe oder einer sonstigen Eigenschaft verändert werden kann. Falls Sie ein Arbeitsblatt in der Notebook-Software erstellen, um verschiedene Zuordnungen zu zeigen, können Sie diese Option auswählen, sodass alle Objekte zwar verschoben, aber nicht in der Größe verändert werden können.

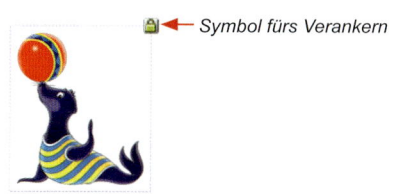

← *Symbol fürs Verankern*

Klicken Sie auf *Verschieben und Drehen zulassen*, damit das Objekt zwar verschoben und gedreht, aber nicht in der Größe verändert werden kann. Falls Sie ein Arbeitsblatt in der Notebook-Software mit Puzzleteilen erstellen, können Sie die Puzzleteile überall auf dem Arbeitsblatt platzieren und auch drehen, um den Schwierigkeitsgrad zu erhöhen, ohne dass die Teilnehmer bei der Übung versehentlich die Puzzleteile in der Größe verändern.

Zum Entsperren eines Objektes klicken Sie auf das *Schloss*-Symbol oben rechts und wählen die Option *Entsperren*.

Tipp: Wenn Sie mehrere verankerte Objekte gleichzeitig entsperren möchten, wählen Sie im Bearbeiten-Menü zunächst die Option *Alle verankerten Notizen auswählen*. Es werden dann alle verankerten Objekte der aktuellen Notebook-Seite selektiert. Sie müssen nun lediglich eines der Objekte entsperren, und automatisch wird die Verankerung für alle markierten Objekte aufgehoben.

Objekte gruppieren

Markieren Sie zwei oder mehr Objekte, indem Sie mit gedrückter Maus oder mit Ihrem Finger einen Rahmen um die gewünschten Objekte ziehen. Sie können auch mit gedrückter *Umschalt-Taste* die einzelnen Objekte anklicken, die Sie gruppieren möchten. Klicken Sie nun im Kontextmenü eines beliebigen Objektes auf die Option *Gruppieren* im gleichnamigen Untermenü. Auf diese Weise erhalten Sie eine Objektgruppe, die sich ab sofort wie ein einzelnes Objekt verhält.

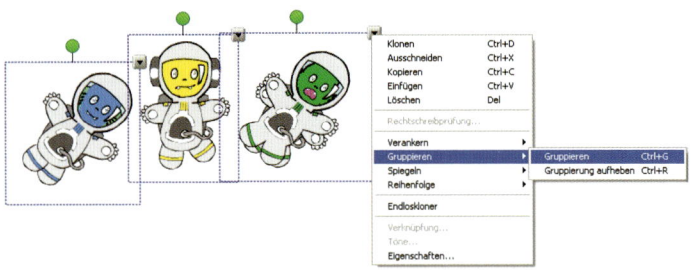

Verankerte Objekte können übrigens nicht markiert und daher auch nicht gruppiert werden. Entsperren Sie daher das entsprechende Objekt, falls Sie es gruppieren möchten.

Wenn Sie die Gruppierung rückgängig machen möchten, klicken Sie auf die Gruppe und dann auf *Gruppierung aufheben* im selben Untermenü.

Tipp: Mit der Funktion *Gruppierung aufheben* können auch handschriftliche Texte in einzelne Linien und Punkte zerlegt werden. Auf diese Weise können Sie einen handschriftlichen Satz beispielsweise in einzelne Wörter zerlegen, indem Sie zunächst die Gruppierung für den Satz aufheben und dann die Bestandteile einzelner Wörter wieder gruppieren.

Objekte spiegeln

Um ein Objekt an seiner horizontalen oder vertikalen Achse zu spiegeln, klicken Sie im Kontextmenü des Objektes auf *Spiegeln*. Dort können Sie dann wählen, ob das Objekt links bzw. rechts oder nach oben bzw. unten gespiegelt werden soll.

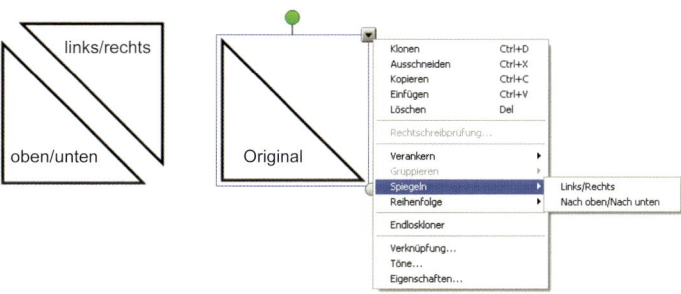

Objektreihenfolge ändern

Um die Reihenfolge von übereinanderliegenden Objekten zu ändern, klicken Sie auf das Kontextmenü des Objektes und dann auf *Reihenfolge*. Um das Objekt eine Ebene nach vorne oder nach hinten zu versetzen, klicken Sie auf *Nach vorne* oder *Nach hinten*. Um das Objekt auf die oberste Ebene zu versetzen, klicken Sie auf *Im Vordergrund*. Um das Objekt auf die hinterste Ebene zu versetzen, klicken Sie analog dazu auf *Im Hintergrund*.

Vier Objekte in zwei unterschiedlichen Reihenfolgen

Endloskloner

Sie können ein Objekt als sogenannten Endloskloner definieren. Mit einem Endloskloner können Sie beliebig viele Kopien eines Objektes erstellen, ohne jedes Mal im Kontextmenü auf Klonen zu klicken. Sie können den Endloskloner hervorragend beim Thema Zählen, Geld, allgemein in der Mathematik oder zum Skizzieren von Versuchen (zum Beispiel in Chemie oder Physik) einsetzen. Zum Abstimmen oder Abfragen können Sie mit dem Endloskloner außerdem Punkte erzeugen und vergeben. Das funktioniert natürlich nicht nur mit Kreisen, sondern auch mit Grafiken, beispielsweise kleinen Smileys oder Sternchen.

Um den Endloskloner für ein Objekt zu aktivieren, gehen Sie wie folgt vor:
1. Markieren Sie das Objekt mit einem Klick.
2. Klicken Sie auf das *Kontextmenü*.
3. Wählen Sie den *Endloskloner* aus.
4. Klicken Sie auf das Objekt und erstellen Sie per Drag & Drop eine identische Kopie.

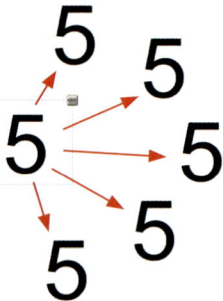

Ziehen Sie mit Drag & Drop am Objekt,
um identische Kopien zu erstellen

Um den Endloskloner wieder zu deaktivieren, wählen Sie zunächst das Objekt an und klicken dann auf das Unendlichkeitssymbol (die „liegende Acht"). Wenn Sie dann erneut auf die Option Endloskloner klicken, wird diese Funktion für das aktuelle Objekte beendet.

Anwendungsbeispiel: Bausteine definieren

Ein Vorteil des Endloskloners ist, dass Sie einen endlosen Vorrat an gleichen Antwortbausteinen bereitstellen können, die auch nach der Zuordnung zu einer korrekten Antwort weiterhin für die nächste Aufgabe verfügbar bleiben.

2 + 3 =	10 - 5 =
5 x 6 =	12 + 15 =
9 : 3 =	7 x 3 =

0 1 2 3 4 5 6 7 8 9

Aktivieren Sie bei den Zahlen
0-9 den Endloskloner

2 + 3 = 5	10 - 5 = 5
5 x 6 = 30	12 + 15 = 27
9 : 3 = 3	7 x 3 = 21

0 1 2 3 4 5 6 7 8 9

Verwenden Sie die gleichen Ziffern
beliebig oft für die Lösungen

€ 3,98 =

€ 2,44 =

€ 1,64 =

Zählen mit Geldstücken ist ein Beispiel,
wie man den Endloskloner verwenden
kann. Bei den Münzen unten ist der
Endloskloner aktiv. Die Schüler legen die
passenden Münzen neben den Betrag

Beispiel eines Endloskloners, um Noten auf einem Notenblatt einzufügen

Endloskloner:

Aktivieren Sie bei den Noten den Endloskloner und lassen Sie die Schüler
Lücken füllen oder eigene Musikstücke komponieren

Lineal, Zirkel und Geodreieck

Wir haben bereits gesehen, wie einfach es ist, gerade Linien und geometrische Formen zu erstellen. Wenn Sie jedoch im Geometrieunterricht bestimmte Strecken, Kreisbögen und Winkel konstruieren oder messen wollen, dann benötigen Sie hierfür digitales Tafelgeschirr wie Lineal, Geodreieck und Zirkel.

> **Tipp:** Das digitale Tafelgeschirr finden Sie unter dem Symbol *Messwerkzeuge* in der Werkzeugleiste von SMART Notebook. Falls Sie dieses Symbol nicht finden können, arbeiten Sie vermutlich nicht mit der aktuellsten Version der Software. Aktualisieren Sie in diesem Fall einfach Ihre Installation über die Option *Nach Updates suchen* des Hilfe-Menüs.

Im Gegensatz zum Tafelgeschirr aus Plastik haben die digitalen Vertreter einige Vorteile. Zum einen lässt sich präziser damit arbeiten, weil die Werkzeuge nicht versehentlich verrutschen. Der größte Vorteil besteht allerdings darin, dass die Schüler auch sehen, was genau man mit den Werkzeugen macht – dies ist in der Vergangenheit nur bedingt möglich gewesen, weil der Lehrer bei der Arbeit mit dem Rücken zu den Schülern stehen musste und damit zumindest teilweise die Sicht versperrte. Die digitalen Werkzeuge können mit einer Hand bedient werden. Der Lehrer kann also seitlich vom Board stehen, sodass die Schüler freie Sicht haben.

Interaktives Lineal

Wie jedes andere Objekt können Sie auch das Lineal verschieben und skalieren. Das Besondere am interaktiven Lineal ist, dass Sie mit dem Stift gerade Linien entlang dem Lineal zeichnen können – also wie beim Original aus Plastik, nur noch einfacher! Sollte das Lineal nicht die richtige Länge haben, können Sie es zusätzlich noch erweitern oder verkürzen, ohne die Skalierung zu ändern. Ziehen Sie hierzu am rechten Rand des Lineals.

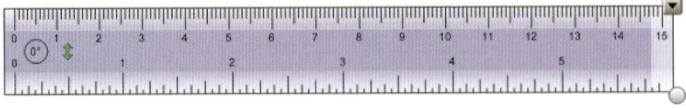

Das Lineal enthält zwei Skalen, einmal in Zentimetern und einmal in Inch. Wenn Sie die Seiten dieser Skalen wechseln möchten, so klicken Sie einfach auf den grünen Doppelpfeil

Wenn Sie das Lineal drehen möchten, fassen Sie es an den Längsseiten an, also in der Nähe des Rands. Wenn Sie dann mit Finger oder Maus ziehen, rotiert das Objekt um den Nullpunkt. Auf diese Weise können sehr einfach Winkel konstruiert werden. Eine runde Anzeige auf dem Lineal gibt gleichzeitig den Rotationswinkel an.

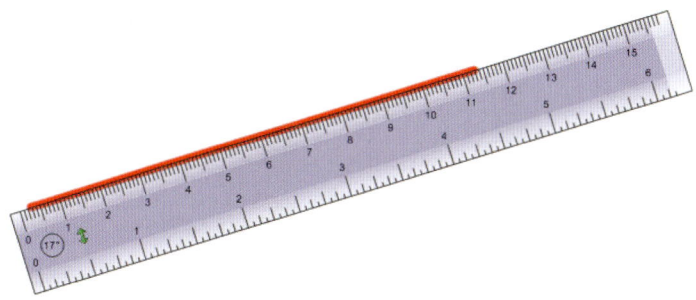

Ein weiterer Vorteil dieses digitalen Lineals besteht darin, dass die Skalierung angepasst werden kann. Wenn Sie beispielsweise Gebiete einer (ebenfalls digitalen) Landkarte vermessen möchten, können Sie zunächst das Lineal gemäß dem Maßstab der Legende skalieren. So könnte dann beispielsweise ein Zentimeter des Lineals einer Entfernung von 10 Kilometern auf der Karte entsprechen.

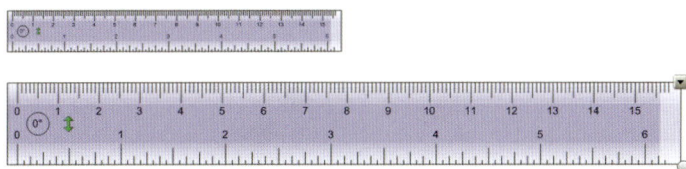

Tipp: Ab der Version 10.6 der Notebook-Software können Sie den Hintergrund der Software transparent schalten. Auf diese Weise können alle Notebook-Werkzeuge, also auch das interaktive Lineal, auf beliebigen Webseiten und Lernprogrammen genutzt werden. Die Schüler können beispielsweise den Maßstab des Lineals gemäß der Legende einer digitalen Diercke-Karte anpassen und dann Entfernungen auf der entsprechenden Karte messen.

Wenn Sie das Werkzeug nicht mehr benötigen, können Sie es wieder entfernen, indem Sie zunächst auf das Lineal und dann auf das *rote Kreuz* klicken. Das Lineal verschwindet, die damit erstellten Zeichnungen bleiben aber erhalten.

Interaktiver Zirkel

Auch der Zirkel steht digital zur Verfügung. Sie können ihn verschieben, indem Sie ihn an dem Bein anklicken, an dem die Zirkelspitze befestigt ist. Der Zirkel kann geöffnet (gespreizt) werden, indem Sie am anderen Bein ziehen, also dem, das den Stift hält.

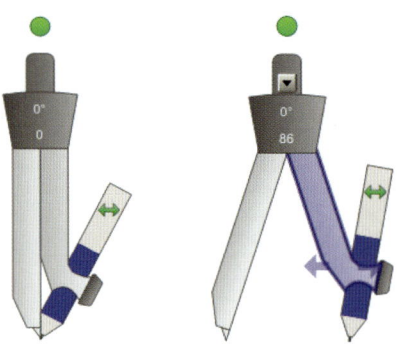

Wenn Sie den Zirkel rotieren möchten, ohne zu zeichnen, so ziehen Sie wie gewohnt am grünen Kreis. Wenn Sie einen Kreis oder Kreisbogen zeichnen möchten, so klicken Sie auf die farbige Fläche des Stiftes, während Sie Maus oder Finger kreisförmig bewegen. Im Bereich des Gelenks wird angezeigt, wie viel Grad gezeichnet wurden.

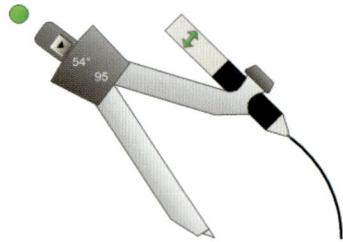

Wenn der Stift auf der anderen Seite der Zirkelspitze starten soll, so können Sie auf den grünen Doppelpfeil klicken, um die Seite zu wechseln.

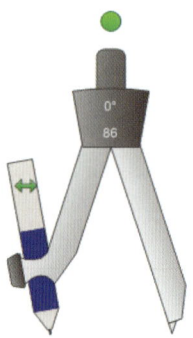

SMART Geodreieck by ARISTO

Wie auch beim Lineal können Sie an den Seiten des Geodreiecks gerade Linien zeichnen.

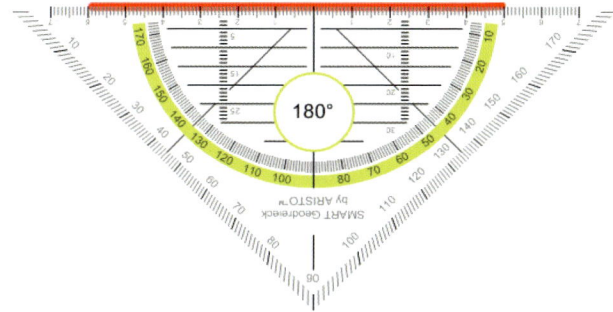

Um es zu verschieben, benutzen Sie bitte den Bereich innerhalb der gelben Skala. So können Sie beispielsweise bequem Parallelen konstruieren, da sich die Rotation nicht ändert. Zum Drehen des Geodreiecks fassen Sie es außerhalb des gelben Rings an und bewegen den Finger. Es rotiert dann um den Nullpunkt.

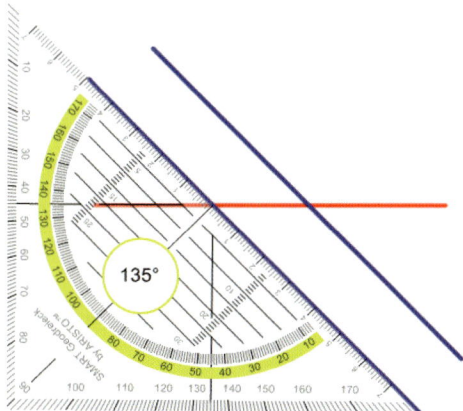

Auch das Geodreieck lässt sich skalieren, um es einem vorgegebenen Maßstab anpassen zu können. Klicken Sie hierfür auf die gelbe Skala und bewegen Sie Maus bzw. Finger nach außen (zum Vergrößern) oder innen (zum Verkleinern).

Lineaturen und Hintergründe

In Fachräumen findet man häufig Tafeln mit speziellen Lineaturen, z. B. Kreuzkaro, Schreib- oder Notenlinien. In der Notebook-Software können Sie für jedes einzelne Tafelbild entscheiden, ob Sie einen solchen speziellen Hintergrund wählen möchten. Sie finden in der Galerie zahlreiche Hintergründe für verschiedene Zwecke.

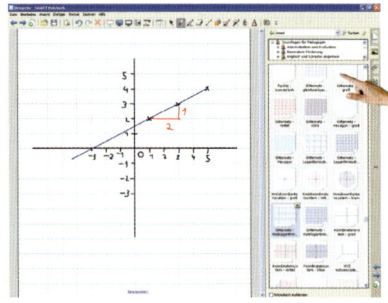

Passende Hintergründe gibt es praktisch für alle Fächer. Ein Hintergrund wird einfach aus der Galerie in den Arbeitsbereich gezogen, und schon hat man den passenden Tafelhintergrund.

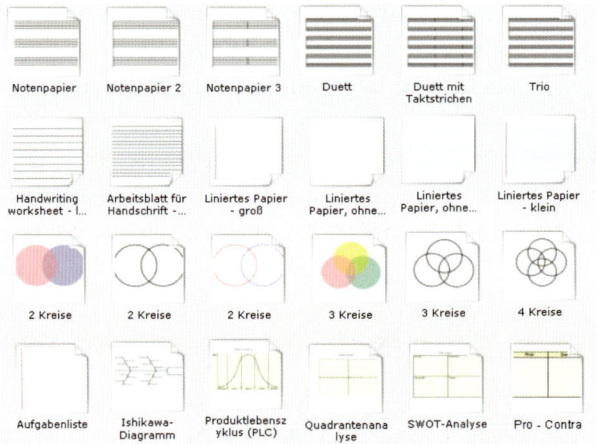

Neben solchen typischen Hintergründen für Tafeln finden sich auch Hintergründe in der Galerie, die man im Klassenraum sonst nicht beschreiben darf, z. B. das Periodensystem oder Landkarten. Am SMART Bord ist es dagegen explizit erlaubt, beliebige Zeichnungen und Beschriftungen auf solchen Karten einzutragen. Sie können danach ja einfach wieder eine neue Notebook-Seite anlegen oder mit dem Schwamm einzelne Bestandteile wegwischen.

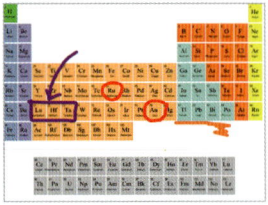 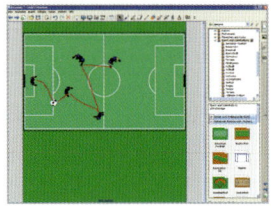 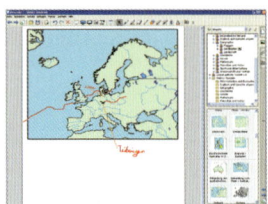

Ergebnis Ihrer Arbeit sichern

Wir haben bereits gesehen, dass sich praktisch alle Funktionen der klassischen Tafel auch am SMART Board wiederfinden und darüber hinaus viele weitere Möglichkeiten bestehen. Eine weitere Besonderheit liegt darin, dass Sie Ihre Tafelbilder dauerhaft sichern können! Auf diese Weise können Sie Tafelinhalte für die nächste Stunde nutzen oder Materialien mit Kollegen austauschen.

Indem Sie auf das Symbol *Speichern* klicken, können Sie die gesamten Tafelbilder, die Sie in einer Unterrichtsstunde erstellt haben, dauerhaft speichern. Bei Bedarf können Sie diese im Anschluss auch (schwächeren) Schülern zur Verfügung stellen.

Durch die dauerhafte Speicherung werden die erarbeiteten Inhalte für die Schüler zusätzlich aufgewertet. Es entsteht das Gefühl, gemeinsam etwas geschaffen zu haben, das dann nicht am Ende einfach wieder verworfen wird.

Zudem hat das Speichern der Tafelbilder den praktischen Vorteil, dass diese in der nächsten Unterrichtsstunde sofort wieder zur Verfügung stehen. Man kann in der nächsten Stunde also genau an der Stelle fortfahren, an der man zuvor aufhörte. Die einzelnen Tafelbilder der letzten Stunde können zu Beginn der nächsten Stunde auch noch einmal als Wiederholung durchgeblättert werden.

Neben dem Speichern als Notebook-Datei ist es möglich, sämtliche Inhalte in verschiedenen Formaten zu exportieren. Sie können ...

- aus einer Unterrichtsstunde eine Internetseite erzeugen,
- die Tafelbilder als Bilddateien speichern,
- ein PDF-Dokument erzeugen,
- eine PowerPoint®-Datei erzeugen,
- die Inhalte direkt per E-Mail versenden.

Die einzelnen Möglichkeiten finden Sie im Menü unter **Datei ➜ Exportieren**.

> **Tipp:** Über die Option *Zwischenspeicherungen* im Datei-Menü können Sie einstellen, dass Ihre Tafelinhalte in regelmäßigen Abständen automatisch abgespeichert werden. So gewährleisten Sie, dass auch bei Stromausfall oder Problemen mit dem Computer ein aktueller Stand Ihrer Tafelarbeit gesichert ist.

Registerkarten

Am Rand der Notebook-Oberfläche befinden sich vier Registerkarten:

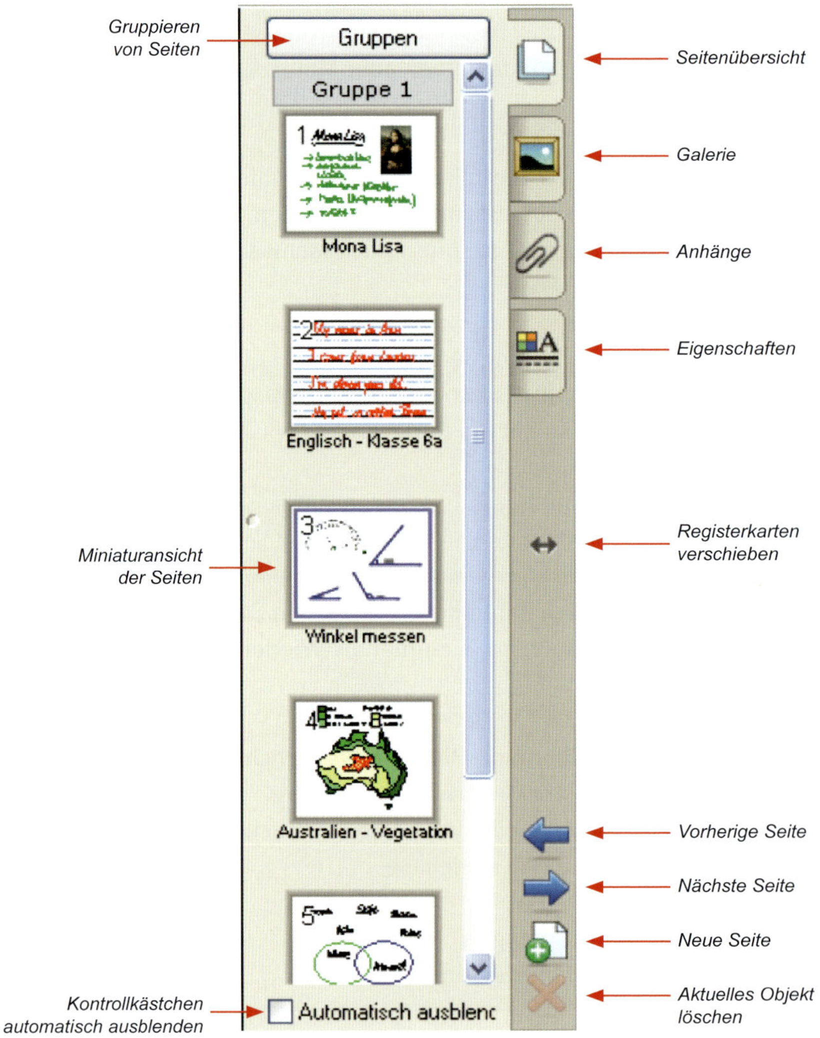

Gruppieren von Seiten → Gruppen

Gruppe 1

Seitenübersicht

Galerie

Anhänge

Eigenschaften

Mona Lisa

Englisch – Klasse 6a

Miniaturansicht der Seiten → Winkel messen

Registerkarten verschieben

Australien – Vegetation

Vorherige Seite

Nächste Seite

Neue Seite

Aktuelles Objekt löschen

Kontrollkästchen automatisch ausblenden → Automatisch ausblend

 Klicken Sie auf das Register *Seitenübersicht*, um eine Vorschau der einzelnen Seiten zu sehen.

 Klicken Sie auf das Register *Galerie*, um auf die mitgelieferten Bilder, Videos und interaktiven Objekte für Ihren Unterricht zuzugreifen.

Klicken Sie auf das Register *Anhänge*, um Verknüpfungen auf Internetseiten oder Dokumente zu erstellen und zu verwalten.

Klicken Sie auf das Register *Eigenschaften*, um bereits eingefügte Objekte, Zeichnungen oder Texte zu bearbeiten oder die Formateigenschaften für die nächste Zeichnung festzulegen.

Tipp: Um die Register auf die andere Seite des Bildschirms zu verschieben, klicken Sie auf das Symbol mit dem *Doppelpfeil*.

Setzen Sie ein Häkchen ganz unten auf der Seite bei **Automatisch ausblenden**, um die Registerkarten auszublenden. Sie werden in diesem Fall nur dann eingeblendet, wenn man sie explizit aktiviert, also durch einen Klick auf das jeweilige Symbol. Auf diese Weise hat man mehr Arbeitsfläche zur Verfügung. Außerdem können die Schüler dann keine Lösungsseiten sehen, sofern man solche Seiten in seine Notebook-Datei integriert hat.

Seitenübersicht

Zu einer anderen Seite wechseln

Die aktuelle Seite ist in der Seitenübersicht blau umrandet. Zusätzlich wird in der rechten oberen Ecke ein Symbol eingeblendet, mit dem das Kontextmenü dieser Seite aufgerufen werden kann. Wenn Sie ein anderes Vorschaubildchen anklicken, wird die entsprechende Seite aufgerufen und ist fortan im Arbeitsbereich zu sehen.

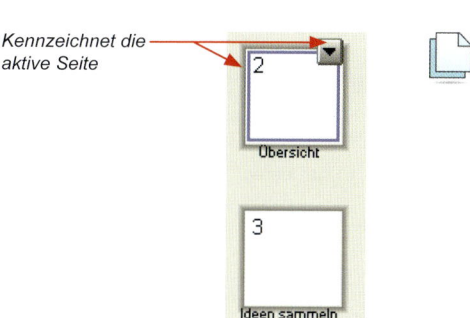

Kennzeichnet die aktive Seite

Auch das Blättern gestaltet sich in Notebook sehr intuitiv. Am einfachsten geht es mit den Pfeilen, um zur vorherigen bzw. zur nächsten Seite zu blättern.

Sie finden diese Pfeile sowohl in der Werkzeugleiste als auch am linken bzw. rechten unteren Bildschirmrand (je nach Position der Registerkarten).

Reihenfolge der Seiten ändern

Sie können die Reihenfolge der Seiten ändern, indem Sie in der Seitenübersicht ein Vorschaubildchen anfassen und dieses einfach an eine andere Stelle ziehen.

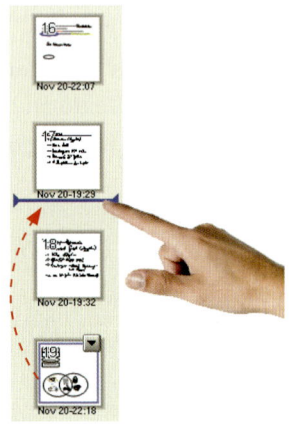

Bei vorbereiteten Seiten können Sie auf diese Weise den Präsentations-Ablauf verändern. Wenn Sie Seiten umsortieren, die das Ergebnis einer gemeinsamen Gruppenarbeit sind, dann können Sie zusammengehörende Seiten hintereinander legen.

Seiten löschen, leeren, klonen und umbenennen

Im Kontextmenü eines Vorschaubildchens gibt es verschiedene Möglichkeiten.

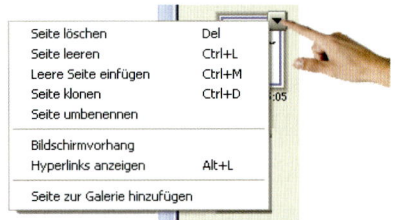

Menüoption	Funktion
Seite löschen	Löscht die aktuelle Seite.
Seite leeren	Löscht alle Objekte auf der aktuellen Seite (außer verankerten Objekten und Endlosklonern).
Leere Seite einfügen	Fügt eine leere Seite direkt hinter der aktuellen Seite ein.
Seite klonen	Erstellt eine identische Kopie der Seite und fügt diese direkt nach der aktuellen Seite ein.
Seite umbenennen	Geben Sie der Seite eine neue Bezeichnung, um sie später leichter zu finden. Standardmäßig bekommt jede Seite einen Zeitstempel, der angibt, wann die Seite erstellt wurde.
Bildschirmvorhang	Legt einen Bildschirmvorhang über den Arbeitsbereich.
Hyperlinks anzeigen	Zeigt Ihnen alle aktiven Links auf der aktuellen Seite.
Seite zur Galerie hinzufügen	Fügt die aktive Seite zur Galerie hinzu in den Ordner „Meine Inhalte".

Über die Option **Seite klonen** können Sie Zwischenstände Ihrer Arbeit sichern und beim weiteren Vorgehen verschiedene Alternativen und Szenarien ausprobieren. Dies eignet sich besonders gut für Gruppendiskussionen.

Anwendungsbeispiel: Übersichtsseite duplizieren

Ein anderes Anwendungsbeispiel ist das Duplizieren einer Seite, auf der Sie die Lehrstoffgliederung aufgeschrieben haben. In der duplizierten Seite können Sie die Punkte einfach markieren, klein ziehen und zur Erinnerung in eine Ecke schieben. Den Punkt, den Sie als Nächstes besprechen möchten, können Sie auf der kopierten Seite groß ziehen und in den Mittelpunkt stellen.

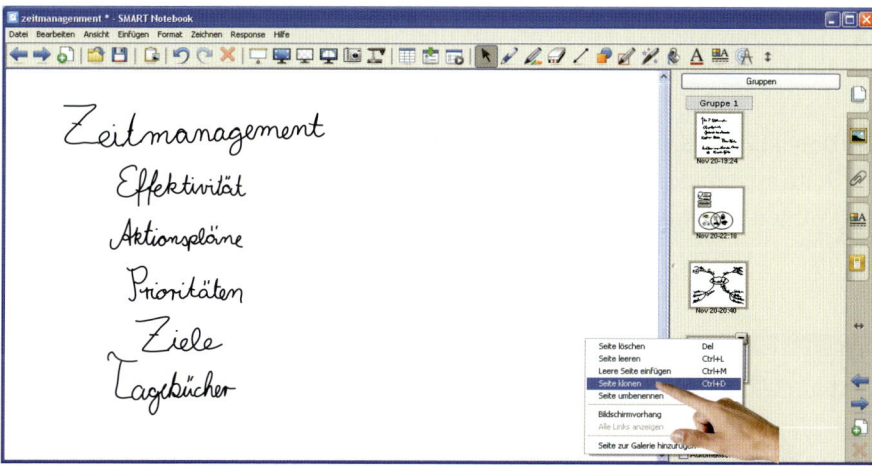

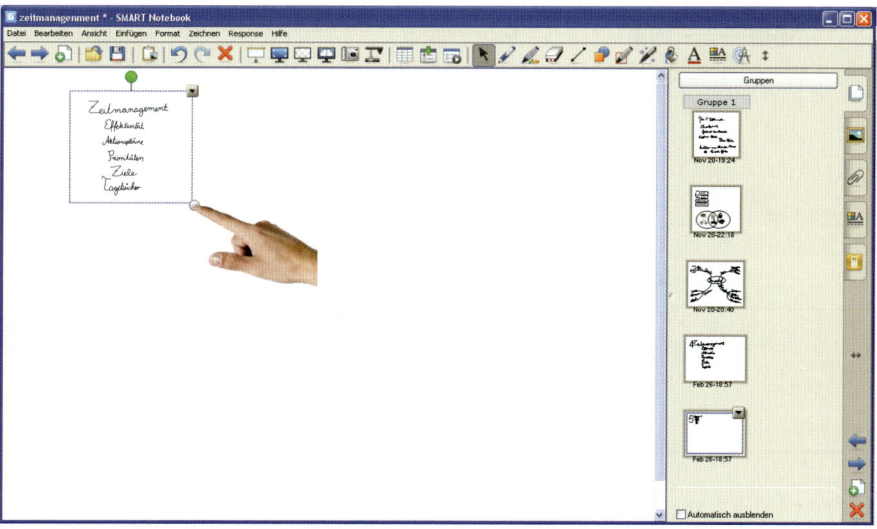

Verknüpfungen

Verknüpfung mit einer Notebook-Seite

Bei einer großen Anzahl von Seiten kann es etwas dauern, bis man die richtige Seite in seinem „Stapel" gefunden hat. Zum Glück gibt es weitere Organisationsmöglichkeiten in Notebook! Sie können eigene Navigationselemente auf den Seiten platzieren, um zur nächsten, vorherigen, ersten, letzten oder jeder beliebigen Seite zu springen. In Notebook können Sie beliebige Objekte, z. B. Bilder oder Text, mit Seiten verknüpfen. So lassen sich Menüs erstellen oder alternative Lernpfade festlegen. Ein weiteres Beispiele für eine hilfreiche Verknüpfung ist das Aufrufen von Lösungsseiten, auf denen die richtige Antwort belohnt wird. Und so geht's:

1. Markieren Sie das Element, auf das Sie klicken möchten, um zu einer anderen Seite zu springen.
2. Wählen Sie im Kontextmenü dieses Objektes die Option *Verknüpfung*.
3. Dort klicken Sie auf das Register *Seite in dieser Datei* und wählen dort die Seite aus, zu der Sie springen möchten.
4. Wählen Sie *Start durch klicken: Objekt*, damit der Sprung durch ein Klick auf das Objekt ausgelöst wird.

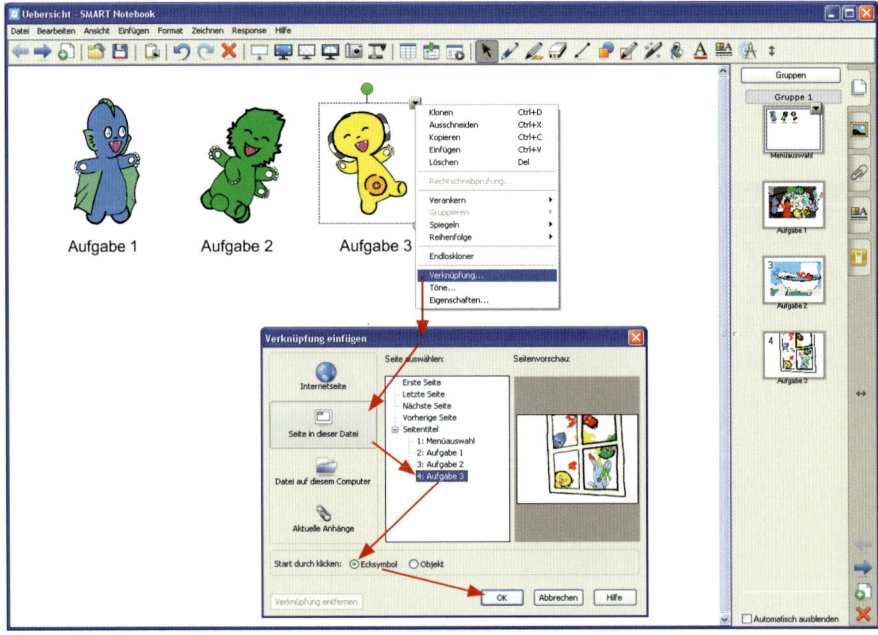

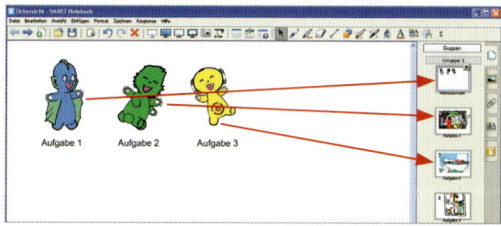

Tipp: Um besser zu erkennen, welche Inhalte sich auf welcher Seite befinden, können Sie für jede Seite einen Namen vergeben. Klicken Sie auf das Kontextmenü einer Seite in der Übersicht und wählen Sie *Seite umbenennen*.

Weitere Objektverknüpfungen

Ein Objekt kann nicht nur mit einer anderen Notebook-Seite, sondern auch mit einer Webseite, einer Datei auf dem Computer oder einer Datei im Register *Anlagen* verknüpft werden.

Wie wir im vorherigen Abschnitt gesehen haben, wählen Sie im Kontextmenü des Objektes einfach den Punkt *Verknüpfung* aus. Dann legen Sie die Art der Verknüpfung fest und können weitere Einstellungen im Dialog-Fenster vornehmen.

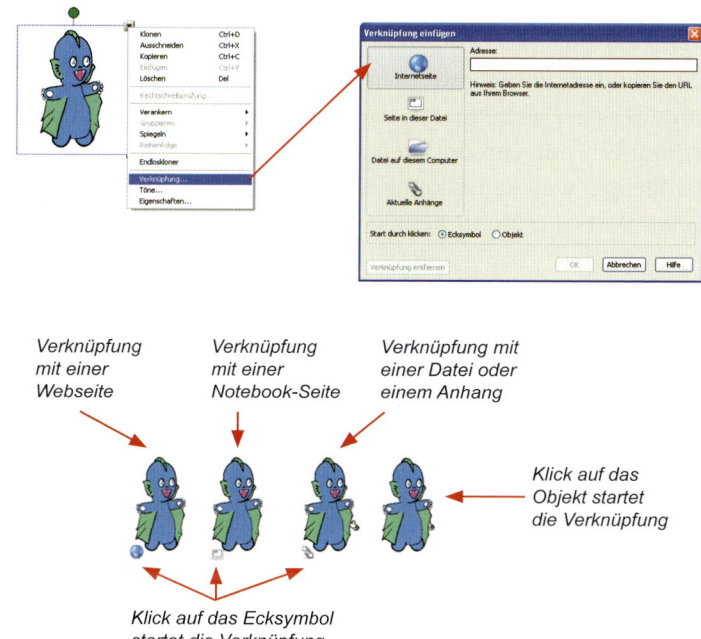

Verknüpfung mit einer Webseite

Verknüpfung mit einer Notebook-Seite

Verknüpfung mit einer Datei oder einem Anhang

Klick auf das Objekt startet die Verknüpfung

Klick auf das Ecksymbol startet die Verknüpfung

Verknüpfung mit einer Internetseite

Geben Sie in das Feld *Adresse* eine beliebige Webadresse ein. Achten Sie darauf, dass stets das „http://" am Anfang der Adresse mit dabei ist. Sobald die Verknüpfung aktiv ist und Sie darauf klicken, wird Ihr Internet-Browser aufgerufen und öffnet die angegebene Webseite.

Verknüpfung mit einer Datei

Sie können auch eine Verknüpfung mit Dateien auf Ihrem Computer einfügen. Die ausgewählte Datei wird beim Klicken auf die Verknüpfung aufgerufen.

Die Option „Kopie der Datei" kopiert die Datei in Ihre Notebook-Datei. Auf diese Weise können Sie die gesamte Notebook-Datei weitergeben und auch auf anderen Computern auf diese eingebundene Datei zugreifen.

Die Option „Kurzbefehl für Datei" legt nur einen Verweis auf eine Datei auf Ihrem Computer an. Das bedeutet, dass die Datei nicht wirklich in Notebook eingefügt, sondern nur von dort referenziert wird. Dadurch wird die Notebook-Datei kleiner, weil keine Kopie der Datei eingefügt wird. Wenn Sie mit der Notebook-Datei nur auf Ihrem eigenen Rechner arbeiten, ist diese Option sinnvoll.

Tipp: Sie können diese Art der Verknüpfung auch nutzen, um Programme aufzurufen, beispielsweise Word oder Excel®. Achten Sie dann aber darauf, dass die ausführbare Datei nicht (!) mit in die Notebook-Datei eingebunden wird, sondern lediglich eine Referenz existiert.

Verknüpfung mit Anhängen

Wenn Sie bereits Dateien als Anhänge in Ihrer Notebook-Datei haben (siehe unten), dann können Sie diese auch direkt für Ihre Verknüpfung wählen. Dadurch wird keine weitere Kopie einer Datei in Notebook eingefügt.

Tipps zu Verknüpfungen

Welche Art von Verknüpfung Sie auch wählen – stellen Sie sicher, dass diese für alle Anwender zu erkennen ist. Dies ist auch hilfreich, wenn Sie die Datei zu einem späteren Zeitpunkt wieder verwenden möchten. Auch für Vertretungslehrer, Schüler oder Kollegen ist die Verknüpfung leichter zu finden, wenn diese leicht sichtbar ist.

Um die Verknüpfung deutlich zu machen, versehen Sie diese mit einem Hinweistext wie „Klicken Sie auf das Bild, um eine virtuelle Tour zu den Pyramiden zu besuchen". Erstellen Sie Navigationsschaltflächen mit Hilfetexten wie z. B. *Zurück*, um auf eine vorangegangene Seite zu springen. Wenn Sie den Text verknüpft haben, ändern Sie die Schrift in eine andere Farbe (üblich ist blau) und unterstreichen Sie den Text, um ihn als Hyperlink zu kennzeichnen. So sieht die Verknüpfung aus wie ein Internetlink und ist gut sichtbar.

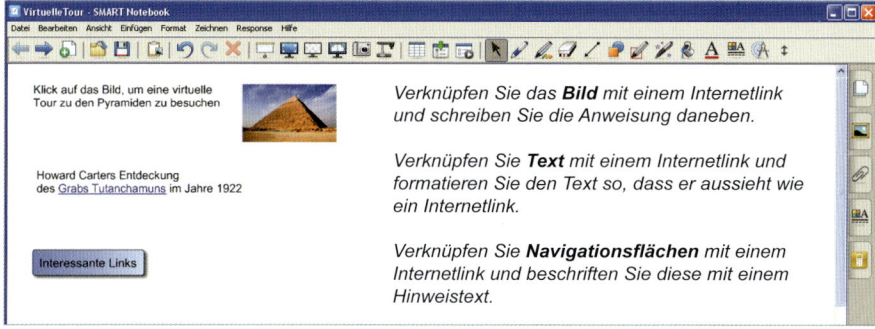

Überprüfen Sie nach Fertigstellung der Unterlagen, ob alle Objekte richtig verknüpft sind. Falls Sie ein Objekt zu einer anderen Seite innerhalb der Datei verknüpfen, fügen Sie eine Schaltfläche mit dem Hinweistext *Zurück* ein, damit Sie ohne Unterbrechungen wieder auf die Ursprungsseite springen können. Wenn Sie eine fremde Datei verwenden oder Ihre eigene Datei seit langer Zeit nicht verwendet haben, überprüfen Sie, ob die Internetseiten noch aktuell sind, zu der die Objekte verknüpft sind.

Galerie

Wie bei einem Overhead-Projektor, einer Pinnwand oder Stellwand haben Sie auch am SMART Board die Möglichkeit, Bilder, Fotos, Poster, Wandkarten und Schaubilder darzustellen. In der Galerie der Notebook-Software finden Sie Bilder, Hintergründe, Videos, Flash®-Dateien und sogar komplette Notebook-Dateien, mit denen Sie Unterrichtsmaterial erstellen können.

Wählen Sie einfach eine Grafik, und ziehen Sie diese mit dem Finger auf die Seite. Dort können Sie die Grafik beliebig verschieben und auch noch verändern, z. B. verkleinern, vergrößern oder drehen.

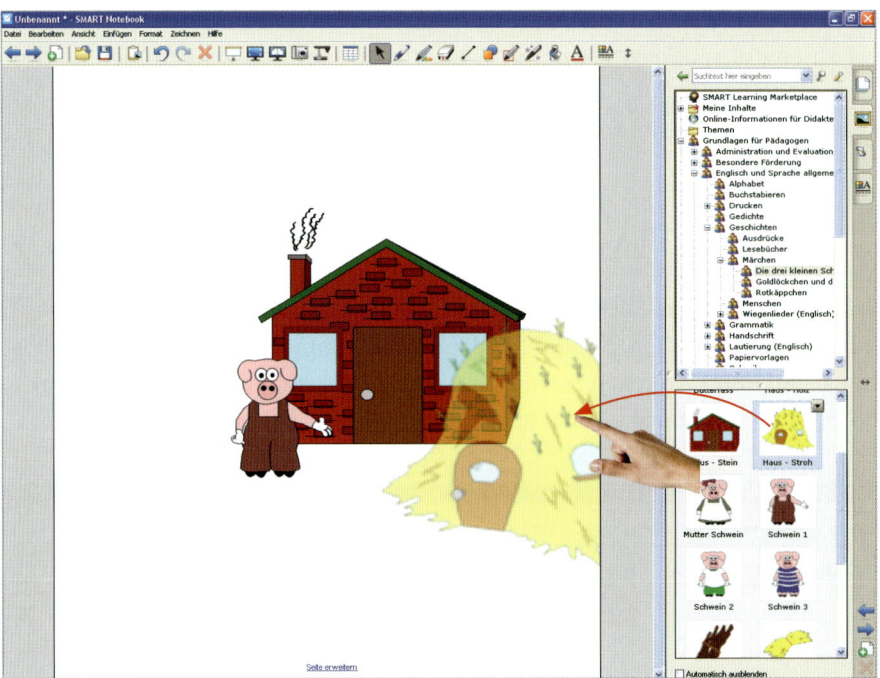

Medien in der Galerie finden

Es gibt zwei Wege, mit denen Sie passende Medienobjekte in der Galerie finden können. Im Suchfeld am oberen Rand des Registers können Sie ein Suchwort eingeben – ähnlich der Suche im Internet. Klicken Sie dann auf das *Lupen*-Symbol, um die Suche zu starten.

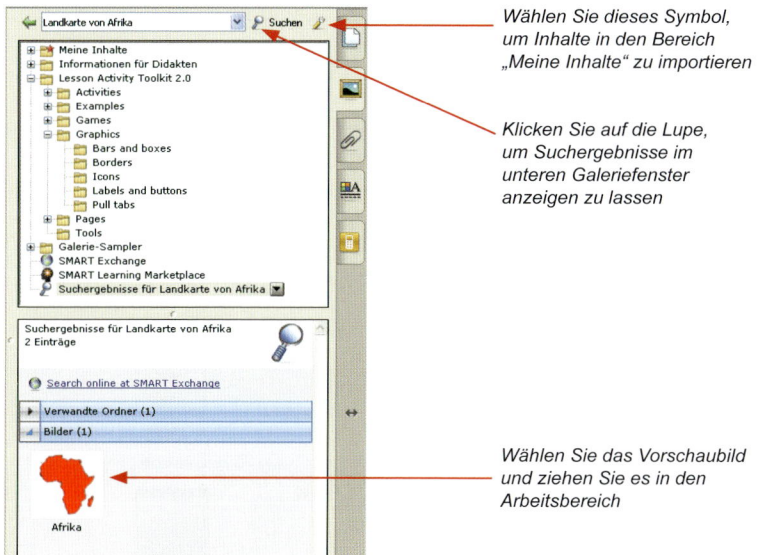

Wählen Sie dieses Symbol, um Inhalte in den Bereich „Meine Inhalte" zu importieren

Klicken Sie auf die Lupe, um Suchergebnisse im unteren Galeriefenster anzeigen zu lassen

Wählen Sie das Vorschaubild und ziehen Sie es in den Arbeitsbereich

Die andere Möglichkeit besteht darin, auf die einzelnen Ordner zu klicken, die nach Themengebieten sortiert sind.

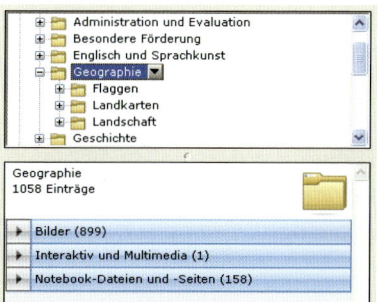

Tipp: Verwenden Sie den Suchbegriff im Singular, um eine größere Auswahl zu erhalten.

Unterschiedliche Medientypen

Im unteren Bereich der Galerie werden die Objekte nach Kategorien sortiert dargestellt. Folgende Kategorien gibt es: *Bilder, Interaktiv und Multimedia, Notebook-Dateien und -Seiten* sowie *Hintergrundbilder und Designs*.

Klicken Sie auf eine der Kategorien, um deren Inhalt anzuzeigen.

In der Kategorie **Bilder** befinden sich die gefundenen Grafiken und Fotos. Per Drag & Drop ziehen Sie das Objekt in den Arbeitsbereich und können es hier verwenden und anpassen.

In der Kategorie **Interaktiv und Multimedia** befinden sich Flash®-Objekte, Video-Dateien sowie Objekte, mit denen Audio- Dateien verknüpft sind.

Fertige Dateien und einzelne Seiten befinden sich in der Kategorie **Notebook-Dateien und -Seiten**. Notebook-Seiten erkennt man in der Vorschau am Eselsohr an der oberen rechten Ecke. Notebook-Dateien erkennen Sie daran, dass sie in der Vorschau als Ringbuch gekennzeichnet sind. Wenn Sie eine Seite oder eine Datei auf den Arbeitsbereich ziehen, werden die einzufügenden Seiten direkt hinter der aktuellen Seite eingefügt.

Als letzte Kategorie finden Sie **Hintergrundbilder und Designs**. Wenn Sie einen Hintergrund auf den Arbeitsbereich ziehen, ändert sich der Hintergrund der Seite entsprechend. Sie können Hintergründe daran erkennen, dass sie in der Vorschau unten rechts ein Eselsohr haben.

Nach einem Suchvorgang finden Sie in der zusätzlichen Kategorie **Verwandte Ordner** alle Ordner der Galerie, die Objekte zu dem eingegebenen Suchbegriff enthalten.

Bei SMART Exchange suchen

Wenn Sie innerhalb der Galerie eine Suche durchgeführt haben, bekommen Sie ebenfalls die Option angeboten, mit den gleichen Suchbegriffen auch bei SMART Exchange zu suchen. SMART Exchange ist die zentrale Online-Plattform für alle SMART Board-Anwender. Wenn Sie auf den angebotenen Link klicken, öffnet sich ein Browser-Fenster, und es werden die Suchergebnisse innerhalb von SMART Exchange dargestellt.

> **Tipp:** Wenn Ihnen die Option, bei SMART Exchange zu suchen, nicht angeboten wird, arbeiten Sie vermutlich noch mit einer älteren Notebook-Version. Diese Funktionalität wurde mit Notebook Version 10.6 eingeführt. Aktualisieren Sie in diesem Fall einfach Ihre Notebook-Installation über die Menüoption **Hilfe → Nach Updates suchen**.

Ordner „Meine Inhalte"

In den Galerieordner *Meine Inhalte* können Sie Objekte ablegen, die Sie selber erstellt, eingefügt oder mit der Kamera abfotografiert haben. Auf diese Objekte können Sie jederzeit zugreifen und sie schnell in Ihre Datei einfügen. Um ein Objekt zum Ordner *Meine Inhalte* hinzuzufügen, klicken Sie auf dem Arbeitsbereich auf das Objekt und ziehen Sie es mit dem Finger oder der Maus in den Galerie-Bereich und dort in den Ordner *Meine Inhalte*.

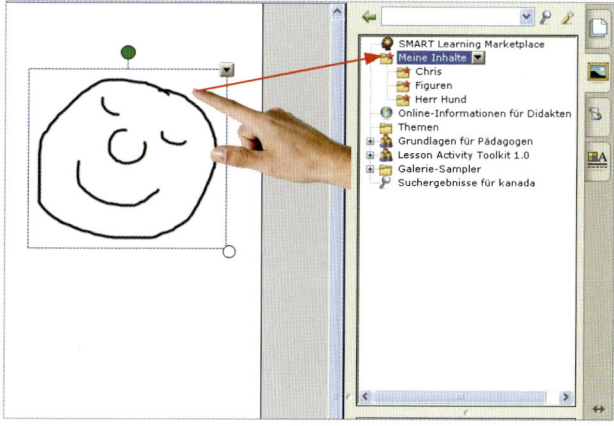

Falls Sie ein bestimmtes Layout immer wieder verwenden möchten, können Sie auch eine ganze Notebook-Seite im Ordner *Meine Inhalte* abspeichern. Alle Objekte der Seite behalten ihre Eigenschaften und bleiben verschiebbar. Sie können eine komplette Seite ablegen, indem Sie das entsprechende Vorschaubildchen der Seite zunächst auf das Galeriesymbol ziehen (bis die Galerie aktiviert wird) und dann im Bereich *Meine Inhalte* loslassen.

Sie können sogar eine komplette Notebook-Datei im Ordner *Meine Inhalte* ablegen. Nutzen Sie diese Möglichkeit, falls Sie eine bestimmte Folge von Seiten immer wieder regelmäßig zeigen möchten. Um Notebook-Dateien von Ihrer Festplatte einzufügen, gehen Sie bitte wie folgt vor:

1. Klicken Sie auf den Ordner Meine Inhalte und dann auf das Kontextmenü dieses Ordners. Wählen Sie die Option *Zu „Meine Inhalte" hinzufügen* aus, um das Dialog-Fenster zum Einfügen der Datei zu öffnen.
2. Suchen Sie die entsprechende Datei auf Ihrem Computer.
3. Klicken Sie auf die Datei.
4. Klicken Sie auf die Schaltfläche *Öffnen*.

Ihre Datei erscheint nun als Vorschau im Ordner *Meine Inhalte* in der Kategorie *Notebook-Dateien und -Seiten*.

Anlagen

Bei der Erstellung Ihrer Unterrichtsdateien können Sie im Register *Anlagen* weitere Dokumente und Webseiten verknüpfen. So haben Sie während Ihres Unterrichts immer einen schnellen Zugriff auf die Informationen, die Sie spontan zeigen möchten.

> **Tipp:** Mit Anlagen können Sie im Unterricht viel Zeit sparen, da das Eintippen von Internetadressen sowie die Suche nach Dokumenten auf der Festplatte dann weitestgehend entfallen.

Datei als Anlage hinzufügen

Um eine Datei als Kopie hinzuzufügen, klicken Sie im Register *Anlagen* auf die Schaltfläche *Einfügen* und anschließen auf *Kopie der Datei einfügen*. Wählen Sie die entsprechende Datei aus, und klicken Sie auf die Schaltfläche *Öffnen*.

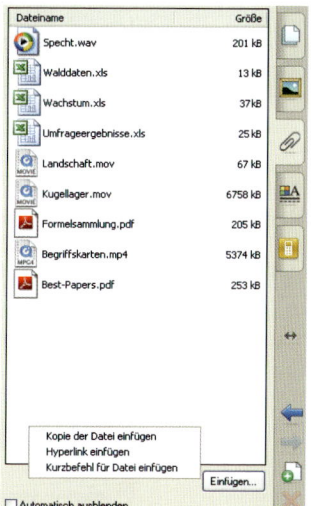

> **Tipp:** Sie können eine Kopie einer Datei auch als Anlage einfügen, indem Sie sie via Drag & Drop vom Desktop oder aus einem beliebigen Ordner in das Register Anlagen ziehen.

Wenn Sie statt einer Kopie lediglich eine Referenz auf eine Datei einfügen möchten, wählen Sie „Kurzbefehl für Datei einfügen". Dies ist immer dann anzuraten, wenn die zu verknüpfende Datei entweder sehr groß ist (Video-Datei) oder die Notebook-Datei auch zukünftig nur auf dem eigenen Computer genutzt werden soll.

Tipp: Falls Sie während des Unterrichts spontan auf weitere Programme zugreifen möchten, beispielsweise Word, können Sie über *Kurzbefehl für Datei einfügen* eine Verknüpfung zu diesem Programm herstellen. Die hierfür notwendigen ausführbaren Dateien befinden sich in der Regel in dem jeweiligen Programmordner und enden meistens auf *.exe* (unter Windows). Fügen Sie in diesem Fall die Datei nicht als Kopie ein!

Wenn Sie die Datei aus dem Register Anlagen auf das Arbeitsblatt ziehen, wird daraus ein Objekt mit einem Ecksymbol unten links, das die Verknüpfung anzeigt.

Hyperlink als Anlage hinzufügen

Um eine Verknüpfung zu einer Webseite als Anlage zu erstellen, klicken Sie auf *Hyperlink einfügen*. Schreiben Sie dann die Internetadresse in die obere Zeile und den Titel der Seite in die untere Zeile. Klicken Sie dann auf *OK*.

Tabellen

In Notebook lassen sich Tabellen äußerst komfortabel und flexibel erstellen. Um eine neue Tabelle zu zeichnen, klicken Sie auf das Symbol *Tabelle einfügen*. Es öffnet sich automatisch ein Tabellenraster, auf dem Sie interaktiv einstellen können, wie viele Zeilen und Spalten Sie für die Tabelle anlegen möchten.

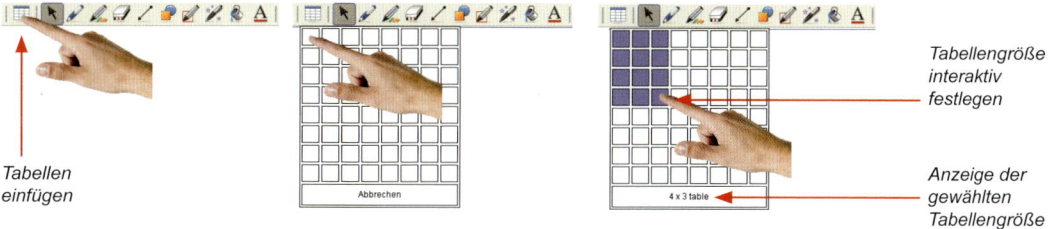

Tabellen
einfügen

Abbrechen

4 x 3 table

Tabellengröße
interaktiv
festlegen

Anzeige der
gewählten
Tabellengröße

Tabellen verschieben

Zum Verschieben der Tabelle muss diese ausgewählt sein. Um eine Tabelle vollständig auszuwählen, müssen Sie mit dem Rahmen des *Auswählen*-Werkzeug mindestens die Hälfte der Tabelle eingeschlossen haben. Bei der ausgewählten Tabelle befindet sich oben links ein grauer Griffpunkt, mit dem Sie dann die gesamte Tabelle verschieben können.

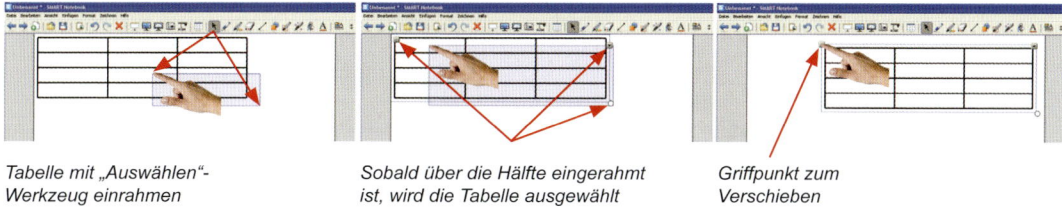

*Tabelle mit „Auswählen"-
Werkzeug einrahmen*

*Sobald über die Hälfte eingerahmt
ist, wird die Tabelle ausgewählt*

*Griffpunkt zum
Verschieben*

Texte und Bilder in Tabellen einfügen

Mit einem Klick in eine Tabellenzelle wird diese markiert. Sie können nun einfach Text über die Tastatur in diese Zelle einfügen.

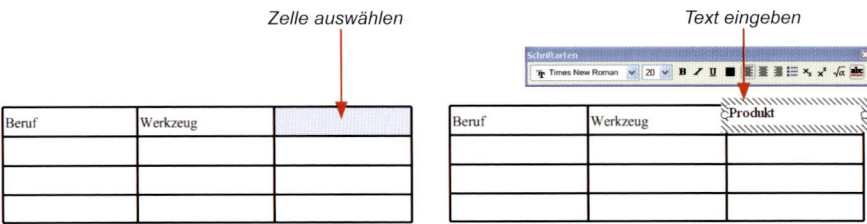

Der einfachste Weg, Inhalte in die Tabelle einzutragen, ist das Ziehen und Loslassen von Objekten über einer Tabellenzelle. Wenn ein Objekt über einer Tabellenzelle losgelassen wird, dann wird es automatisch dort eingefügt. Dabei passt sich das Objekt in seiner Größe der Tabellenzelle an.

Hinweis: Befindet sich bereits ein Objekt in einer Tabellenzelle, so wird dieses durch das neue ersetzt. Das alte Objekt wird aus der Zelle entfernt.

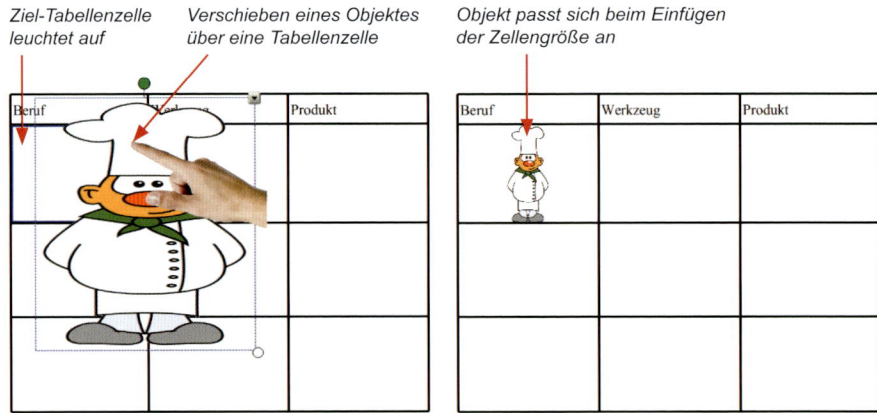

Tipp: Sie können Bilder und Objekte auch direkt aus der Galerie in eine Tabellenzelle hineinziehen.

Tabellenzellen mit einem Schatten abdecken

Die einzelnen Zellen einer Tabelle können abgedeckt werden, um Inhalte schrittweise sichtbar zu machen. Sie können diese Funktion nutzen, um Inhalte erst bei Bedarf nacheinander anzuzeigen oder um Antworten zu verdecken. Um einzelne Zellen zu verdecken, müssen Sie die betreffenden Zellen auswählen und dann im Kontextmenü *Zellschatten hinzufügen* wählen.

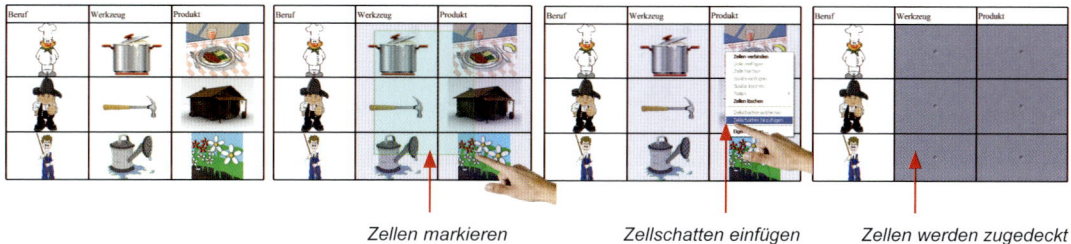

Zellen markieren   Zellschatten einfügen   Zellen werden zugedeckt

Einzelne Tabellenzellen werden aufgedeckt, indem man auf einen Schatten klickt. Dieser verschwindet dann automatisch.

Tipp: Sie können auch alle Zellen einer Tabelle in einem Schritt mit einem Schatten verdecken. Dazu markieren Sie die gesamte Tabelle und wählen dann im Kontextmenü des Objektes den Punkt *Tabellenschatten hinzufügen*.

Tabellen verändern

Wenn Sie beim Arbeiten mit Tabellen eine neue Zeile oder Spalte einfügen möchten, markieren Sie einfach eine vollständige Reihe und wählen dann im Kontextmenü „Zeile einfügen" bzw. „Spalte einfügen".

Gesamte Zeile auswählen   „Zeile einfügen" wählen   Bestehende Zeile wird in zwei
                                                            Zeilen aufgeteilt

Auch wenn eine Zeile oder Spalte vollständig gelöscht werden soll, müssen alle Zellen der betreffenden Zeile oder Spalte ausgewählt werden. Erst dann wird der entsprechende Menüpunkt im Kontextmenü freigeschaltet. Sie können auch einzelne Tabellenzellen löschen – so sind sogar asymmetrische Tabellen möglich.

Auswahl der zu
löschenden Zellen

„Zellen löschen" wählen

Nur die ausgewählten
Zellen verschwinden

Weitere interessante Tabellenoperationen sind das Verbinden und Aufteilen einzelner Zellen.

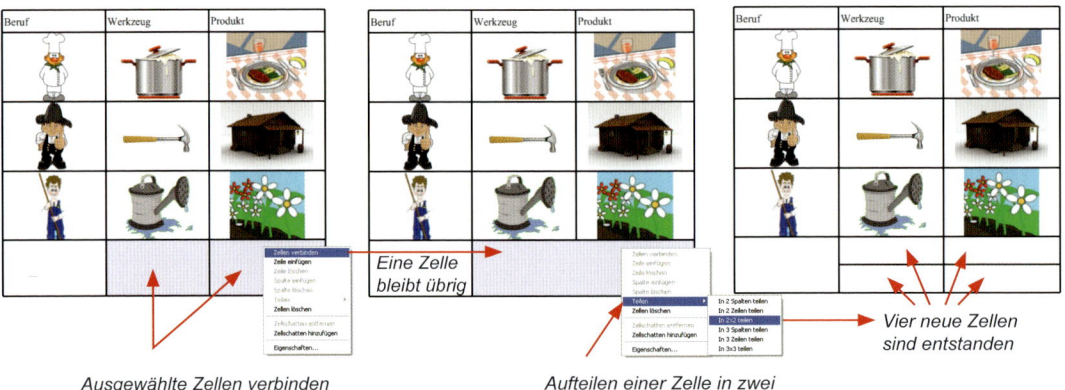

Ausgewählte Zellen verbinden

Eine Zelle
bleibt übrig

Aufteilen einer Zelle in zwei
Spalten und zwei Zeilen

Vier neue Zellen
sind entstanden

Sie können die Höhe und Breite einer Spalte oder Zeile einfach verändern, indem Sie mit dem Mauszeiger an den Trennlinien ziehen.

Trennlinie anfassen

Linie bis zur gewünschten
Größe verschieben

Die Zeile ist nun in der
gewünschten Größe

Freihändiges Zeichnen von Tabellen

Sie können Tabellen auch freihändig zeichnen und dann in eine „ordentliche" Tabelle umwandeln. Zeichnen Sie zunächst alle vertikalen und dann die horizontalen Linien (oder umgekehrt). Die Linien sollten nicht zu schief werden und sich sauber kreuzen. Nachdem die Tabelle frei gezeichnet wurde, wählen sie im Kontextmenü *Tabelle erkennen*. Eventuell müssen Sie die einzelnen Linien zuvor noch gemeinsam auswählen.

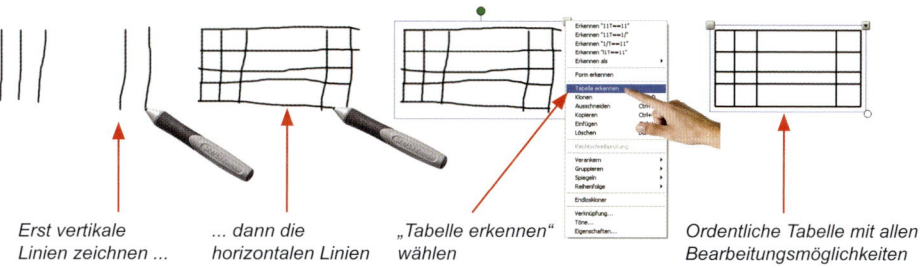

Erst vertikale Linien zeichnen ...	*... dann die horizontalen Linien*	*„Tabelle erkennen" wählen*	*Ordentliche Tabelle mit allen Bearbeitungsmöglichkeiten*

Das automatische Erkennen freihändig gezeichneter Tabellen funktioniert übrigens auch, wenn sich zwischen den Linien Bildobjekte befinden. Diese werden dann automatisch in die gezeichneten Tabellenzellen eingefügt.

Tabellenbereiche herausziehen

Sie können einen Tabellenabschnitt zunächst auswählen und dann aus der Tabelle herausziehen. Dabei entsteht eine neue Tabelle und die herausgezogenen Zellen in der ursprünglichen Tabelle werden geleert.

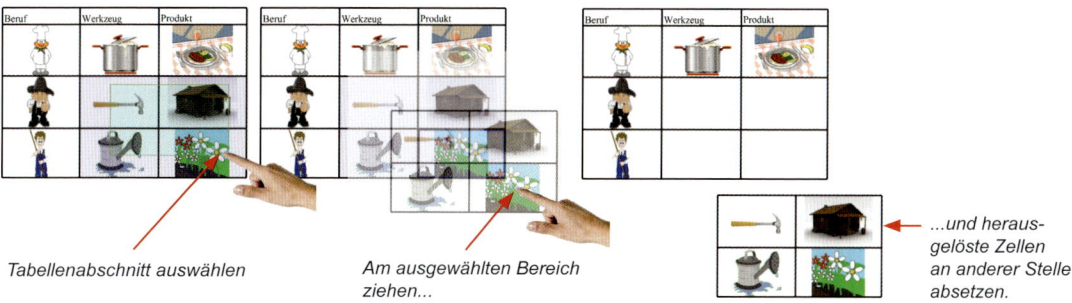

Tabellenabschnitt auswählen   *Am ausgewählten Bereich ziehen...*   *...und herausgelöste Zellen an anderer Stelle absetzen.*

Tabellen aus Word oder Excel® kopieren

Sie können Tabellen per Copy & Paste aus Word, Excel® oder OpenOffice.org® übernehmen. Markieren Sie dazu die Tabellen oder den Tabellenbereich in Word bzw. Excel®. Wählen Sie **Bearbeiten → Kopieren** oder das Tastaturkürzel Strg-C. Wechseln Sie zu Notebook und wählen Sie im Menü **Bearbeiten → Einfügen** oder das Tastaturkürzel Strg-V.

Exkurs: SMART Notebook Math Tools

Wenn Sie die Notebook-Software herunterladen, ist seit der Version 10.6. auch eine 30-Tage-Testversion der SMART Notebook Math Tools enthalten. Es handelt sich hierbei um eine kostenpflichtige Erweiterung für die Notebook-Software. Die zahlreichen neuen Funktionen richten sich an Mathematik-Lehrer und werden im Folgenden als Überblick dargestellt. Während des Testzeitraums können alle Funktionen uneingeschränkt ausprobiert werden. Danach werden die Zusatz-Features deaktiviert, sofern sie nicht durch den Erwerb einer Lizenz dauerhaft freigeschaltet werden.

Mathematische Ausdrücke erkennen und bearbeiten

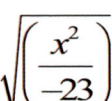

Wenn Sie einen mathematischen Ausdruck aufgeschrieben haben, können Sie diesen in Computertext umwandeln. Als Ergebnis erhalten Sie eine korrekt gesetzte Formel, die Sie nachträglich über den ebenfalls integrierten MathType®-Editor noch verändern können. Sollten Sie in der Vergangenheit bereits Formeln mit Microsoft® Word erstellt haben, so können Sie diese via Copy & Paste in die Notebook-Software übernehmen und dort weiterhin bearbeiten, da auch Word den MathType®-Editor verwendet.

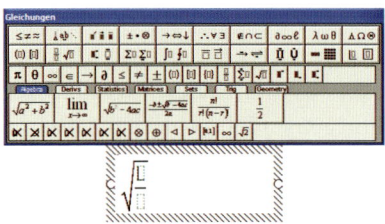

Ausdrücke berechnen

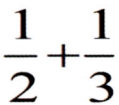

Wenn Sie einen mathematischen Ausdruck erstellt haben, beispielsweise $1/2 + 1/3$, können Sie diesen entweder numerisch oder symbolisch berechnen lassen. Die numerische Lösung wäre in diesem Fall 0,833, die symbolische Lösung $5/6$. Selbst komplexere Ausdrücke wie beispielsweise quadratische Gleichungen können auf diese Weise berechnet werden.

Erstellen, Ändern und Bemaßen geometrischer Formen

Die Erweiterung stellt ein neues Werkzeug zur Verfügung, mit dem beliebige Polygone konstruiert werden können. Alle geometrischen Formen lassen sich im Nachhinein noch verändern, indem die Eckpunkte einer Form frei verschoben werden können. Außerdem lassen sich die Innenwinkel und Seitenlängen einer Form einblenden. Die Werte können mit dem interaktiven Lineal nachgemessen werden, da der Maßstab identisch ist.

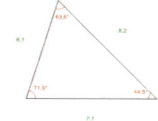

Formunterteilung

Rechtecke und Kreise lassen sich über die Formunterteilung in gleich große Einzelteile zerlegen. Auf diese Weise ergeben sich hilfreiche Visualisierungen für die Bruchrechnung, die mit einem Klick erstellt werden können.

Wertetabellen, Funktionsplotter und interaktive Koordinatensysteme

Eine Funktion kann als Graph dargestellt werden. Auch die Punkte einer Wertetabelle können auf Knopfdruck in einem Koordinatensystem angezeigt werden. Sofern dem Koordinatensystem weitere Punkte per Doppelklick hinzugefügt werden, so wird auch die verknüpfte Wertetabelle um die jeweiligen Punktkoordinaten erweitert.

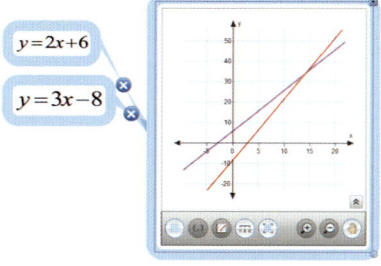

Verknüpfungen zwischen einem Koordinatensystem und Funktionen bzw. Wertetabellen lassen sich dynamisch erstellen und wieder lösen. Der dargestellte Ausschnitt des Koordinatensystems kann interaktiv verändert werden, genau wie dessen Skalierung. Geometrische Formen lassen sich außerdem an den Achsen des Koordinatensystem spiegeln.

Unser Lehrer bringt
die fertigen Tafelbilder
mit, dann haben wir
mehr Zeit, um zu fragen!!

Louisa

Kapitel 3

Phase: Vorbereiten und Material erstellen

Wie gestalte ich leicht verständliche, dynamische und aktivierende Inhalte?

SMART Notebook ist das ideale Werkzeug für die Unterrichtsvorbereitung. Sie können den Verlauf einer Stunde vorstrukturieren, Aufgaben entwerfen und genügend Freiräume für offene Unterrichtsverläufe einplanen. Sie können Notebook zu Hause einsetzen, um einzelne Seiten mit Veranschaulichungen, Aufgaben oder Impulsen vorzubereiten. Damit diese Inhalte bei Ihren Schülern „gut ankommen", sind ein paar Grundtechniken und Gestaltungsregeln zu beachten. So kann vermieden werden, dass unleserliche Aufgaben oder unübersichtliche Seiten das Verständnis erschweren. Dieses handwerklich-künstlerische Wissen hilft Ihnen auch während des Unterrichts bei der Ergebnissicherung.

Darum geht es in diesem Kapitel:
- Die Gestaltung dynamischer und interaktiver Unterrichtsmaterialien
- Das Verstecken und Aufdecken von Lösungen und Ideen
- Zufallsgeneratoren
- Das *Lesson Activity Toolkit* als Werkzeugkoffer für die Aufgabenerstellung
- Layout-Grundlagen
- Wahl der richtigen Schrift
- Einsatz von Farben und Formen
- Die wichtigsten Gestaltgesetze

Dynamische und interaktive Unterrichtsmaterialien

Einer der Vorteile der Notebook-Software ist, dass Sie die einzelnen Objekte auf dem Bildschirm jederzeit verändern und verschieben können. Dieser Abschnitt zeigt verschiedene Wege auf, wie Sie Ihre Schüler mit interaktivem Unterrichtsmaterial in den Unterricht einbinden und durch dynamische Visualisierungen die Anschaulichkeit erhöhen können.

Bildschirmvorhang

Häufig wird eine OHP-Folie mit einem Blatt Papier zugedeckt, um dann zeilenweise Informationen oder Lösungen aufzudecken. Dies kann einerseits zur Aufmerksamkeitslenkung dienen: Es ist immer klar, welcher Punkt gerade behandelt wird. Es kann auch die Komplexität reduzieren, da Informationen, die noch nicht relevant sind, versteckt werden und das Informationsangebot Schritt für Schritt wächst. Das Verdecken kann aber auch bezwecken, dass die Lösung oder die Antwort auf eine Frage noch nicht sichtbar sein soll.

1. Schreiben Sie eine Frage und deren Antwort untereinander.
2. Klicken Sie auf das Symbol mit dem *Bildschirmvorhang*.
3. Ziehen Sie den *Bildschirmvorhang* so weit, dass nur die Antwort verdeckt ist.
4. Um die Antwort zu präsentieren, ziehen Sie den Bildschirmvorhang auf. Auf diese Weise können Sie wie am Overhead-Projektor arbeiten, wo Sie die Antworten mit einem Blatt Papier verdecken.

Tipp: Wenn Sie die Notebook-Datei später wieder öffnen, können Sie an der Stelle weiterarbeiten, an der Sie den Bildschirmvorhang bei der letzten Unterrichtsstunde gelassen haben.

Die folgenden Zahlenreihen sind nach bestimmten Regeln aufgebaut.
Ergänze die zehn Zeilen.

1) 3 9 6 9 27 ?

2) 0 -1 1 3 -1 4 ?

3) 2 5 11 23 47 ?

4) 2 12 6 30 25 100 ?

5) 80 40 42 40 20 ?

6) 3 8 23 68 203 ?

7) 1 1/2 5/2 5 5/2 9/2 ?

8) 7 15 0 8 -7 ?

9) 81 9 18 2 11 ?

10) 323 107 35 11 3 ?

Die folgenden Zahlenreihen sind nach bestimmten Regeln aufgebaut.
Ergänze die zehn Zeilen.

1) 3 9 6 9 27 ?	24	x3 -3 +3 ...
2) 0 -1 1 3 -1 4 ?	24	-1 +2 x3 -4 +5 x6 ...
3) 2 5 11 23 47 ?	95	jede Zahl x2 + 1 ....
4) 2 12 6 30 25 100 ?	96	x6 -6 x5 -5 x4 -4 ...
5) 80 40 42 40 20 ?	22	:2 +2 -2 ...
6) 3 8 23 68 203 ?	608	jede Zahl x3-1 ...
7) 1 1/2 5/2 5 5/2 9/2 ?	9	:2 +2 x2 ...
8) 7 15 0 8 -7 ?	1	+8 -15 +8 ...
9) 81 9 18 2 11 ?	11/9	:9 +9 :9
10) 323 107 35 11 3 ?	1/3	jede Zahl -2 :3

Zeigestab

Beim Overhead-Projektor wird häufig ein Bleistift oder Kugelschreiber als Zeiger aufgelegt. Der Vorteil dieses Zeigers ist, dass er ruhig und dauerhaft auf ein Merkmal zeigt – im Gegensatz zum Laser-Pointer.

Am SMART Board haben Sie diese Möglichkeiten natürlich auch. Sie können einfach mit dem *Formen*-Werkzeug einen Pfeil malen und den Zeiger in beliebige Richtungen drehen. Natürlich können Sie auch die Transparenz des Pfeils verändern, damit der Hintergrund sichtbar bleibt. Sie können auch einen Pfeil ohne Füllfarbe zeichnen, dann bleibt der Hintergrund in jedem Fall komplett sichtbar.

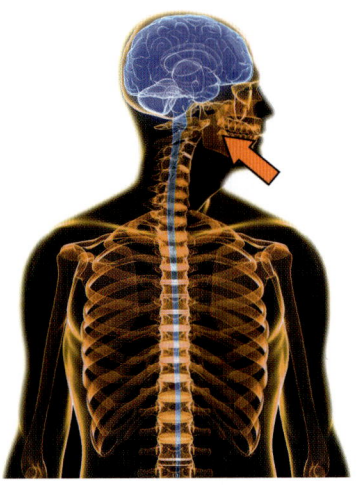
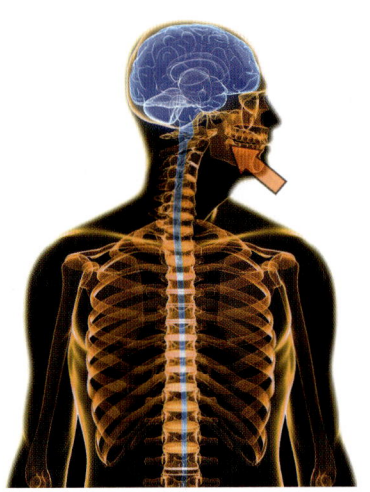

Statt eines Zeigers können Sie auch einen Markierungsrahmen in rechteckiger oder ellipsenartiger Form wählen und verschieben, um so gleich ganze Bereiche zu markieren und hervorzuheben.

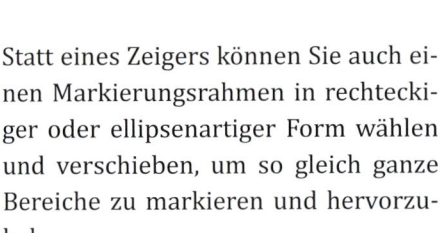

Wappen	Land	Einw. (Mio)
	Baden-Württemberg	10,739
	Bayern	12,488
	Berlin	3,395
	Brandenburg	2,559
	Bremen	0,663
	Hamburg	
	Hessen	
	Mecklenburg-Vorpommern	1,707
	Niedersachsen	7,997
	Nordrhein-Westfalen	18,029

Zauberstift

Sie können den Zauberstift über die Symbolleiste in der Notebook-Software aufrufen und bestimmte Bereiche auf dem Arbeitsblatt besonders hervorheben. Der Zauberstift besitzt drei unterschiedliche Funktionen.

Das Spotlight des Zauberstifts

Klicken Sie auf den Zauberstift in der Symbolleiste und zeichnen Sie dann eine Ellipse in dem Bereich, den Sie besonders hervorheben möchten. An der eingekreisten Stelle erscheint, wie von Zauberhand, ein Spotlight. Wenn Sie nun mit dem Mauszeiger über das Spotlight fahren, wird der Pfeil zum Doppelpfeil. Mit diesem Doppelpfeil können Sie das Spotlight vergrößern oder verkleinern. Zum Verschieben des Spotlights ziehen Sie mit der Maus oder dem Finger irgendwo im verdunkelten Bereich des Arbeitsblatts.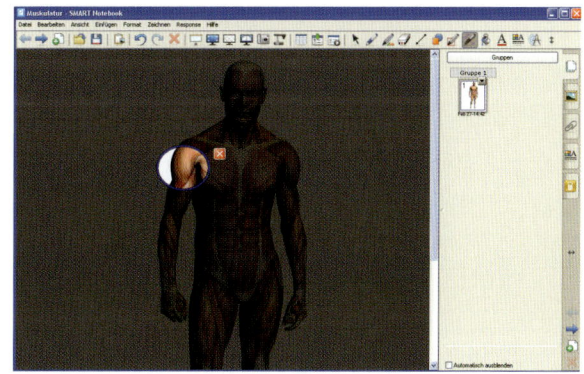

Die Lupe des Zauberstifts

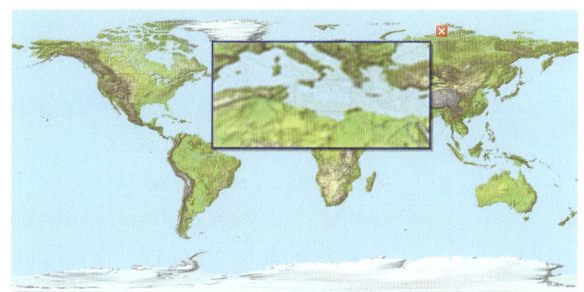

Wenn Sie mit dem Stift ein Rechteck in einem Bereich Ihrer Notebook-Seite zeichnen, können Sie diesen Bereich vergrößern.

Solange sich Ihr Mauszeiger außerhalb der Lupe auf der Notebook-Seite befindet, wird das *Mauszeiger*-Symbol zur *Hand*. Mit der *Hand* können Sie die Lupe auf einen anderen Bereich verschieben. Wenn sich Ihr Mauszeiger innerhalb der Lupe befindet, wird er zum *Doppelpfeil* und Sie können hier den Zoomfaktor erhöhen oder wieder verkleinern. Um die Lupe zu schließen, klicken Sie auf das *X*-Symbol rechts oberhalb der Vergrößerung.

Die Zaubertinte des Zauberstifts

Wenn Sie mit dem Zauberstift schreiben oder zeichnen, verschwindet nach ca. 7 Sekunden die Beschriftung. Dies gibt Ihnen die Möglichkeit, temporäre Eintragungen vorzunehmen und Ihren Schülern bei Problemen Hinweise zu geben, ohne dass diese permanent sichtbar bleiben.

Vorbereitete Seiten beschriften

Der große Unterschied zur Tafel liegt darin, dass man Seiten auf verschiedenste Weise vorbereiten kann, um diese dann während des Unterrichts zu beschriften und zu ergänzen. Sie können jede beliebige Grafik und jedes Foto verwenden und frei beschriften.

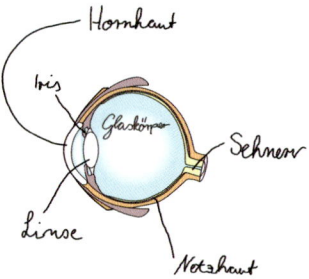

Zum Beschriften können Sie Bereiche der Grafik einkreisen und dann eine Beschriftung damit verbinden. Zur besseren Unterscheidbarkeit können unterschiedliche Farben eingesetzt werden.

> **Tipp:** Sie können eine Grafik fest im Hintergrund verankern, um diese vor dem versehentlichen Verschieben oder gar Löschen zu schützen. Auch beim Auswählen von mehreren Objekten werden verankerte Objekte nicht berücksichtigt. Zum Verankern eines Objektes markieren Sie es und wählen im Kontextmenü **Verankern → Verankern**.

Als Gedächtnisstütze, welche Teilbereiche Sie beschriften wollen, kann es hilfreich sein, zuvor Beschriftungslinien in die Grafik einzubauen, um später nur noch die Lücken füllen zu müssen.

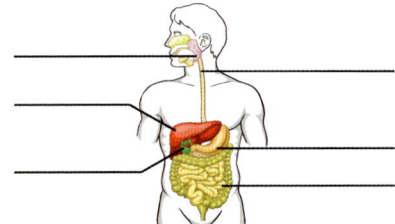

Eine weitere Möglichkeit, die Beschriftung schon vorweg festzulegen, besteht darin, eine vollständig beschriftete Grafik zu nehmen und die Beschriftungen abzudecken. Sie können beispielsweise kleine Kästchen über die Beschriftung ziehen, sodass diese versteckt wird. Zum Aufdecken der Beschriftung können die Kästchen entweder gelöscht oder weggezogen werden.

Verbergen und Aufdecken

Eine einfache Möglichkeit, Antworten, Stichpunkte oder Hinweise zu verbergen und später als Auflösung oder als Hilfestellung wieder aufzudecken, besteht darin, ein Objekt durch ein anderes Objekt zu überlagern. Das Prinzip ist ganz einfach. So, wie man bei einem Aufgabenzettel die Lösung mit einem darübergelegten Stück Papier verstecken kann, muss in der Notebook-Software nur dafür gesorgt werden, dass die Lösung verdeckt wird. Dazu ist es wichtig, die Reihenfolge der Objekte zu beachten. Damit ein Objekt ein anderes verdeckt, muss dieses im Vordergrund liegen, und es darf natürlich nicht durchsichtig sein. Wenn sich jemand hinter einem Baum verstecken möchte, dann stellt er sich schließlich auch hinter und nicht vor den Baum. Außerdem sollte der Baum keine kahlen Stellen haben, durch die man durchschauen kann.

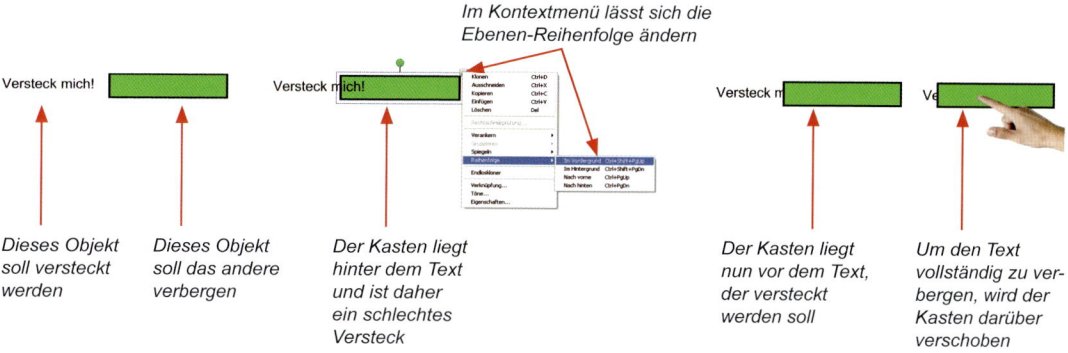

Im Kontextmenü lässt sich die Ebenen-Reihenfolge ändern

Dieses Objekt soll versteckt werden

Dieses Objekt soll das andere verbergen

Der Kasten liegt hinter dem Text und ist daher ein schlechtes Versteck

Der Kasten liegt nun vor dem Text, der versteckt werden soll

Um den Text vollständig zu verbergen, wird der Kasten darüber verschoben

Das darüberliegende Objekt kann natürlich auch ein Bild oder eine Objektgruppierung sein, beispielsweise ein Kasten mit einem Fragetext. Als „Versteck" lassen sich auch richtige und falsche Antworten für eine Frage verwenden; hinter dem Versteck findet man dann eine Bewertung, ob die richtige Antwort gewählt wurde.

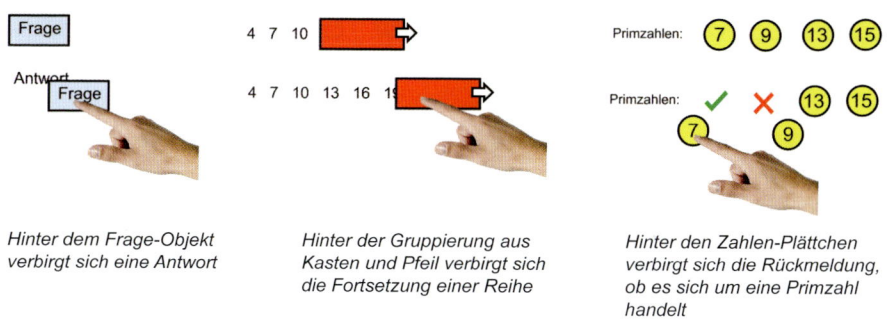

Hinter dem Frage-Objekt verbirgt sich eine Antwort

Hinter der Gruppierung aus Kasten und Pfeil verbirgt sich die Fortsetzung einer Reihe

Hinter den Zahlen-Plättchen verbirgt sich die Rückmeldung, ob es sich um eine Primzahl handelt

Objekte durch Löschen aufdecken

Das Aufdecken einer Lösung durch das Verschieben eines darüberliegenden Objektes hat den Vorteil, dass man das vordere Objekt, z. B. die Frage, eine Antwortalternative oder einen Gedankenanstoß, weiterhin sieht. Wenn sich die Bedeutung des verborgenen Objekts aus dem Kontext der Seite ergibt und das verdeckende Objekt nicht mehr benötigt wird, dann ist es sinnvoll, dieses einfach zu löschen.

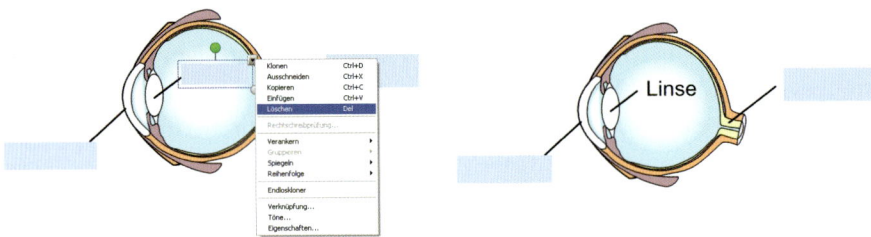

Kästchen verbergen die einzelnen Beschriftungen

Nach dem Löschen des Kastens ist die Beschriftung sichtbar

Wenn Sie Inhalte einzelner Tabellenzellen verstecken möchten, dann können Sie einfach für die markierten Zellen einen Zellschatten festlegen. Dieser verdeckt den Zelleninhalt, z. B. die richtige Antwort oder eine Aufgabe, so lange, bis einmal in die Zelle geklickt wird.

Dies sind die 10 größten Städte der Welt. Weißt du, auf welchem Kontinent sie liegen?

Stadt	Mio Einwohner	Kontinent
Tokio-Yokohama	35-40	Asien
Mexiko-Stadt	15-25	Nordame
New York	15-25	Nordame
Sudogwon (Seoul)	15-30	Asien
Mumbai	15-25	Asien
Sä	15-25	Sü
Manila	10-20	Asien
Jarkata	15-25	Asien
Delhi	15-20	Asien
Los Angeles	10-20	Nordamerika

Dies sind die 10 größten Städte der Welt. Weißt du, auf welchem Kontinent sie liegen?

Stadt	Mio Einwohner	Kontinent
Tokio-Yokohama	35-40	
Mexiko-Stadt	15-25	
New York	15-25	
Sudogwon (Seoul)	15-30	
Mumbai	15-25	
Sä	15-25	
Manila	10-20	
Jarkata	15-25	
Delhi	15-20	
Los Angeles	10-20	

Dies sind die 10 größten Städte der Welt. Weißt du, auf welchem Kontinent sie liegen?

Stadt	Mio Einwohner	Kontinent
Tokio-Yokohama	35-40	Asien
Mexiko-Stadt	15-25	
New York	15-25	Nordamerika
Sudogwon (Seoul)	15-30	
Mumbai	15-25	Asien
Sä	15-25	
Manila	10-20	
Jarkata	15-25	
Delhi	15-20	
Los Angeles	10-20	

Lösungen und Inhalte hervorzaubern

In den vorhergehenden Beispielen wurde die Lösung oder der Inhalt aufgedeckt, indem das „Versteck" verschoben oder entfernt wurde. Umgekehrt kann man Objekte natürlich auch aus dem Versteck herausholen und so bislang verborgene Objekte „hervorzaubern". Auch bei diesem Vorgehen wird wieder mit Ebenen gearbeitet. Im Hintergrund liegt das Objekt, das versteckt wird. Ein Teil des Objektes ist jedoch noch sichtbar, damit man es anfassen und hervorziehen kann. Wenn das Objekt vollständig versteckt werden soll, benötigt man einen Ziehgriff, um später auf das Objekt zugreifen zu können. Damit das Versteck nicht aus Versehen verschoben wird, empfiehlt es sich, dieses zu verankern.

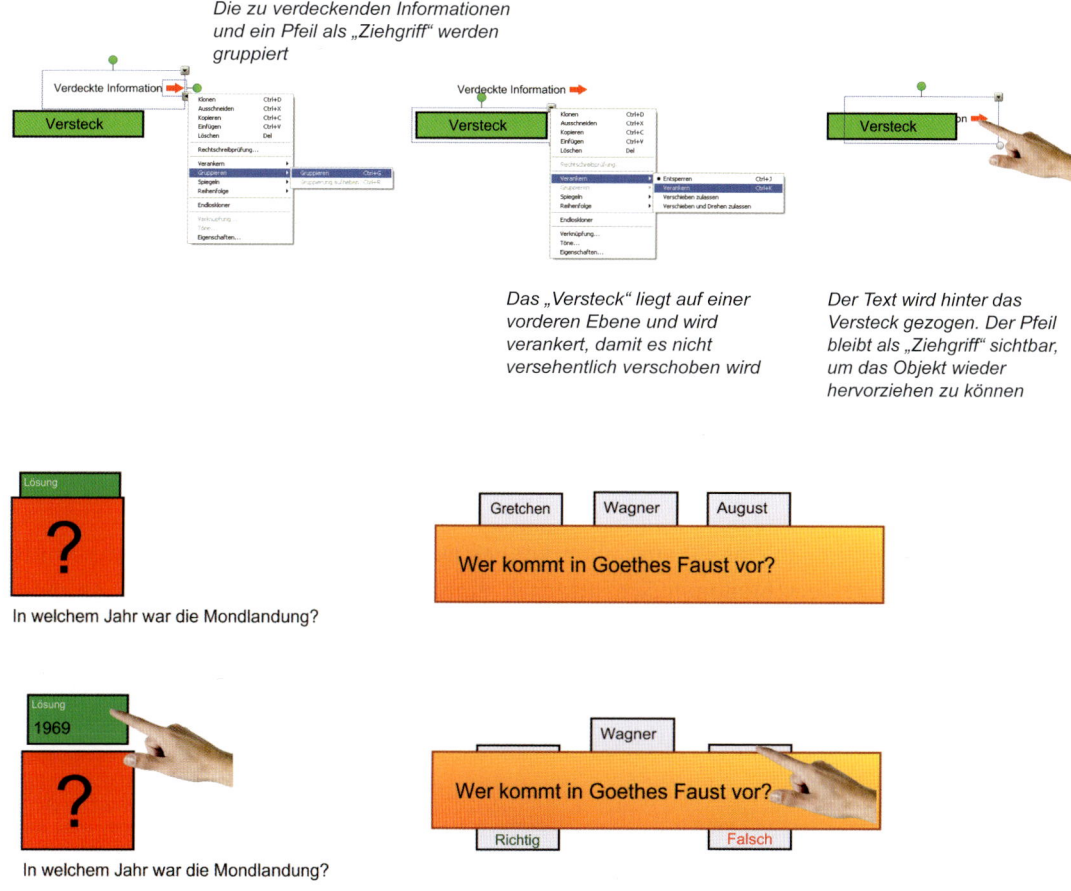

Die zu verdeckenden Informationen und ein Pfeil als „Ziehgriff" werden gruppiert

Das „Versteck" liegt auf einer vorderen Ebene und wird verankert, damit es nicht versehentlich verschoben wird

Der Text wird hinter das Versteck gezogen. Der Pfeil bleibt als „Ziehgriff" sichtbar, um das Objekt wieder hervorziehen zu können

Farbenzauber

Durch den geschickten Einsatz von Farben lassen sich verblüffende Effekte erzielen. Das Grundprinzip ist sehr einfach: Ein Objekt, das die gleiche Farbe wie sein Hintergrund hat, ist zunächst unsichtbar. Ein Wort, das mit weißer Schriftfarbe geschrieben ist, ist unsichtbar, wenn der Hintergrund auch weiß ist. Wenn sich nun aber die Farbe des Hintergrunds ändert, z. B. weil das Objekt verschoben wird, dann ist das Objekt plötzlich sichtbar.

Schwarz auf Weiß ist sichtbar   Weiß auf Weiß ist unsichtbar

Der Text in weißer Schriftfarbe ist nur dort sichtbar, wo sich ein schwarzer Kasten im Hintergrund befindet

Lösungen oder Ideen lassen sich also verstecken, indem man sie vor einem Hintergrund gleicher Farbe platziert. Verwendet man nun ein Objekt anderer Farbe, das sich auf einer Ebene hinter dem Text befindet, dann kann dieses Objekt hinter den Text geschoben werden, um ihn sichtbar zu machen.

Lösungstext wird versteckt, indem die Schriftfarbe auf die Farbe des Hintergrunds gesetzt wird

Verschiebt man den Lösungskasten hinter die „unsichtbaren Worte", dann hebt sich die weiße Schrift auf blauem Grund hervor

Ein großer Kasten kann alle Lösungen auf einmal sichtbar werden lassen

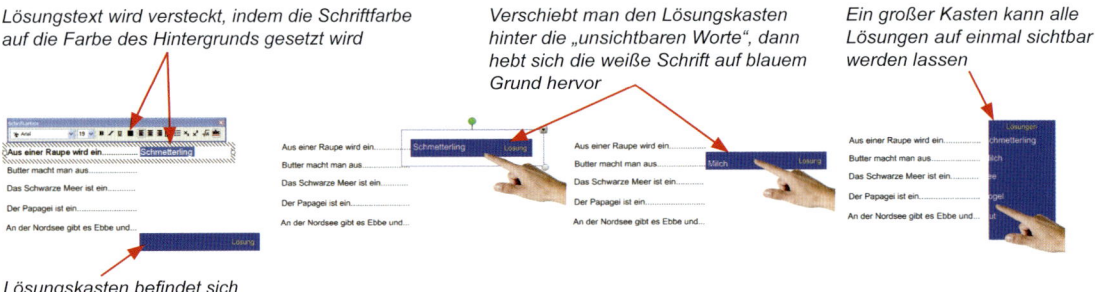

Lösungskasten befindet sich auf einer hinteren Ebene

Innerhalb eines Textobjektes können einzelne Silben, Wörter oder Abschnitte mit verschiedenen Schriftfarben eingefärbt werden. Dadurch ist es möglich, dass ein und dasselbe Objekt sichtbare und unsichtbare Bereiche hat. So kann der Anwender den sichtbaren Bereich anfassen und über einen anderen Hintergrund schieben. Auf diesem Hintergrund werden dann auch die Textabschnitte sichtbar, die vorher verborgen waren.

Sobald das Textobjekt in einen der Kategorie-Kästen gezogen wird, sieht man die versteckte Kategorie. So kann sofort gesehen werden, ob die Zuordnung richtig ist

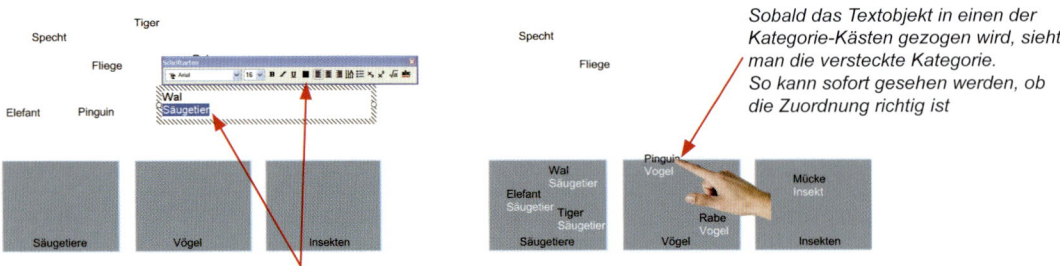

Die richtige Kategorie wird durch Einfärben versteckt

Durch das Verschieben von Text über einen Hintergrund anderer Farbe kann man versteckte Texte nicht nur sichtbar machen, sondern man kann sie auch verschwinden lassen. Wenn man einen weißen Text von einem farbigen Bereich über einen weißen Bereich zieht, dann verschwindet er plötzlich. Diesen Effekt kann man nutzen, um ein Wort in ein anderes umzuwandeln. Dazu verwendet man ein Textobjekt, in dem der linke und rechte Teil jeweils unterschiedlich eingefärbt ist. Zusätzlich platziert man zwei nebeneinanderliegende Kästen, die ebenfalls unterschiedlich eingefärbt sind, wobei der rechte Kasten die Farbe des linken Textes besitzt und umgekehrt. Sie dienen als Hintergrund, der jeweils einen Textbereich unsichtbar werden lässt.

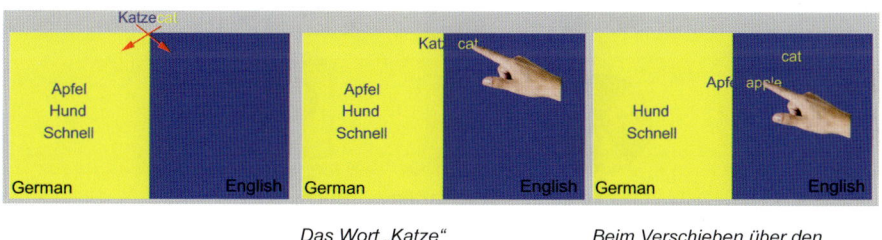

Das Wort „Katze" verschwindet rechts auf dem blauen Hintergrund

Beim Verschieben über den anderen Hintergrund verschwindet die eine Texthälfte und die andere wird sichtbar

Lösungen „freiwischen"

Wenn Sie mit einem Stift über Texte oder Bilder zeichnen, dann sind diese natürlich verdeckt. Mit dem Schwamm lässt sich die digitale Tinte nun einfach wieder wegwischen. Der Schwamm wischt dabei nur handschriftliche Texte und Zeichnungen weg. Bilder, Textobjekte oder mit dem *Formen*-Werkzeug erstellte Objekte werden nicht weggewischt. Wählen Sie am besten eine größere Linienstärke, um Texte oder Bilder schnell abzudecken.

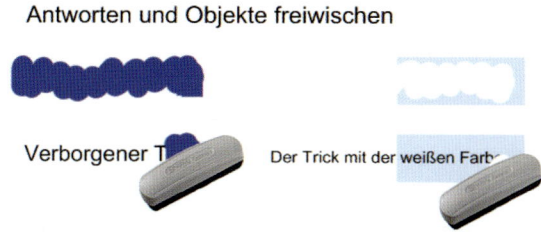

Antworten und Objekte freiwischen

Verborgener T

Der Trick mit der weißen Farb

Tipp: Wenn Sie einen handschriftlichen Text oder eine Zeichnung verankern, können Sie verhindern, dass der Schwamm diese digitale Tinte löschen kann.

Zufallsgeneratoren

In der Galerie finden Sie verschiedene interaktive Elemente, mit denen sich zufällig Zahlen, Bilder, Buchstaben oder Textbausteine würfeln lassen. Dies verleiht Aufgabenstellungen einen spielerischen Charakter und erhöht die Spannung. Zudem können Aufgaben zufällig variiert werden. Eine umfassende Übersicht erhalten Sie, wenn Sie in der Galerie nach *Zufall* oder *Random* suchen.

Würfel Bilderwürfel Zufallszahlen

Glücksrad Spielkarten Buchstaben

Lesson Activity Toolkit

Mit dem *Lesson Activity Toolkit* lassen sich Unterrichtsaufgaben und -aktivitäten erstellen. Es handelt sich um eine Sammlung anpassbarer Werkzeuge und Vorlagen für Übungsaufgaben, Spiele und Grafiken, die Sie zum Erstellen fesselnder, interaktiver Unterrichtsmaterialen von professioneller Qualität einsetzen können. Wenn das *Lesson Activity Toolkit* bereits auf Ihrem Computer installiert ist, dann können Sie einfach über die Notebook-Galerie darauf zugreifen. Ansonsten können Sie diesen nützlichen Werkzeugkoffer einfach nachinstallieren und unter folgender Webadresse herunterladen: *http://www.education.smarttech.com/slat*

Klicken Sie in der Galerie auf den Ordner *Lesson Activity Toolkit*, um auf die Werkzeuge und Vorlagen zuzugreifen.

Die Inhalte des Werkzeugkoffers sind in mehrere Unterordner aufgeteilt:

- **Activities:** Werkzeuge zum Erstellen von Übungsaufgaben
- **Games:** Vorlagen und Werkzeuge, um Spiele zu gestalten
- **Graphics:** Grafische Elemente für ein professionelles Layout

- **Help:** Enthält ein Objekt, das mit der LAT- Webseite verknüpft ist
- **Pages:** Seitenvorlagen für ein professionelles Layout
- **Tools:** Nützliche Werkzeuge zum Erstellen und Arbeiten mit interaktiven Materialien

Um sich Anregungen zu holen, wie Sie eigene Übungsaufgaben mit den Werkzeugen gestalten können, schauen Sie doch einfach in den Ordner Examples, in dem sich verschiedene Beispiele befinden. Um eine Übungsaufgabe Ihrer Unterrichtseinheit hinzuzufügen, wählen Sie eine Vorlage aus der Galerie und ziehen diese in den Arbeitsbereich von Notebook.

Jede Vorlage hat eine *Edit*-Schaltfläche. Klicken Sie auf diese, um die Übung zu bearbeiten und anzupassen.

Füllen Sie die freien Felder der Vorlage nach Bedarf aus, und verändern Sie die Einstellungen, um die Übung nach Ihren Vorstellungen anzupassen. Beim Bearbeiten der Übung können Sie entweder Text in die einzelnen Felder schreiben oder bereits vorhandenen Text (oder Textpassagen) von Ihrer Notebook-Seite in die freien Felder ziehen. Per Copy & Paste können Sie auch Texte aus der Zwischenablage einfügen (z. B. aus Word oder einem Internet-Browser).

Sie können die Übungsaufgaben mit einem Passwort schützen. Auf diese Weise stellen Sie sicher, dass niemand aus Versehen während des Unterrichts die Lösung anzeigt. Außerdem können Sie so Materialien erstellen, die Ihre Schüler auch zu Hause oder an einem Schul-Laptop alleine bearbeiten können.

Während des Unterrichts können Sie die Lösung der Aufgabe vorführen oder Schüler an die Tafel bitten, um die Übung durchzuführen. Viele der Übungen besitzen eine *Check*-Schaltfläche, mit der Sie die Lösung automatisch bewerten lassen können.

Um eine Übung von Neuem zu beginnen und in den Anfangszustand zurückzusetzen, können Sie auf die *Reset*-Schaltfläche klicken. Die richtige Lösung bekommen Sie angezeigt, indem Sie auf *Solve* klicken. Sie können dann gemeinsam mit Ihren Schülern diese Lösung besprechen.

Wenn Sie nicht so gerne mit den Adobe® Flash®-Vorlagen arbeiten möchten, dann stehen Ihnen viele der Übungsaufgaben auch als Vorlage im Notebook-Seitenformat zur Verfügung. Flash®-Vorlagen erkennen Sie am *Flash*®-Symbol und Notebook-Vorlagen erkennen Sie am *Seiten*-Symbol.

Das Erstellen von effektivem Unterrichtsmaterial

 In diesem Abschnitt erhalten Sie Tipps und Tricks, wie Sie mit der Notebook-Software professionell aussehendes Unterrichtsmaterial erstellen und präsentieren können. Dieses Kapitel richtet sich sowohl an Lehrer, die eigenes Material erstellen möchten, als auch an Verlage, die ihr Material auf Basis der Notebook-Software produzieren möchten.

Grundlagen der Layout-Gestaltung

Sobald Sie sich entschieden haben, welche Inhalte Sie am SMART Board unterrichten möchten, empfehlen wir die Erstellung eines Deckblatts für jede Unterrichtseinheit. Auf diesem Deckblatt können Sie Ihre didaktischen Überlegungen und Unterrichtsziele notieren. Dies vereinfacht den Austausch von Unterrichtsmaterialien mit anderen Lehrern, z. B. über das Anwenderportal SMART Exchange *(http://exchange.smarttech.com)*.

Für die Gestaltung eines Tafelbildes gelten am SMART Board zunächst dieselben Prinzipien wie für die normale Tafel: eine sinnvolle und klare Strukturierung, übersichtliche Darstellung, große und lesbare Schrift sowie der bewusste Einsatz von Farben und Formen. Am der interaktiven Whiteboard sind Sie aber sehr viel flexibler, da Sie das Tafelbild dynamisch umgestalten können. Figuren, die nahe beieinander gezeichnet sind, werden z. B. als eine Einheit erkannt. Das gilt sowohl für die normale Tafel als auch für das interaktive Whiteboard. Am SMART Board können Sie aber nachträglich diese Nähe herstellen oder aufbrechen, da jedes Element verschiebbar ist. In diesem Sinne arbeiten Sie nicht nur am Tafelbild, sondern mit dem Tafelbild. Inhaltliche Einheiten können dynamisch gebildet oder aufgelöst, Strukturen vor den Augen der Schüler geändert und besondere Merkmale zeitweise hervorgehoben werden. Im Folgenden werden die wichtigsten Elemente und Prinzipien der Gestaltung bildlicher Darstellungen vorgestellt und ihr Einsatz am SMART Board demonstriert.

Seite einrichten

Sobald Sie eine Vorstellung davon haben, wie das Unterrichtsmaterial in der Notebook-Software aussehen soll, empfiehlt sich ein durchgängiges Layout für eine Unterrichtseinheit einzusetzen. Daher sollten Sie das Aussehen Ihrer Seiten einrichten. Einer der ersten Schritte ist, die Hintergrundfarbe zu bestimmen.

Wenn Sie eine Farbe auswählen, bedenken Sie bitte, dass sehr helle oder auffällige Farben vom Inhalt ablenken können. Verwenden Sie auffällige Farben immer dann, um die Aufmerksamkeit Ihrer Schüler auf bestimmte Objekte auf der Notebook-Seite zu lenken.

Um eine Hintergrundfarbe auszuwählen, klicken Sie in der Menüleiste auf **Format → Hintergrund**. Es öffnet sich das Register Eigenschaften mit einer Farbauswahl, in der Sie die passende Farbe für Ihre Notebook-Seite anklicken können.

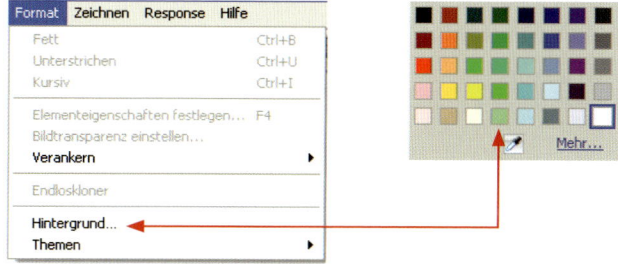

Einsatz beliebig vieler Seiten

Sie können am Interactive Whiteboard so viele neue Seiten einfügen, wie Sie benötigen, um Ihre Unterrichtsdatei zu erstellen. Nutzen Sie diese Möglichkeit, um Ihre Präsentation übersichtlicher zu gestalten. Mit Text überladene Seiten sind schwieriger zu lesen und überfordern schnell die Schüler. Begrenzen Sie die Anzahl der wichtigen Punkte auf maximal fünf (oder drei für junge Schüler) und verwenden Sie knappe und präzise Formulierungen. Lockern Sie die Seite neben den Stichpunkten mit Bildern oder interaktiven Elementen auf. Allerdings sollten Sie nicht zu viele dekorative Bilder verwenden, da diese auch ablenken können. Am besten sind Bilder, die einen inhaltlichen Bezug haben und Sachverhalte veranschaulichen.

Einheitliches Layout

Ein durchgängiges Seitenlayout erleichtert den Schülern die Orientierung auf den einzelnen Seiten, und sie können sich auf die wichtigen Punkte konzentrieren. Sie müssen kein gelernter Grafikdesigner sein, um übersichtliche und ansprechende Seiten zu gestalten.

Hier finden Sie einige Tipps:

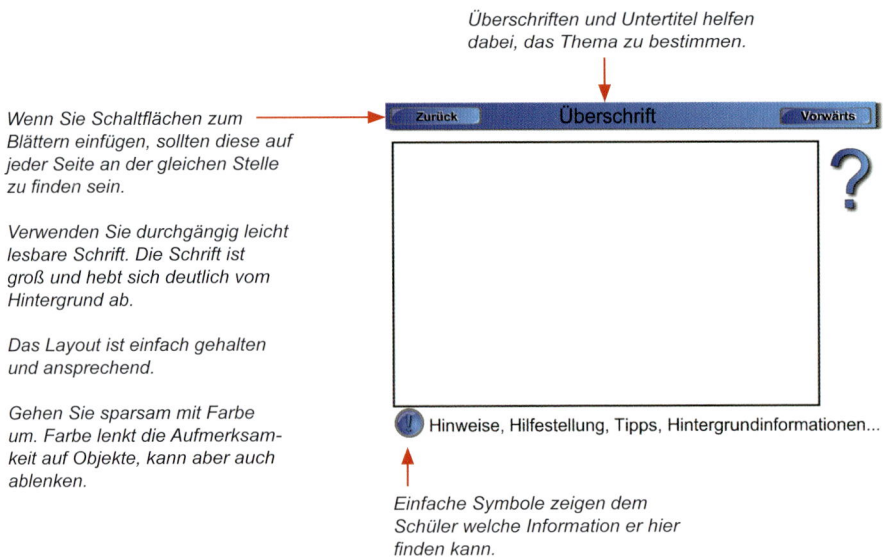

Überschriften und Untertitel helfen dabei, das Thema zu bestimmen.

Wenn Sie Schaltflächen zum Blättern einfügen, sollten diese auf jeder Seite an der gleichen Stelle zu finden sein.

Verwenden Sie durchgängig leicht lesbare Schrift. Die Schrift ist groß und hebt sich deutlich vom Hintergrund ab.

Das Layout ist einfach gehalten und ansprechend.

Gehen Sie sparsam mit Farbe um. Farbe lenkt die Aufmerksamkeit auf Objekte, kann aber auch ablenken.

Einfache Symbole zeigen dem Schüler welche Information er hier finden kann.

Tipp: Wenn Sie eine ansprechende Seite gestaltet haben, mit der Sie zufrieden sind, können Sie diese klonen, um sie als Vorlage für die restliche Datei (oder auch für neue Dateien) zu verwenden. So sparen Sie Zeit und erhalten auf komfortable Weise ein einheitliches Layout.

Schrift

Beim Entwickeln von Tafelbildern bleibt das geschriebene Wort das wichtigste Gestaltungselement. Selbst beim Einsatz von fertigen Bildern wird es regelmäßig vorkommen, dass Sie das Bild um Beschriftungen ergänzen.

Handschrift

Die wichtigste Regel für Handschrift am SMART Board lautet:

Schreiben Sie groß und leserlich!

Welche Schriftgröße Sie verwenden, hängt natürlich von der Raumgröße ab. Die optimale Größe können Sie in jedem Raum schnell ermitteln, indem Sie mehrere Wörter in unterschiedlicher Größe an das Board schreiben. Stellen Sie sich danach an den am weitesten entfernten Platz und prüfen Sie, welche Schriftgröße noch lesbar ist. Beim SMART Board ist es möglich, die geschriebenen Worte und Sätze nachträglich größer zu ziehen. Wenn Sie den Eindruck erhalten, die Schüler können nicht alles lesen, dann wählen Sie das Wort aus und ziehen es größer.

Eine leserliche Schrift erhält man durch Übung und Beachtung einiger Grundregeln:
*   Groß- und Kleinbuchstaben einsetzen!
    Die Großbuchstaben strukturieren das Schriftbild.
*   Eng und gleichmäßig zusammenschreiben!
    Buchstaben nicht auseinanderziehen.
*   Gerade schreiben! Verwenden Sie als Hilfestellung
    liniertes Papier aus der Notebook-Galerie.

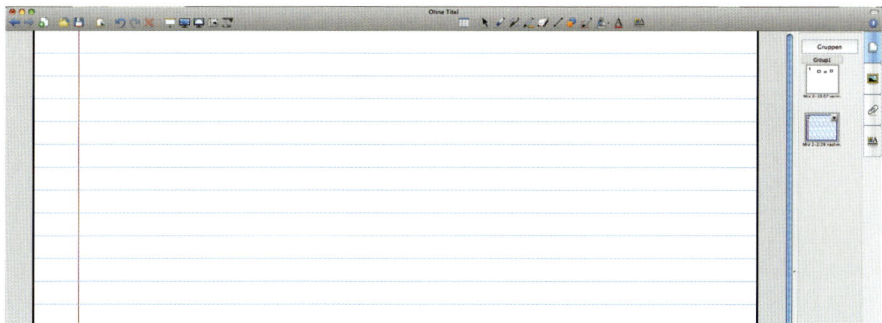

Das SMART Board ist übrigens ein guter Trainer: Schreiben Sie einfache Wörter oder Sätze an das Board. Wählen Sie den Text aus und öffnen Sie mit der rechten Maustaste das Kontextmenü. Die Notebook-Software versucht, aus der Schrift ein Wort zu erkennen. Wenn dies gelingt, schreiben Sie offenbar sehr leserlich.

Tipp: Bei großer Schrift ist es einfacher, leserlich zu schreiben. Sie können Wörter zunächst größer als benötigt anschreiben und dann auf die erforderliche Größe verkleinern.

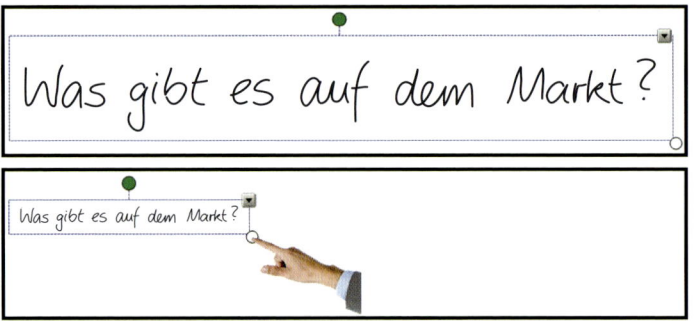

Wenn Sie mehrere Wörter sammeln, die anschließend unabhängig voneinander verschoben werden sollen, dann schreiben Sie die Wörter untereinander statt nebeneinander. Dadurch werden aus den einzelnen Wörtern unabhängige Textobjekte.

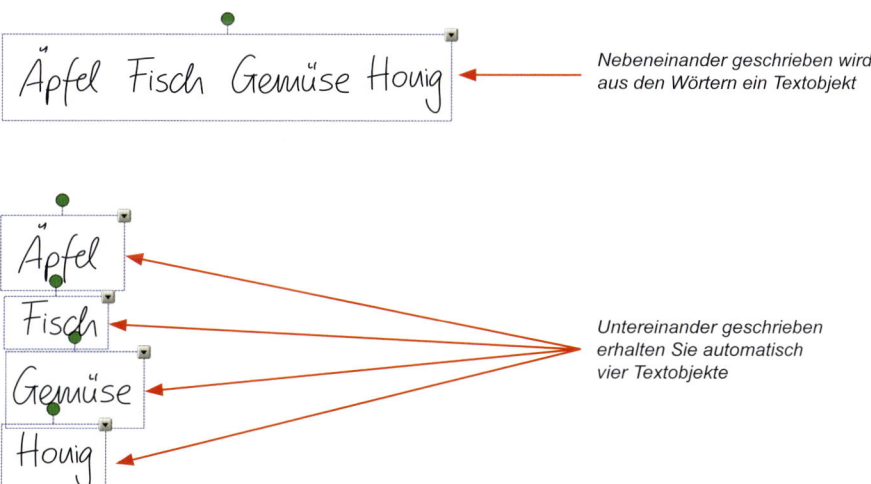

Nebeneinander geschrieben wird aus den Wörtern ein Textobjekt

Untereinander geschrieben erhalten Sie automatisch vier Textobjekte

Tipp: Es gibt noch weitere Möglichkeiten, einzelne Textobjekte oder Zeichnungen zu erstellen, ohne diese in separate Zeilen schreiben zu müssen. Wenn Sie Wörter in unterschiedlichen Farben schreiben (also den Stift zwischendurch wechseln), erzeugen Sie automatisch separate Textobjekte.

Schriftarten

Wenn Sie Dateien mit Computertext vorbereiten, sollten Sie einige Regeln beachten. Auf diese Weise können Sie die Lesbarkeit und Übersichtlichkeit erhöhen und außerdem sicherstellen, dass Ihre Dateien auf anderen Computern angezeigt werden können.

Lesbarkeit

Zu viele unterschiedliche Schriftarten, -größen und -stile erschweren die Lesbarkeit.

Der **Einsatz** _zu vieler_ Schriften **kann die Lesbarkeit** Ihrer **Unterrichtmaterialien** erschweren.

Hier ein paar allgemeine Tipps für die Auswahl geeigneter Schriftattribute:
- Überschriften sollten mindestens 28 Punkt, Fließtext mindestens 22 Punkt groß sein.
- Verwenden Sie nur eine Schriftart für Überschriften und Fließtext. Weitere Schriftarten sollten nur bewusst und zielgerichtet eingesetzt werden, beispielsweise für Hervorhebungen, Merksätze oder Zitate.
- Schriftarten wie diese sehen lustig aus, sollten aber nur für einzelne Begriffe oder in Spielen verwendet werden, da sie schwer lesbar sind.
- Nutzen Sie serifenlose Schriften wie _Verdana_ oder _Arial_. Diese sind am SMART Board besser zu lesen als Schriften mit Serifen wie _Times New Roman_. Das Gleiche gilt übrigens für die Lesbarkeit am Bildschirm.
- Achten Sie darauf, dass sich die Schriftfarbe deutlich vom Hintergrund abhebt. Gelb auf Weiß ist beispielsweise keine gute Wahl.

Standardschriften

Es gibt eine große Anzahl an Schriftarten, die auf Ihrem Computer standardmäßig installiert sind. Sollten Sie sich weitere Schriftarten aus dem Internet in-
stallieren, kann es passieren, dass diese nicht auf anderen Computern korrekt
dargestellt werden können. Verwenden Sie deshalb besser die Standard-
schriften von Ihrem Computer, beispielsweise *Verdana* oder *Arial*.

Tipp: Wenn Sie Spezialschriftarten verwenden und gleichzeitig sicherstellen möchten, dass diese auf anderen Computern darstellbar sind,
können Sie Screenshots von den Textobjekten machen und die Original-
texte gegen Fotos dieser Texte austauschen. Beachten Sie jedoch, dass
die abfotografierten Texte nachträglich nicht mehr verändert werden
können und mehr Speicherplatz benötigen als „echte" Textobjekte.

Grundschulschriften

Um unterschiedliche Schriftarten zu lesen, braucht es ein wenig Übung.
Für Grundschüler ist es deutlich einfacher, Buchstaben am SMART Board zu
lesen, die sie aus dem Unterricht kennen.

Tipp: Anbieter wie die Medienwerkstatt Mühlacker haben Schriftarten
im Programm, die für den Einsatz in der Grundschule geeignet sind (weitere Informationen unter *www.schulschriften.de*). Sofern diese Schriften
installiert sind, können sie auch in der Notebook-Software verwendet
werden.

Mathematische Symbole

Bei der Bearbeitung eines Textobjektes wird eine zusätzliche Symbolleiste eingeblendet. Sie finden in dieser Leiste auch mathematische Symbole, beispielsweise Vergleichsoperatoren oder griechische Buchstaben – allerdings sind diese nicht sofort sichtbar. Erst wenn Sie auf das *Wurzel alpha-Icon* klicken, wird die Symbolleiste nach unten erweitert. Sie finden in der zweiten Zeile dann Menüpunkte, die jeweils mehrere Symbole und Spezialzeichen enthalten. Sobald Sie auf ein Menü klicken und ein Symbol auswählen, wird dieses in das aktuelle Textobjekt eingefügt.

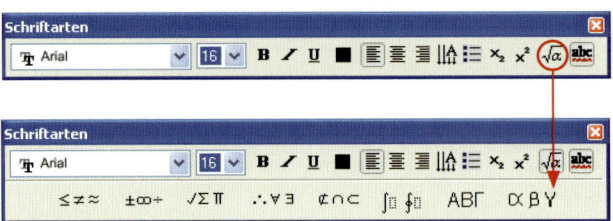

$$\omega = \Delta\theta \, / \, \Delta t$$

Tipp: Wenn Sie die ergänzende Software SMART Notebook Math Tools installiert haben, steht Ihnen zusätzlich ein umfangreicher Editor zum Erstellen mathematischer Formeln zur Verfügung. Außerdem können Sie dann auch handschriftliche Formeln in Computertext umwandeln lassen – und diese im Anschluss sogar noch verändern!

Texte gliedern und strukturieren

Klar strukturierte Texte sind leichter lesbar und besser verständlich. Bilden Sie daher aus zusammengehörenden Texteinheiten Blöcke, die klar von anderen logischen Einheiten getrennt sind.

Beachten Sie dabei besonders:
- Klare Trennung von Überschrift und Unterpunkten
- Raumaufteilung und Layout vorher planen und stets im Auge behalten
- Ränder und Zwischenräume zur Abgrenzung
- Optische Balance und symmetrische Darstellungen erleichtern die Orientierung

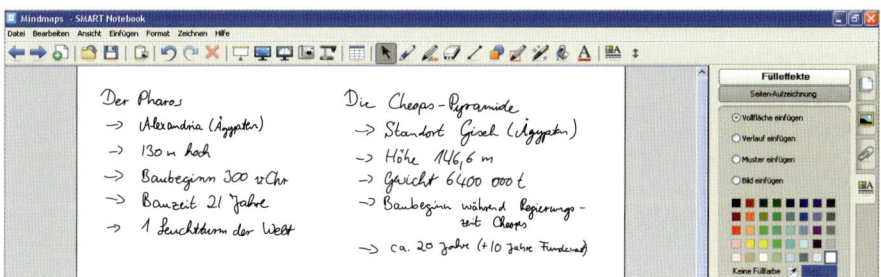

Verwenden Sie Überschriften, um Abschnitte zu unterteilen. Heben Sie die Überschrift durch Einrücken, Unterstreichen oder eine dickere Strichstärke hervor.

Rücken Sie Aufzählungen ein. Verwenden Sie einheitliche Symbole vor jedem Aufzählungspunkt. Beziehen sich Aufzählungen auf ein bestimmtes Wort oder einen Abschnitt, so können Pfeile den Zusammenhang klarstellen.

Heben Sie besonders wichtige Wörter hervor:

Sie können Wörter <u>unterstreichen</u>, die **Strichstärke** ändern oder **fett schreiben**, eine andere Stiftfarbe für die Schrift wählen, Wörter einkreisen oder mit dem ==Marker hervorheben.==

Integrieren Sie Bildwörter in Ihren Text. Dabei handelt es sich um Mini-Visualisierungen, die nicht größer sind als ein Wort. Pfeile können Ursache-Wirkung-Zusammenhänge oder Tendenzen darstellen, Symbole können auf die Bedeutung einer Aussage hinweisen, Kleinstdiagramme dienen als Gedächtnisstütze.

Ein rechter Winkel ⌐
beträgt genau 90°.
Er ist der 4. Teil eines
Vollwinkels ⊕.

Gezeichnete Bildwörter

Formen und Figuren

Formen und Figuren sind für das menschliche Auge besonders gut wahrnehmbar und haben einen hohen Wiedererkennungswert. Sie haben eine ordnende und strukturierende Funktion:

- Formen können Einheiten umschließen.
- Gleiche Formen werden als ähnlich oder zusammengehörend erkannt.
- Formen und Figuren können selbst Bedeutungsträger sein.

Mit bekannten Formen und Symbolen wird eine bestimmte Bedeutung assoziiert. Dies erleichtert das Verständnis, kann aber auch zu Problemen führen, da nicht alle Zeichen standardisiert oder den Zuhörern bekannt sind.

Erklären Sie den Schülern die Bedeutung eines neuen Symbols bei der ersten Verwendung, damit Missverständnisse vermieden werden.

Standardformen können je nach Fachgebiet unterschiedliche Bedeutung haben. Daraus folgt, dass die Bedeutung abstrakter Formen nicht instinktiv erschlossen wird, sondern den Konventionen eines Fachbereichs oder einer Kultur folgt. Die folgenden Vorschläge zur Verwendung von Kästen, Ellipsen und Wolken sind daher auch nicht zu pauschalisieren und reflektieren nur die Erfahrungen des Autors.

Kästen setze ich ein für:

- Lineare Darstellungen: Abläufe, Prozessketten, Eigenschaftslisten
- Verschachtelung (ineinanderliegende Bereiche)
- Statische Zustände
- Tabellenähnliche Darstellungen

→ Nebeneinander- oder untereinanderstehende Kästen bilden eine Linie und sorgen in diesem Fall für mehr optische Balance.

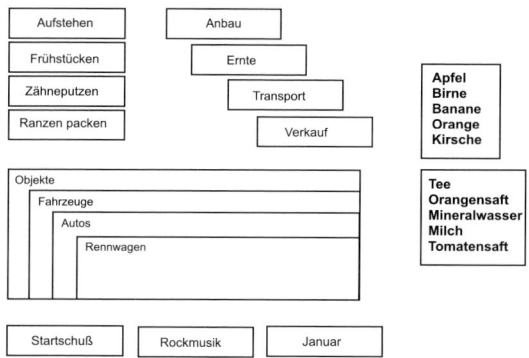

Ellipsen eignen sich gut für:

- Betonung des Inhalts
- Mengendarstellungen, überlappende Bereiche
- Vernetzte Darstellungen, z. B. Concept Maps oder Mind Maps

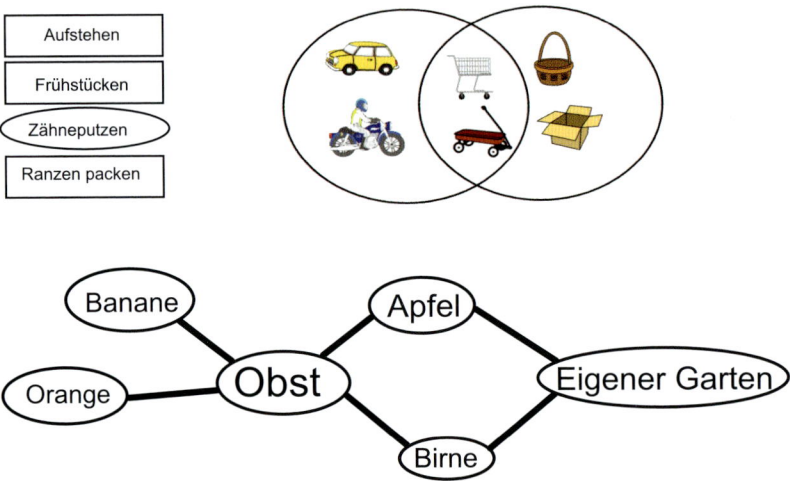

→ Die Harmonie der fortgesetzten Ellipsenlinie lässt den Inhalt stärker in den Vordergrund treten.
→ Von der Ellipse ausgehende Pfeile sind alle gleichberechtigt und stören nicht die Balance.

Wolken eignen sich für:

- Besondere Betonung einzelner Elemente
- Ineinanderübergehende bzw. nicht klar abgrenzbare Einheiten
- Sammlung kreativer Ideen und Vorschläge
- Darstellung weicher statt harter Fakten

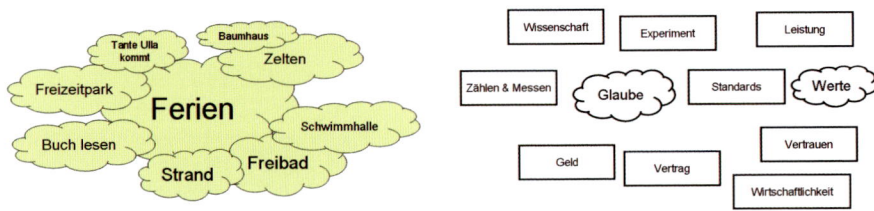

→ Der ungewöhnliche unruhige Rand springt hervor, wenn Wolken nicht zu häufig in einem Bild eingesetzt werden.
→ Der Rand deutet auf unscharfe Trennung hin. Wir wissen, dass Wolken ineinander übergehen und sich verbinden können – aber nicht müssen.

Farben

Genau wie Formen sind Farben ein grundlegendes Gestaltungselement und können für verschiedene Zwecke eingesetzt werden:
- Hervorhebung von Wörtern, Symbolen und Bereichen
- Gruppierung gleicher oder ähnlicher Elemente
- Markierung von Bereichen
- Strukturierung und Untergliederung in Bereiche
- Bessere Unterscheidung verschiedener Einheiten
- Bedeutung geben oder verstärken
- Ausdruck unterschiedlicher Wertebereiche, z. B. in Karten

Diese Aufgaben werden nur erfüllt, wenn klar unterscheidbare Farben zielgerichtet eingesetzt werden. Bunte Bilder, in denen zu viele verschiedene Farben durcheinander eingesetzt werden, verlieren dagegen an Klarheit.

Bei der Farbwahl sind folgende Dinge zu beachten:
- Lesbarkeit: Die wichtigste Entscheidungsgrundlage ist die Lesbarkeit!
- Unterscheidbarkeit: Aus den gut erkennbaren Farben wählen Sie die Farben aus, die sich am besten voneinander unterscheiden lassen.
- Bedeutung: Je nach Inhaltsgebiet und Aufgabe können Konventionen für die Bedeutung von Farbe bestehen. Darüber hinaus existieren kulturell bedingte und psychologische Farbeindrücke.

Nach folgenden Regeln können Sie die Lesbarkeit von Farben erhöhen:

- Schwarze Schrift ist besonders gut auf hellen Grautönen oder weißem Hintergrund zu lesen.
- Strahlend weiße Flächen ermüden das Auge, leichte Grau- oder Blautöne sind besser.
- Negative Schrift (weiß auf schwarzem Hintergrund) ist anstrengend zu lesen und ermüdet ebenfalls die Augen.
- Schwarze Schrift ist schlecht auf dunklen Volltonfarben zu lesen.
- Zu helle Farbtöne verschwinden bei der Projektion mit einem Beamer.
- Zwischen Figur und Hintergrund muss ein starker Farbkontrast gegeben sein.
- Ein weißer oder schwarzer Rand um eine Figur kann diese besser von der Umgebung unterscheidbar machen.
- Berücksichtigen Sie eventuell vorhandene Rotgrünschwächen bei Teilnehmern.

Eine eingeschränkte Farbwahrnehmung ist bei ca. 10 % der männlichen und 1 % der weiblichen Bevölkerung gegeben. Die häufigste Form der Farbenblindheit ist eine Rotgrünschwäche, das heißt, diese beiden Farbtöne können von Betroffenen nur schwer oder gar nicht unterschieden werden.

Zur Unterscheidung zwischen verschiedenen Farben kommen drei variierbare Farbeigenschaften infrage: der Farbton, die Sättigung und die Helligkeit. Da ungeschulte Personen in der Regel Schwierigkeiten haben, die Sättigung einer Farbe richtig zu bestimmen, sollte man Farben nicht über diese Eigenschaft voneinander abgrenzen.

Unterschiedliche Helligkeiten sind dagegen schnell zu erkennen und werden häufig mit einer Interpretation verbunden.

Zu beachten ist, dass wir zwar unterschiedliche Abstufungen der Helligkeit wahrnehmen, aber nur ungefähr zwei bis vier Abstufungen klar unterscheiden können, wenn die Farben nicht direkt nebeneinanderliegen. Die größte Variationsmöglichkeit haben Sie daher, wenn Sie unterschiedliche Farbtöne einsetzen. Es gibt zwölf Farben, die besonders gut unterscheidbar sind:

Dabei handelt es sich interessanterweise um die Farben, für die es in fast allen Kulturen jeweils Eigennamen gibt. Die Bedeutung einer Farbe ist in den Kulturen aber oft unterschiedlich.

Es gibt zwar psychologische Untersuchungen, dass einzelne Farben als wärmer oder kälter, als positiver oder negativer, als besonders Bedeutung stiftend gelten. Einheitliche Ergebnisse gibt es dazu jedoch nicht. Die intuitive Farbinterpretation wird zudem in den meisten Fällen von der Bedeutung des Anwendungsfeldes überlagert. Die Farbe Rot steht beispielsweise je nach Kontext für: besonders wichtig, aufgepasst, falsch, Fehlfunktion, Hitze, Liebe, Gefahr, Stopp oder auch Kommunismus.

Daher gilt: Achten Sie darauf, welche Bedeutung die Farbe in dem konkreten Themengebiet üblicherweise besitzt! Erläutern Sie den Schülern, welche Farbkonventionen Sie einsetzen.

In der Notebook-Software können Sie die Rahmen- und Füllfarbe von Formen bestimmen und sogar nachträglich ändern. Die vier Stifte werden üblicherweise für die Farben Schwarz, Rot, Grün und Blau eingesetzt. Es empfiehlt sich, diese Standardeinstellungen nicht zu ändern, außer Sie benötigen sehr häufig die gleichen Spezialfarben.

Eine Empfehlung zur Verwendung der SMART Board Stifte:

- **Schwarzer Stift:** Text anschreiben und Skizzen erstellen.
- **Blauer Stift:** Neutrales Hervorheben, Unterscheiden vom restlichen Inhalt. Sie können beispielsweise eine Skizze in Schwarz zeichnen und diese in Blau beschriften.
- **Roter Stift:** Rot hat in jedem Fall eine Signalwirkung. Daher eignet sich Rot besonders gut, um Wörter oder Strukturen hervorzuheben. Bei der Bewertung von Ergebnissen wird Rot häufig zum Markieren von Fehlern eingesetzt.
- **Grüner Stift:** Verwenden Sie Grün, um etwas positiv hervorzuheben oder um eine Aufgabe als richtig zu bewerten. Mit Grün können Sie auch die Punkte oder Maßnahmen markieren, für die sich die Gruppe entschieden hat (gemäß der Redewendung „grünes Licht geben").

Gestaltgesetze

Bei den Punkten Schrift, Form und Farbe wurde bereits deutlich, dass durch ähnliche Gestaltungsmerkmale Einheiten gruppiert oder voneinander abgegrenzt werden. Dieses Phänomen wird in der Gestaltpsychologie als Gesetz der Ähnlichkeit beschrieben. Gestaltpsychologen beschäftigen sich mit der Fragestellung, wie wir in unserer Wahrnehmung aus Einzelteilen größere, zusammenhängende Einheiten konstruieren. Bei der Verarbeitung von visuellen Informationen werden Merkmalsunterschiede und wiederkehrende Strukturen besonders gut identifiziert. Objekte werden als eine Einheit wahrgenommen, wenn sie die gleiche (oder ähnliche) Farbe, Größe, Orientierung, Achse oder Form haben:

Anwendungsbeispiel für die
Gruppierung nach Farbe:

Anwendungsbeispiel für die
Gruppierung nach Größe:

Anwendungsbeispiel für die
Gruppierung anhand der Form:

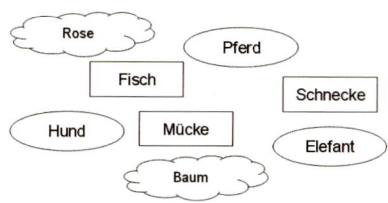

Räumliche Nähe

Zusammengehörende Elemente sollten möglichst nahe beieinanderstehen. Diese Regel ist bei der Beschriftung von Illustrationen und Bildern zu beachten. Je weiter zwei Einheiten voneinander entfernt sind, umso schwieriger wird die Zuordnung. Durch die räumliche Distanz zweier Begriffe oder Bilder kann auch visualisiert werden, dass diese inhaltlich nicht sehr nahe beieinanderliegen.

Geschlossenheit

Geschlossene Teile werden in der Regel als ein Ganzes aufgefasst. Durch einen Rahmen können Sie Objekte oder Texte umschließen, um mehrere Einheiten zusammenzufassen. Besonders wichtige Inhalte können Sie so hervorheben. Mithilfe geschlossener Flächen grenzen Sie die umschlossenen Inhalte von anderen visuellen Elementen ab.

Verbindungslinien

Mithilfe von Verbindungslinien können Sie die Verbundenheit einzelner Objekte zeigen. Die Verbindungslinie sorgt dafür, dass die verbundenen Elemente auch über eine längere Entfernung in Kontakt zueinander bleiben.

Für Verbindungslinien gilt, dass diese entweder gerade oder kurvenförmig verlaufen sollten. Rechtwinklige Streckenzüge sind schwerer zu verfolgen, insbesondere wenn sich Linien kreuzen. Der Grund liegt darin, dass Kurven als harmonischere Fortsetzung leichter zu verfolgen sind.

 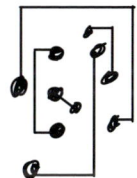

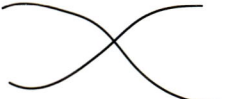  

Prägnanz

Ganz allgemein nehmen wir einfache Formen, Verläufe und Strukturen besser wahr als komplizierte. Wir erkennen eine Gestalt umso besser, je prägnanter sie ist. Folgende Darstellungen werden alle als Kreis wahrgenommen, weil dies die einfachste Interpretation ist.

Aus dem gleichen Grund sehen wir in dieser Abbildung zwei übereinanderliegende Dreiecke und keinen komplizierten Streckenzug.

Hier wirkt das Gesetz der Einfachheit. Weitere Prinzipien, die für eine prägnante Darstellung sorgen, sind Regelmäßigkeit, Symmetrie, Ausgewogenheit, Knappheit und Vertrautheit. Zum Beispiel werden konvexe, symmetrische Strecken zu einem Körper zusammengesetzt.

Beim Entwerfen von Tafelbildern sollten Sie darauf achten, möglichst prägnante Gestalten zu visualisieren: Diese werden leichter erkannt und besser behalten. Sie fördern das Verständnis und vermeiden Fehlinterpretationen.

Mit dem Erkennen von Gestalten trennen wir eine Darstellung in Figur und Grund. Unsere Aufmerksamkeit richtet sich im Allgemeinen mehr auf die Figur und weniger auf den Hintergrund, daher helfen die Gestaltgesetze auch bei der Aufmerksamkeitslenkung.

Mit dem SMART-Board
haben wir viele tolle
Extras (Internet,
Geometrische Figuren, DVD,
Weltkarte)

Adrian

Kapitel 4

Phase:
Aktivieren und Motivieren

Wie kann ich das SMART Board zur Aktivierung der Schüler einsetzen?

Aktivierung und Motivation sind Voraussetzung für alle Phasen des Unterrichts. Eine gute Methode sollte stets automatisch das Interesse der Schüler wecken, sich mit dem Lerngegenstand auseinanderzusetzen – ob nun aus direkter oder indirekter Motivation heraus. In diesem Abschnitt werden Wege aufgezeigt, wie sich diese Aktivierung noch verstärken lässt, indem explizit das Interesse geweckt, an für die Schüler bedeutungsvolle Probleme angeknüpft wird und Impulse gegeben werden. Dabei geht es nicht primär um motivierende Spielereien, sondern darum, den Schülern den Unterrichtssinn glaubhaft zu vermitteln. Eine spielerische Vorgehensweise kann jedoch auflockern und dabei helfen, Hemmungen oder Abneigungen abzubauen.

Darum geht es in diesem Kapitel:
- Das Interesse der Schüler vielseitig wecken
- Reale oder didaktisch vereinfachte Probleme lösen
- Den Schülern Orientierung geben
- Bildliche Impulse geben
- Anknüpfen an bereits vorhandenes Wissen
- Spielerische Momente zur Auflockerung einbauen
- Konzentrationsübungen

Interesse wecken

Die intrinsische Motivation der Schüler wird erhöht, wenn sie ein eigenes Interesse an einem Thema haben. Das Interesse kann auf unterschiedliche Weise geweckt werden:

- Identifikation mit dem Thema
- Spaß an der Sache
- Problembewusstsein und der Wille, dieses Problem zu lösen
- Angestrebte Kompetenzen in Aussicht gestellt bekommen
- Sich selbst beweisen wollen
- Betroffenheit
- Neugierde
- Bezug zur eigenen Lebensrealität
- Voraussetzung für den eigenen Berufswunsch
- Verstehenwollen von Naturphänomenen usw.

Warum?

Schüler beschäftigen sich mit einem Thema aus einem eigenen Interesse heraus und nicht, weil es Lernziele in einem Lehrplan vorgeben. Das schulische Curriculum spiegelt im Idealfall die wichtigsten Kulturkompetenzen (Lesen, Schreiben, Rechnen, Beurteilen, Hinterfragen, Informationsumwelten begegnen, naturgesetzliche Zusammenhänge verstehen, soziale Verantwortung übernehmen usw.) unserer Gesellschaft wider. Für viele Themen sollte es daher möglich sein, einen Bezug zu vertrauten Alltagssituationen herzustellen. Diese Bezüge sind in der Regel jedoch indirekt und müssen den Schülern daher ersichtlich gemacht werden. Stets geht es um die Fragen: Wozu brauche ich das? Warum muss ich das lernen? Im Moment der Einsicht, dass eine bestimmte Kompetenz für eine Sache, die bereits als interessant empfunden wird, relevant ist, überträgt sich das Interesse auf diese Kompetenz.

Stolpersteine

Das Interesse an einem Thema kann aus unterschiedlichen Gründen geweckt werden. Es genügt daher nicht, auf eine einzige Weise den Bezug zur Realität herzustellen. So kann eine Schülerin z. B. am Lösen von Rechenaufgaben Interesse haben, weil ihr logische Denkaufgaben Spaß machen, sie den Preis und den Holzbedarf für ein Baumhaus berechnen möchte, weil sie wissen möchte, wie lange man sein Taschengeld für eine Designer-Jeans sparen muss oder wie viele Stunden die Eltern für die letzte Handyrechnung arbeiten mussten.

Für die gleichen abstrakten Rechenoperationen lassen sich unterschiedliche Alltagsbezüge herstellen. Wichtig ist dabei, dass diese Relevanz für eine Sache nicht nur behauptet wird, sondern für die Schüler auch nachvollziehbar ist. Es reicht nicht zu sagen: „Das braucht ihr später einmal, wenn ihr eine Wohnung einrichtet." Vielmehr muss der Bezug klar gemacht werden, warum man genau diese Kompetenz dafür benötigt. Eine weitere Herausforderung besteht darin, dass Kompetenzen aufeinander aufbauen und meist erst die höheren Kompetenzen einen unmittelbaren Bezug zum Alltag zulassen. Insofern ist der Zusammenhang zwischen den Einzelkompetenzen und den Kompetenzen höherer Ordnung glaubhaft klarzumachen, z. B. mit Fallstudien (Realitätsbezug zeigen) oder Advanced Organizern (Zusammenhänge zeigen). Damit das gewonnene Interesse nicht wieder verloren geht, ist eine angemessene kognitive Komplexität des Lerngegenstands wichtig, das heißt, er sollte zu bewältigen, aber nicht zu einfach und damit langweilig sein.

Am SMART Board

Situiertheit: Filme und Fotos können reale Situationen zeigen und einen Impuls geben, wofür die Unterrichtsinhalte benötigt werden. Zeitungsausschnitte oder aktuelle Meldungen in Nachrichtensendungen, die einfach am SMART Board gezeigt werden, stellen einen unmittelbaren Bezug zu aktuellen Themen her.

Themenbezogene Selbstpositionierung: Häufig haben Schüler bereits verschiedenste Einstellungen zu einem Thema. Wenn Sie diese (inneren) Einstellungen kennen, können Sie besser auf diese eingehen, z. B. indem Bezüge zu eigenen Erwartungen hergestellt oder Vorbehalte adressiert werden. Auf einer Notebook-Seite können Sie bereits verschiedene Positionen vorgeben. Die Schüler können nun ihren Namen neben eine dieser Positionen schreiben. Alternativ können Sie auch schon Namen oder Fotos der Schüler vorbereiten, damit diese neben die Positionen gezogen werden können. Schüler dürfen auch zusätzliche Positionen eintragen. Achten Sie darauf, dass Schüler nicht für ihre Einstellungen und Ansichten kritisiert oder gar lächerlich gemacht werden. Zudem sollten Sie möglichst viele Aspekte der Selbstdarstellung im Unterricht wieder aufgreifen.

Betroffenheit herstellen: Sie können schockierende oder provozierende Bilder oder Thesen am SMART Board vorbereiten und spontane Meinungsäußerungen der Klasse sammeln. Danach wird die Klasse gefragt, wie man die gezeigten Missstände angehen könnte.

Diese Äußerungen können dann in Bezug zu Unterrichtsinhalten gestellt werden. Zum Beispiel verwenden Sie ein Bild, das extreme Armut zeigt. Davon ausgehend werden dann verschiedene Wirtschaftssysteme diskutiert. Es können aber auch Texte oder Plakate gestaltet werden, um auf die Missstände aufmerksam zu machen. Im Mathematikunterricht wird beispielsweise berechnet, wie viel Geld jeder Einzelne in den Industriestaaten einmalig spenden müsste, um den gesamten Schuldenberg der Entwicklungsländer auf einen Schlag zu tilgen.

Alltagsprobleme: Verschiedene Tarife von Handy-Anbietern sollen miteinander verglichen werden. Dabei soll für unterschiedliche Nutzungsweisen jeweils der günstigste Tarif berechnet werden.

Problemlösen

Beim Problemlösen wird ein umfangreiches Problem mit Realitätsbezug systematisch gelöst, wobei verschiedene Teilkompetenzen erforderlich sind. Zunächst werden die Schüler mit einem Problem konfrontiert, z. B. durch die Präsentation eines Falles, einer praktischen Aufgabenstellung oder eines einleitenden Streitgesprächs. Im zweiten Schritt wird das Problem gemeinsam analysiert, z. B. durch das Stellen von W-Fragen oder die Visualisierung in einer Concept Map. Danach wird nach verschiedenen Lösungsmöglichkeiten gesucht. Es kommen verschiedene heuristische Problemlösungstechniken zum Einsatz: Restrukturierung der Concept Map, in verschiedene Richtungen denken, Flussdiagramme erstellen, Brainstorming usw. Im letzten Schritt werden die verschiedenen Lösungsvorschläge beurteilt, überprüft und erprobt.

Warum?

Komplexes Problemlösen wird geübt. Dabei wird das selbstständige Arbeiten der Schüler gefördert. Bereits vorhandene Kompetenzen der Schüler werden angewendet und gefestigt. Die Problemstellung offenbart zudem Kompetenzlücken. Wenn die Schüler motiviert sind, das Problem zu lösen, dann sind sie daran interessiert, diese Lücken zu schließen. Aufgrund der komplexen Aufgabenstellung werden vielfältige Kompetenzen aufgebaut: eigenständig Probleme lösen, selbstständige Informationsbeschaffung, Planung, Überprüfung und das Treffen von Entscheidungen. Das Durchspielen (Simulieren) von Lösungsansätzen im sicheren Klassenraum ist realitätsnah, aber – im Gegensatz zum tatsächlichen Handeln – risikofrei. Zudem steht der Lehrer als Mentor stets zur Seite und kann zeitnah Rückmeldungen geben.

Stolpersteine

Die Planung ist meist sehr zeitintensiv. Zudem muss der Unterrichtsablauf gut organisiert sein, damit es nicht chaotisch wird. Die Problemstellung sollte zudem möglichst viele Schüler ansprechen und nicht künstlich sein.

Am SMART Board

Fallstudien: Das Problem wird exemplarisch an einem Einzelvorkommnis durchgespielt. Dabei werden reale Fälle in den Unterricht eingebunden, jedoch in ihrer Komplexität so weit reduziert, dass sie von Schülern gelöst werden können. Dies erfordert die Vereinfachung, Reduktion, Anpassung und Strukturierung für den Unterricht. Die Darstellung des Falls kann am SMART Board mithilfe von Bildern, Texten, Zeitungsüberschriften, Audio-Statements und Videos erfolgen.

Informationsbeschaffung: Für die Lösung des Problems müssen Informationen recherchiert und erarbeitet werden. Dies sollte nach Möglichkeit durch die Schüler geschehen. Am SMART Board lässt sich das Material der verschiedenen Quellen (Internet, Interviews, Beobachtung in der Natur oder an sozialen Orten, Zeitungsschnipsel, Bücher, Zitate) zusammenführen und miteinander verknüpfen.

Exploration: Ein Problem oder ein Fallbeispiel lässt sich aus verschiedenen Perspektiven betrachten: Binnen- und Außenansicht, Ansichten verschiedener Akteure und aus Sicht verschiedener Zielsetzungen. Am SMART Board können die verschiedenen Sichten auf einzelnen Seiten gesammelt werden. Durch die doppelseitige Seitenansicht lassen sich verschiedene Perspektiven gegenüberstellen. Durch das Klonen von Seiten werden mehrere Zwischenschritte dokumentiert, sodass in verschiedene Richtungen experimentiert werden kann.

Fragen und Antworten: Sie können bereits Notebook-Seiten mit verschiedenen Fragen vorbereiten. Zudem können sich die Schüler eigene Fragen überlegen, z. B. in Partnerarbeit. Die Fragen werden dann am SMART Board gesammelt. Antworten und Ergebnisse können direkt unter die Fragen geschrieben werden.

Projekte: Wenn es sich um größere Projekte handelt, dann erstreckt sich die Lösung des Problems meist über mehrere Unterrichtsstunden. Am SMART Board können alle Ergebnisdokumente (Fragen, Daten, Concept Maps, Diagramme, Teillösungen, Kommentare) gespeichert und wieder aufgerufen werden.

Agenda und Advanced Organizer

Bei einem informierenden Unterrichtseinstieg wird zu Beginn der Sitzungs-
verlauf als Agenda auf einer Seite präsentiert. Dabei werden das Ziel der Unterrichtsstunde genannt und die einzelnen Arbeits- und Aufgabenabschnitte
dargestellt. Während der Stunde kann auf diese Gliederung zurückgegriffen
werden, um der Unterrichtsstunde Struktur und den Schülern Orientierung
zu geben. Am Ende der Stunde können die bearbeiteten Punkte abgehakt
werden. So sehen die Schüler, was sie alles geschafft haben.

Die Agenda kann folgende Fragen beantworten:
- Welches Thema wird in dieser Stunde behandelt?
- Was werden wir heute lernen?
- Wofür sind diese Lerninhalte wichtig?
- Was kann ich mit dem Wissen, das vermittelt werden soll, praktisch an-
  fangen?
- Welche Aktivitäten erwarten die Schüler, um die angepeilten Kompeten-
  zen zu erwerben?

Eine Stunden-Agenda lässt sich sehr gut mit einem Advanced Organizer kombinieren. Ein Advanced Organizer bietet eine Übersicht über die Gesamt-
zusammenhänge eines Themas. Wenn ein neues Thema eingeführt wird, zeigt
man, welche Abschnitte behandelt werden, wie diese zusammenhängen und
aufeinander aufbauen. So haben Schüler das Gesamtbild („Big Picture") vor
Augen und können sich besser orientieren. Zu Beginn einer Einheit kann auf
dieses Gesamtbild zurückgegriffen werden, um zu zeigen, wo man sich gerade
im Stoff befindet. Die Stunden-Agenda liefert dann den Überblick über den
aktuellen Teilabschnitt, der als Nächstes behandelt wird.

Warum?

Das Unterrichtsziel und die Struktur der Stunde werden transparent. Eine
didaktische Sequenzierung ordnet Inhalte und Aktivitäten so, dass sie aufeinander aufbauen und miteinander verknüpft werden. Damit soll eine optimale statt einer zufälligen Reihenfolge erreicht werden. Schüler wissen gleich
zu Anfang, was sie erwartet, und können sich darauf einstellen. Ihnen wird
zu Beginn klar, dass angebotene oder erarbeitete Informationen später für
Aufgaben benötigt werden. Zudem hat man auch als Lehrkraft den geplanten
Unterrichtsverlauf vor Augen. Eine vernünftige Struktur lässt die Zusammenhänge klarer werden. Greift man während des Unterrichtsverlaufs immer
wieder auf die Agenda zurück, so erhalten Schüle einen klar erkennbaren
Übergang zwischen den Unterrichtsphasen.

Stolpersteine

Die Agenda ist nur sinnvoll, wenn sie transparent und verlässlich ist. Das Einbauen von Überraschungseffekten wird daher leider erschwert. Durch die genaue Planung des Unterrichtsverlaufs übt der Lehrer zudem erhebliche Macht aus und es droht die Gefahr der Lehrerzentrierung. Es ist daher wichtig trotz der Gliederung Alternativen einzuplanen und auch für Vorschläge von Schülern offen zu sein. Im Gegensatz zum „geheimen Plan" bietet die offen-liegende Struktur die Möglichkeit, mit den Schülern den tatsächlichen Verlauf abzustimmen. Die Agenda sollte nicht nur zu Beginn der Stunde ge-zeigt werden, sondern auch zwischendurch der Orientierung dienen. Die Strukturierung sollte zudem für die Gliederung der Arbeits- und Informa-tionsphasen verwendet werden, nicht jedoch um eine „Folienschleuderei" anzukündigen. Wenn Sie einen Abschnitt mit vorbereiteten Inhalten haben, sollten Sie immer auch Seiten mit Arbeitsaufträgen sowie zum gemeinsamen Entwickeln oder Festhalten von Ergebnissen vorsehen.

Am SMART Board

Advanced Organizer vewenden: Legen Sie für einen Themenkomplex am besten eine eigene Notebook-Datei mit einem Advanced Organizer an. Sie können diese Datei in verschiedenen Stunden aufrufen und zeigen, wo sich die Klasse gerade im Stoff befindet.

Agenda schrittweise aufdecken: Um die Punkte der Agenda nacheinander durchzugehen und den Aufmerksamkeitsfokus auf den nächsten Punkt zu lenken, kann der Bildschirmvorhang eingesetzt werden.

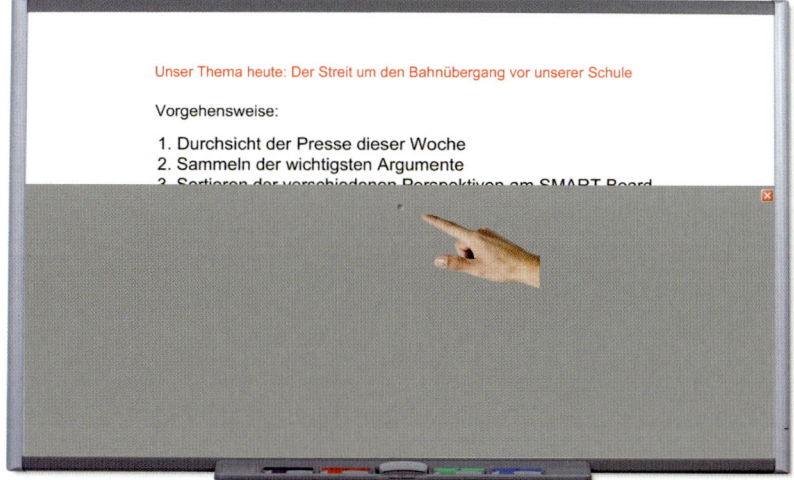

Agenda verwenden: Die Agenda lässt sich auf der ersten Seite einer Notebook-Datei einbauen. Sie können über die Seitensortierung schnell und jederzeit zu dieser Seite springen, um den Wechsel zwischen Unterrichtsphasen anzukündigen. Haken Sie die bereits behandelten Abschnitte ab und fokussieren Sie den nächsten Abschnitt mit dem Zauberstift oder einem farbigen Rechteck, das sich über den nächsten Punkt schieben lässt.

Dynamische Agenda: Besprechen Sie eventuell zu Beginn der Stunde, ob weitere Wünsche der Klasse bestehen, z. B. das Wiederholen eines Abschnitts oder längere Übungsphasen. Am SMART Board können Sie die Agenda einfach anpassen, indem Sie einen neuen Punkt einfügen oder Punkte anpassen. Auch wenn während der Stunde spontan ein Exkurs geschieht, sollten Sie diesen in die Agenda aufnehmen, um der Klasse zu zeigen, welche Aktivitäten sie an diesem Tag bewältigt hat. Am Ende der Stunde kann überschaut werden, welche Abschnitte erfolgreich behandelt wurden und welche offengeblieben sind. Sie können diesen Stand abspeichern und in der nächsten Stunde wieder aufgreifen.

Schülerwahl: Sie können bereits in der Agenda verschiedene Alternativen anbieten, z. B. wie viele Aufgaben geübt werden sollen oder wie das Thema behandelt werden soll, z. B. Lehrervortrag mit Impulsen, Gruppendiskussion oder Erarbeitung am SMART Board.

Bildlicher Impuls

Bilder, Grafiken, Fotos oder Filme werden zu Beginn einer Einheit eingesetzt, um einen Gedankenanstoß zu geben oder zu einer Fragestellung zu führen. Die Schüler können sich über das Bild Gedanken machen, darüber diskutieren oder daraus Fragen ableiten.

Folgende Fragen eignen sich zur Impulsunterstützung:

- Woran erinnert dich dieses Bild?
- Was empfindest du beim Anblick des Bildes?
- Wie wirkt das Bild auf dich?
- Welche Meinung hast du bei diesem Bild?
- Woran denkst du, wenn du dieses Bild siehst?
- Wie ist dieses Bild entstanden?

Warum?

Bilder sollen zum Nachdenken anregen. Visuelle Reize sind besonders intensiv und wirken oft emotional. So kann das Interesse der Schüler geweckt werden. Es kommt zu spontanen Meinungsäußerungen und Positionierungen, die als Grundlage für ein Gespräch oder die Aufarbeitung einer Fragestellung dienen können. Das bildliche Material soll zu einer Aktivierung der Schüler führen.

Stolpersteine

Voraussetzung für die positive Aktivierung der Schüler ist ein klarer Bezug zum Thema. Ziergrafiken oder Bilder, die das eigentliche Thema nicht zum Inhalt haben, lenken vielmehr ab. Die Schüler beschäftigen sich nicht mit dem eigentlichen Thema oder – schlimmer noch – versuchen künstlich einen Bezug zum Thema herzustellen. Zwar kann zu Beginn der Stunde ein freundliches Bild (z. B. eine Fantasie-Grafik) die Schüler herzlich willkommen heißen. Solche Bilder dienen jedoch dazu, eine angenehme Atmosphäre zu schaffen. Ihre motivierende Funktion liegt darin, dass sich die Schüler wohl fühlen. Sie sollten jedoch klar von inhaltlichen Bildern abgegrenzt sein. Wenn eine Stunde mit einem Bildimpuls begonnen wird, dann kann es sinnvoll sein, dieses Bild bereits am SMART Board zu zeigen, wenn die Schüler den Raum betreten. Allerdings haben dann die Schüler unterschiedlich viel Zeit, sich mit dem Bild auseinanderzusetzen, und es gibt keine Möglichkeit mehr für Überraschungsmomente. Die Bilder sollten stets so gewählt sein, dass niemand in der Klasse beleidigt, schockiert oder unverhältnismäßig aufgewühlt wird. Abstoßende Bilder sind zu vermeiden.

Am SMART Board

Unterschiede zeigen: Es werden Objekte, Personen, Technologien oder Situationen aus unterschiedlichen Kulturen oder Epochen gezeigt. Die Schüler sollen über die Unterschiede sprechen, diese einzeichnen und miteinander in Beziehung bringen. Mit der Lupenfunktion des Zauberstifts lassen sich Teile eines Bildes vergrößern und so genauer ins Visier nehmen.

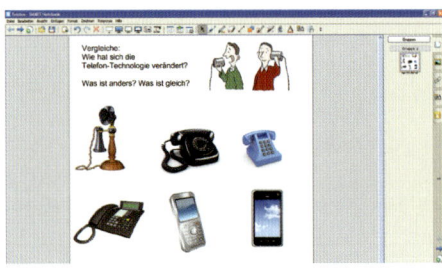

Provokationsbilder: Es wird ein aufregender, provozierender oder widersprüchlicher Bildinhalt gezeigt. Dabei können aktuelle Karikaturen verwendet werden oder es wird ein merkwürdiges Video (z. B. von YouTube®) gezeigt. Comics oder Karikaturen bringen ein Problem meist komprimiert auf den Punkt und sind dabei witzig-ironisch.

Verfremdungen: Nachträglich bearbeitete Bilder zeigen irrationale oder absurde Situationen. Schüler sollen bewusst nach Fehlern suchen und diese einzeichnen. Zeitungsmeldungen können eingescannt und mit falschen Meldungen versehen werden.

Lehrfilme: Lehrfilme können Orte oder Situationen zeigen, die sonst für die Schüler nicht zugänglich sind. Der Einsatz von Tricktechnik erlaubt schematische, das heißt, didaktisch reduzierte Darstellungen. Das Abspielen von Filmsequenzen im Zeitraffer (z. B. Wachstum einer Blume) oder in Zeitlupe (z. B. Bewegungsablauf eines hüpfenden Frosches) deckt Zusammenhänge auf, die sonst nicht unserer Wahrnehmung zugänglich sind. Filme können am SMART Board jederzeit und sehr einfach angehalten werden, um darüber zu diskutieren. Einzelne Bilder lassen sich ausschneiden und auf einer Notebook-Seite sammeln. So lässt sich eine eigene Schaugrafik aus Einzelszenen gemeinsam konstruieren. Zudem kann auf dem Film gezeichnet werden.

Informationen über das Bild sammeln: Details oder Bildbereiche können hervorgehoben werden. Mit dem Zauberstift lassen sich Teilbereiche sehr leicht fokussieren, um so gemeinsam über ein Detail zu sprechen. Anmerkungen oder aktuelle Bezüge können neben dem Bild an das Board geschrieben werden. Zum Beispiel lassen sich Stichpunkte zu diesen Fragen sammeln:

Habt ihr das auch schon einmal erlebt?
Wer war schon einmal dort?
Kennt ihr weitere Beispiele?
Wie hat sich euer Eindruck nach der
Diskussion geändert?

Fragenwettstreit: Die Schüler haben die Aufgabe, innerhalb einer bestimmten Zeit möglichst viele Fragen (in Einzel- oder Partnerarbeit) zu sammeln, die man über dieses Bild stellen könnte. Dabei wird ein bestimmtes Zeitfenster vorgegeben, am SMART Board lässt sich hierzu das *Timer*-Objekt aus der Galerie einsetzen. Nach dieser Phase können die Fragen am SMART Board gesammelt und neben das Bild geschrieben werden. Alternativ kann auch in der gesamten Klasse gleichzeitig nach Fragen gesucht werden. In diesem Fall werden nur neue Fragen berücksichtigt, für die es dann eine Punktvergabe geben kann. Nachdem die Fragen gesammelt worden sind, kann die Notebook-Seite dupliziert werden. Auf der kopierten Seite wird dann beispielsweise mit den Stiften eingezeichnet, wo sich im Bild die Antworten (oder Hinweise darauf) verstecken. Außerdem können die Fragen am SMART Board leicht sortiert werden: Gibt es Fragen, die das Gleiche aus unterschiedlicher Perspektive beleuchten? Handelt es sich bei einer Frage um eine Detaillierungsfrage? Oder sind zwei unterschiedlich formulierte Fragen inhaltlich gleich (bzw. ähnlich)?

Übende Wiederholung

Die Schüler wiederholen noch einmal kurz den Inhalt der letzten Stunde(n), indem sie diesen zusammenfassen oder in Aufgaben anwenden.

Warum?

Die Wiederholung führt zu einer Wiederaktivierung wie bei einem Fortsetzungsroman („Was bisher geschah"). Die Schüler sollen sich geistig wieder auf das Thema einstellen können und so die Zerstückelung der Sachinhalte aufgrund der 45-Minuten-Taktung kompensieren.

Stolpersteine

Eine übende Wiederholung ist nur sinnvoll, wenn alle Schüler aktiviert werden. Bei mündlicher Wiederholung muss die Zusammenfassung spannend genug sein, sodass alle Schüler zuhören. Zudem sollte die Wiederholung nicht für eine Disziplinierung missbraucht werden.

Am SMART Board

Durchblättern der letzten Stunde: Sämtliche Tafelbilder der vorhergehenden Stunde stehen aufgrund der Speichern-Funktion wieder zur Verfügung. Zur Erinnerung können die einzelnen Seiten noch einmal durchgegangen und kurz zusammengefasst werden. Dies kann durch den Lehrer oder durch einzelne Schüler geschehen. Damit alle Schüler die Zusammenfassung aufmerksam verfolgen, kann wie bei einem Staffellauf die Aufgabe nach jeder Seite (oder einem Teilabschnitt) an einen anderen Schüler weitergegeben werden.

Wöchentliche Besprechung vergangener Themen: Einer der größten Vorteile des Einsatzes vom Interactive Whiteboard ist, dass Ihnen alle Ihre vergangenen Dateien mit besprochenen Themen jederzeit mit einem Klick zur Verfügung stehen. Machen Sie es sich zur Gewohnheit, dass Sie Unterrichtsinhalte der letzten Woche aufrufen und die wichtigsten Punkte mit der Klasse wiederholen. Sammeln Sie einige Seiten von verschiedenen Tagen in einer Datei, indem Sie die Schüler fragen, welche Themen sie für am wichtigsten oder für besonders interessant hielten. Rufen Sie am Ende einer Lerneinheit diese Datei auf und erstellen Sie zusammen mit Ihren Schülern eine neue Datei mit den wichtigsten Punkten als Zusammenfassung dieser Einheit.

Vergangene Themen zu besprechen und zu bearbeiten hilft, diese zu festigen, und gibt den Schülern einen Gesamtüberblick auf das Unterrichtsmaterial und somit die Gelegenheit manche Inhalte besser zu verstehen, wenn sie die Zusammenhänge kennen.

Quiz: Die Lerninhalte der letzten Stunde lassen sich auch spielerisch in ein Quiz verpacken. Dabei kann es sich auch um ein Kurzquiz aus nur drei oder vier aufeinanderfolgenden Fragen handeln. In einer gesonderten Notebook-Datei kann über mehrere Wochen hinweg festgehalten werden, wer am meisten Fragen richtig beantwortet hat.

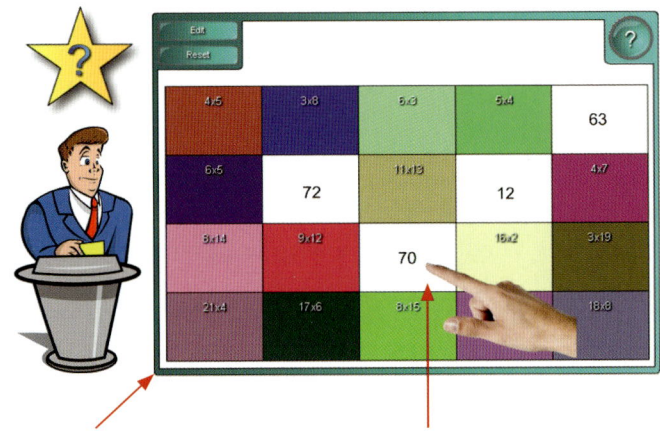

Tiles-Werkzeug verdeckt die Lösungen   Klick auf ein Feld zeigt die Lösung

Fehlerhafte Darstellungen: Es wird ein Bild oder Text dargestellt und alle Schüler werden aufgefordert, die Fehler zu finden. Diese Form eignet sich nur, wenn das Wissen schon einigermaßen gefestigt ist, da sonst die Gefahr besteht, dass die Schüler die fehlerhaften Darstellungen übernehmen und falsche mentale Modelle konstruieren.

Schema vervollständigen: Statt fehlerhafter Bilder oder Texte bieten sich Lückentexte oder unvollständige Schema-Grafiken an. Die Schüler können das Schema beschriften, indem sie Begriffe an das Board schreiben oder per Drag & Drop vorgegebene Bezeichnungen zuordnen.

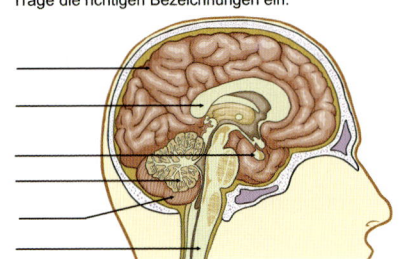

Trage die richtigen Bezeichnungen ein.

Übersetzungsübungen: Schüler sollen für einen abstrakten Fachbegriff konkrete Beispiele nennen oder umgekehrt für konkrete Beispiele den abstrakten Fachbegriff benennen. In gleicher Weise können Anwendungsfälle für eine Gesetzmäßigkeit oder für verschiedene Beispielanwendungen das Gesetz gefunden werden. Auch in der vorhergehenden Stunde behandelte Thesen können durch Schüler exemplifiziert werden oder sie suchen nach der These, die hinter verschiedenen Aussagen steckt.

Kreuzworträtsel: Das klassische Kreuzworträtsel können Sie mit dem *Crossword*-Werkzeug erstellen. Sie müssen nur die Fragen und Antworten eingeben. Das Kreuzwortfeld wird automatisch berechnet. Wenn Sie eine Wortreihe anklicken, dann erscheint der Rätseltext im Hinweisfeld. Damit das Hinweisfeld gelesen werden kann, müssen Sie es in den sichtbaren Bereich ziehen (es ist zunächst versteckt, da auch Worträtsel ohne Hinweise möglich sind).

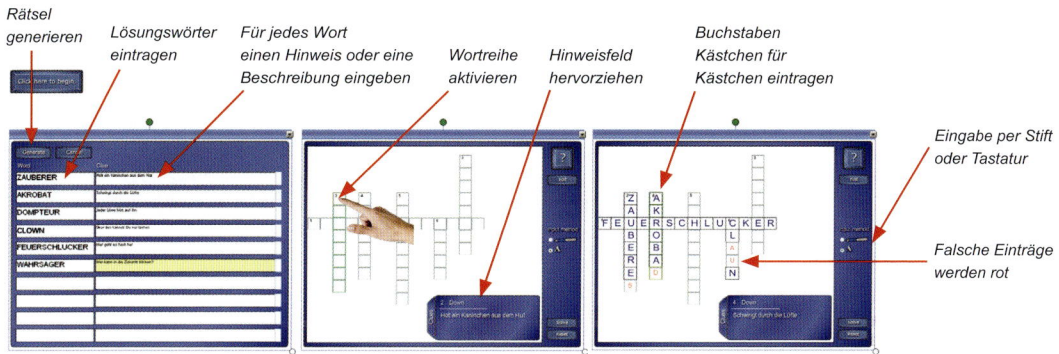

Das Raten von Wörtern und Begriffen fast wie bei der Spielshow im Fernsehen ermöglicht das Werkzeug *Word guess*. Durch Anklicken eines Buchstabens werden alle Vorkommen im Lösungsbegriff aufgedeckt. Wenn man einen Buchstaben gewählt hat, der nicht im Lösungswort vorkommt, dann liegt man daneben. Am Ende wird ausgewertet, wie viele richtige und falsche Buchstaben man gewählt hat. Dieses Rätsel hat einen hohen Spaßfaktor und lässt sich gut spielerisch einsetzen. Für schwere Wörter können wiederum Hinweise oder Fragen formuliert werden.

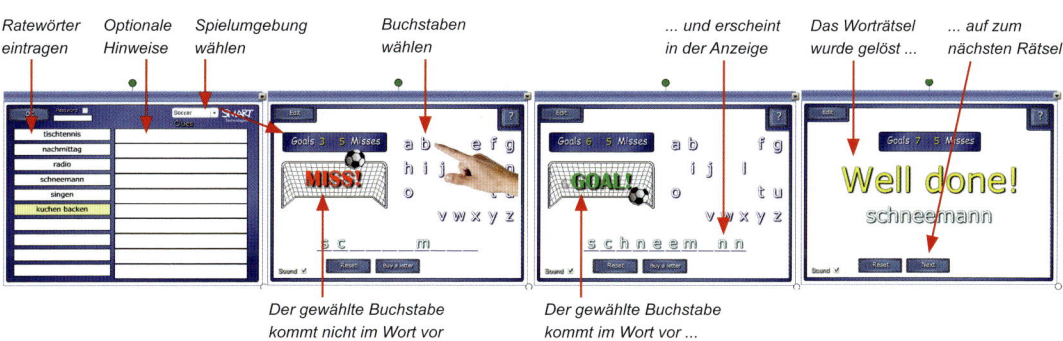

Bilderrätsel: Bilderrätsel eignen sich allgemein, um das Erkennen von Strukturen und wichtige visuellen Merkmalsausprägungen zu trainieren. Ein beliebtes Ratespiel ist es, ein Bild nicht vollständig darzustellen und Schritt für Schritt mehr Teile des Bildes aufzudecken. Je früher ein Schüler erkennt, was auf dem Bild abgebildet ist, umso mehr Punkte gibt es. Sie können dieses Ratespiel in Notebook sehr leicht selbst umsetzen. Fügen Sie einfach ein Bild auf einer Seite ein. Anschließend zeichnen Sie mehrere Objekte – Kreise, Rechtecke – über das Bild, bis es ganz verdeckt ist. Beim Ratespiel entfernen Sie nun nach und nach mehr Objekte, indem Sie die Objekte einfach zur Seite schieben. Dadurch wird immer mehr vom Bild sichtbar. Achten Sie darauf, dass Sie möglichst früh markante Bildteile freigeben, die dem geübten Auge bei entsprechender Sachkenntnis schnell Hinweise auf die Lösung geben. So wird das Spiel weniger zum Ratespiel, sondern zu einem Spiel, bei dem man mit Erfahrungswissen bessere Chancen hat.

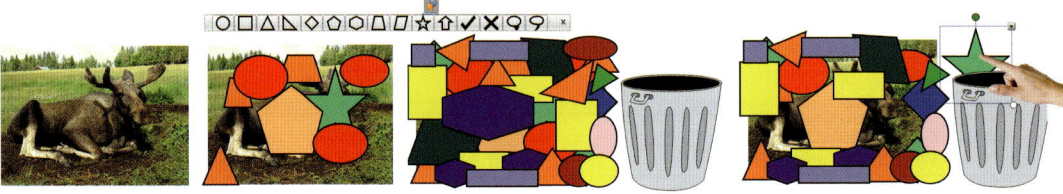

Statt immer mehr Bildteile aufzudecken, können Sie auch nacheinander unterschiedliche Bereiche sichtbar machen. Dazu müssen Sie das Bild mit einem Objekt verdecken, das in der Mitte einen transparenten Bereich hat, eine Art Bullauge. In Notebook können Sie z. B. vier Rechtecke so übereinander legen, dass in der Mitte ein Bereich frei bleibt. Gruppieren Sie die Rechtecke, damit daraus ein einzelnes Objekt wird, das sich verschieben lässt.

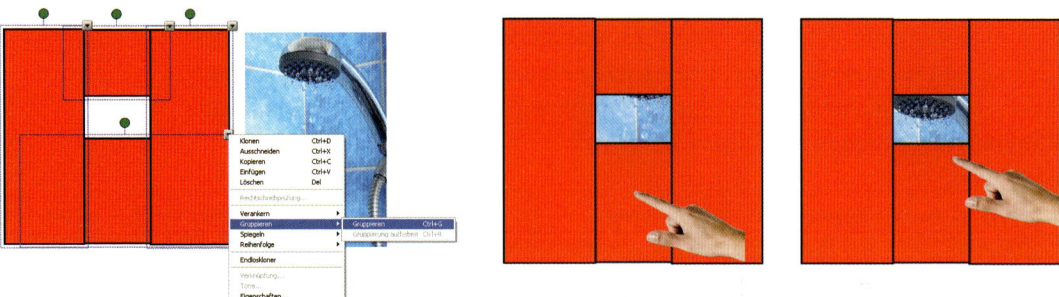

Konzentrationsübungen

Die Schüler erhalten eine Aufgabe, bei der sie möglichst durchgehend ihre volle Aufmerksamkeit auf die Sache lenken müssen, um sie zu lösen. Dabei sollten Aufgabe und Situation so gewählt werden, dass keine abschweifenden Gedanken oder äußere Störfaktoren ablenken. Die Schüler sollen in die Bewältigung der Aufgabe versinken.

Warum?

Konzentriertes Arbeiten ist eine Voraussetzung für gezielte und nachhaltige Lernaktivitäten. Eine Konzentrationsübung trainiert einerseits die Konzentrationsfähigkeit, die dann auch beim selbstgesteuerten Lernen genutzt werden kann. Zum anderen werden während der Übung Ablenkungsfaktoren ausgeblendet und die Schüler kommen zur Ruhe, sodass sie für den folgenden Unterrichtsabschnitt ihre Aufmerksamkeit auf den Lerngegenstand richten können.

Stolpersteine

Wenn die Aufgabe zu leicht ist und von einigen Schülern sehr schnell gelöst wird, dann langweilen sich diese und stören eventuell den Unterricht. Auch zu schwere Aufgaben können dazu führen, dass Schüler vorzeitig aufgeben und aussteigen. Ideal sind Konzentrationsübungen, die aus mehreren Teilaufgaben oder Stufen bestehen. So können sich Schüler über Teilerfolge freuen und schnelle Schüler haben weitere Aufgaben zu bewältigen.

Am SMART Board

Labyrinth: Schüler sollen sich darauf konzentrieren, den Weg durch das Labyrinth zu finden. Dabei sollte der Schwierigkeitsgrad der Altersstufe angemessen sein – zu einfache Labyrinthe fördern eher ein Abschweifen. Der Lösungsweg kann mit dem Stift eingezeichnet werden.

Vergleichsbild: In zwei Bildern sollen Unterschiede markiert werden. Als Markierungen verwendet man einen Kreis, den man als Endloskloner einsetzt, um beliebig viele Kopien des Kreises zu erzeugen.

○ Kreise ein: Was hat sich am Tatort geändert?

Suchbilder: Schüler müssen in einem Wirrwarr aus Bildern das gesuchte Bild finden. Das gesuchte Bild kann mit dem *Random image chooser* gewürfelt werden. Der Schüler, der es zuerst findet, meldet sich und zeigt es am SMART Board durch Einkreisen der Grafik.

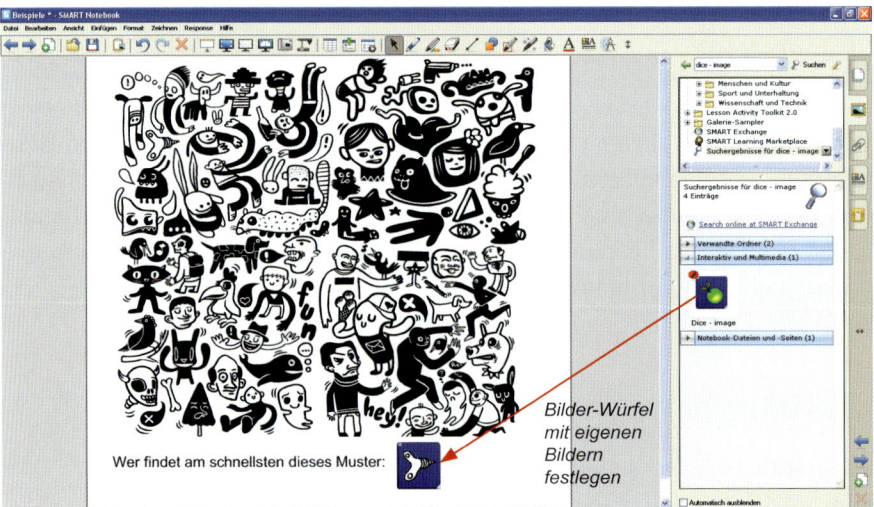

Wort- oder Bildpaare: Unter dem Namen *Pairs* findet sich im LAT eine Vorlage für Memory-Spiele, in der bis zu zwölf Wort- oder Bildpaare gesucht werden müssen. Dabei müssen die Paare nicht identisch sein, sondern können auf andere Weise zusammengehören, z. B. deutsche und englische Vokabel oder Begriff und zugehöriges Bild.

Mit dem SMART-Board
kann ich mir Bilder besser
vorstellen.

Philipp

Mit dem SMART-Board kann ich
besser lernen, da die meisten Sachen
bildlich dargestellt sind.

Jenica

Kapitel 5

Phase:
Informationen sammeln
und Strukturen erarbeiten

Wie kann ich gemeinsam mit den Schülern Wissensstrukturen erarbeiten?

Es gibt verschiedene Möglichkeiten, gemeinsam Informationen zu sammeln und zu strukturieren. Die Sammlungsphase baut auf verschiedenen Moderations- und Kreativitätstechniken auf. Informationen können recherchiert, aus Vorwissen abgeleitet, durch Beobachtung gewonnen, durch Darbietung von Schülern oder Lehrenden repräsentiert oder durch Meinungsäußerungen hergeleitet werden. Neue Wissensstrukturen werden durch die Einordnung und Verknüpfung der bereits vorhandenen Informationen aufgebaut. Die erste Stufe ist die wage Clusterung ähnlicher Konzepte. Präziser ist die logische Einteilung in unterscheidbare Kategorien. Begründet wird die Klassifikation durch explizierte Kriterien, anhand derer sich Elemente einer Kategorie charakterisieren und beschreiben lassen. Die Verknüpfung der Kategorien und die Ausarbeitung von Zusammenhängen erlauben schließlich das Verstehen und Erklären von Phänomenen.

Darum geht es in diesem Kapitel:
- Informationen sammeln mit Brainstorming, Blitzlicht und Kartenabfrage
- Darbietung von Informationen durch Schüler und Lehrer
- Die Veranschaulichung von Strukturen
- Das Herausarbeiten von Tiefenstrukturen
- Kategorisieren und Klassifizieren
- Wissensstrukturen miteinander verknüpfen

Brainstorming

Der „Gedächtnissturm" soll möglichst viele Ideen und Äußerungen zu einem Thema ungefiltert hervorbringen. Der Lehrer (oder ein Schüler) schreibt ein Thema, einen Begriff oder eine Frage in die Mitte des SMART Boards. Innerhalb eines vorgegebenen Zeitrahmens rufen die Schüler nacheinander in ungeordneter Reihenfolge Begriffe in die Klasse, die ihnen zu dem vorgegebenen Impuls einfallen. Dabei werden alle Meldungen unkommentiert an das interaktive Whiteboard geschrieben. Doppelte Begriffe werden mehrfach an das Board geschrieben, zumindest jedoch werden doppelte Meldungen durch eine Strichliste gezählt. Erst nach Ablauf der Zeit wird über die gefundenen Begriffe diskutiert. Dabei können verschiedene Methoden zum Einsatz kommen: Sortieren, Clustern oder Erstellen von Concept Maps.

Die Methode eignet sich, um kreative Ideen zu entwickeln, oder zur Ermittlung des Vorwissens, um dieses aufzugreifen. Das Brainstorming kann als Unterrichtseinstieg dienen, aber auch jederzeit zwischengeschoben werden, z. B. um Lösungen für eine Fallstudie zu sammeln.

CO₂ neutral   Gesetze   Emissionshandel
Schwerindustrie abbauen
Erneuerbare Energien
Investitionen   5 vor 12   Schicksal
Wasserkraft   50% Ziel   Zusammenarbeit
Windkraft
Ungewissheit   Verzicht   Technologie
Energiesparlampe
Gerechtigkeit
Kohlekraft   Industrie   CO₂ einsparen   Zeit tickt

Warum?

Schüler können sich frei zu einem Thema äußern, Ideen entwickeln, Vorwissen sammeln, eigene Fragen und Wünsche zum Ausdruck bringen. Alte Erinnerungen werden aktiviert und das bunte Hereinrufen der anderen Schüler bringt den Einzelnen assoziativ wieder auf neue Ideen. So wird die Kreativität angeregt, die Schüler werden aktiviert und ohne Druck motiviert. Neue Lerngegenstände und Herausforderungen werden mit bereits Vertrautem verbunden.

Stolpersteine

Der häufigste Fehler beim Brainstorming sind kritische Kommentare (auch non-verbale wie etwa Stirnrunzeln oder Stöhnen) durch den Moderator oder andere Teilnehmer. Das Ziel eines Brainstormings ist es aber gerade, jeden Gedanken, der einam in den Sinn kommt, zu äußern. Daher darf eine Kritik während des Brainstormings nicht stattfinden. Denn das würde dazu führen, dass Schüler zunächst darüber nachdenken, wie sinnvoll ihr Beitrag ist. Wichtige Ideen können so verloren gehen. Die Bewertung, welche Ideen und Äußerungen wichtig und für den weiteren Unterrichtsverlauf relevant sind, geschieht immer erst nach dem Brainstorming. Diese Freiheit der Gedankenäußerung kann Schüler allerdings auch dazu veranlassen, bewusst Unsinn zu äußern oder das Brainstorming zu stören. Wenn Sie vorher ankündigen, dass die Schüler nach dem Brainstorming gemeinsam mit den gefundenen Begriffen arbeiten und dazu Stellung nehmen sollen, haben Sie im Anschluss die Möglichkeit, Schüler, die offenbar bewusst Blödsinn geäußert haben, um eine Erklärung zu bitten. Als Ausnahme kann man beim Aufschreiben solcher Störbemerkungen kommentieren: „Das musst du nachher aber noch genauer erklären!" Überhaupt sollte darauf geachtet werden, dass nach dem Brainstorming alle genannten Begriffe in irgendeiner Form aufgegriffen werden.

Am SMART Board

Impulse: Statt einer verbalen Formulierung sind am SMART Board auch Bilder, Symbole oder ein auditiver Impuls (z. B. eine Meinungsaussage oder politische Rede) sehr einfach möglich. Bilder lassen sich einfach aus der Galerie verwenden oder als Grafik einfügen. Zudem lässt sich ein Bild mit Audio hinterlegen.

Zeitliche Vorgabe: Sie sollten für ein Brainstorming zwischen 5–10 Minuten (je nach Komplexität der Fragestellung) einplanen. Geben Sie die geplante Zeitspanne bekannt. Sie können das *Timer*-Objekt für einen Countdown einfach auf die Seite ziehen, sodass jeder sieht, wie viel Zeit noch übrig ist.

Platz erweitern: Wenn die Notebook-Seite vollgeschrieben ist, können Sie die Seite erweitern und erhalten zusätzlichen Platz. Wenn alle Begriffe sichtbar bleiben müssen, dann können Sie auch alle Begriffe markieren und ein wenig verkleinern, um zusätzlichen Platz zu schaffen.

Nach dem Brainstorming: Hier zeigt das interaktive Medium seine wahre Stärke. Der Sinn des ungefilterten Brainstormings ist ja, dass anschließend mit dem Ergebnis weitergearbeitet wird. Begriffe können auf verschiedene Seiten einsortiert, in eine Mind Map oder Concept Map integriert oder nach begrifflicher Nähe sortiert werden. Nach dem Brainstorming können bedeutungsgleiche und doppelte Äußerungen auch zusammengefasst werden. Einzelne Begriffe lassen sich mit Linien verbinden. Die Bedeutung von Begriffen kann durch Großziehen hervorgehoben werden. Durch Änderung der Farbe lassen sich Begriffe in unterschiedliche Kategorien einordnen. Begriffe, die weiter aufgegriffen werden im Unterrichtsverlauf, können z. B. rot hervorgehoben werden.

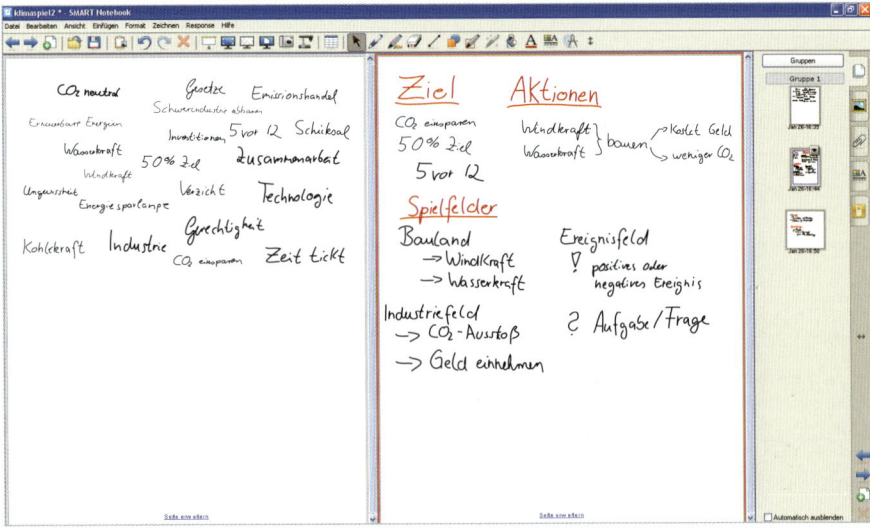

Blitzlicht

Wie beim Brainstorming äußern sich Schüler nacheinander zu einer Aussage oder einem Begriff, ohne dass ihre Äußerungen kommentiert werden. Allerdings ist die Reihenfolge vorgegeben und in der Regel äußert sich jeder Schüler nur einmal. Dies führt zu einer intensiveren Reflexion, da jeder Schüler nur einmal die Chance hat, sich zu äußern. Das Blitzlicht lässt sich zu verschiedenen Fragen auch nacheinander wiederholen.

Die Reihenfolge ist entweder durch die Sitzanordnung vorgegeben oder kann ausgelost werden. Vor Beginn wird abgemacht, ob doppelte Aussagen erlaubt sind (z. B. bei Meinungsäußerungen) und ob längere Äußerungen oder nur einzelne Wörter zulässig sind.

Blitzlichter eignen sich für den Unterrichtsbeginn, aber auch für die Reflektion am Ende einer Unterrichtseinheit. Zudem können Blitzlichter spontan zwischengeschoben werden – auch auf Vorschlag der Schüler, z. B. beim Bearbeiten einer Fallstudie.

Beispiele für Blitzlichtrunden zu Beginn des Unterrichts:
- Was weißt du noch aus der letzen Stunde?
- Was fällt dir zu diesem Thema ein?
- Was sind deine Wünsche und Erwartungen zu diesem Thema?
- Was soll noch einmal wiederholt werden?
- Welche Beispiele fallen dir ein?

Beispiele für Blitzlichtrunden am Ende der Stunde:
- Was fandest du besonders interessant?
- Was hat dir heute gefehlt?
- Wie hast du die Diskussion empfunden?
- Was erwartest du von der nächsten Stunde?

Warum?

In kurzer Zeit kommen alle Schüler zu Wort, um so das gesamte Meinungsspektrum abzufragen. Jeder bekommt die Chance, sich zu äußern. Da sicher ist, dass ohnehin jeder drankommt, müssen sich auch stillere Schüler darauf einstellen, dass sie sich beteiligen müssen. Das Blitzlicht eignet sich auch, die Erwartungen und Empfindungen aller Schüler zu erfahren, um so die Kommunikation und das Lernklima in der Gruppe zu verbessern. Diese Transparenz kann für die weitere Gestaltung und den Verlauf des Unterrichts genutzt werden.

Stolpersteine

Es gibt kleine Ungerechtigkeiten, weil die ersten Schüler zum einen weniger Zeit zum überlegen haben. Zum anderen haben es die letzten Schüler am schwersten, neue Punkte zu äußern und nicht Aussagen ihrer Vorgänger zu wiederholen. Daher sollte das Blitzlicht nicht für zu große Gruppen (mehr als 25 Schüler) eingesetzt werden. Der empfundene Sprachzwang kann durch „Schweige-Joker" umgangen werden. Das heißt, jeder Schüler darf das Wort weitergeben, wenn ihm nichts mehr oder noch nichts einfällt. Dies sollte allerdings kein Schlupfloch für stille Schüler sein. Damit nicht immer die gleichen zuerst bzw. zuletzt dran sind, kann eine zufällige Reihenfolge sinnvoll sein.

Am SMART Board

Zufällige Reihenfolge: Im LAT finden Sie das Werkzeug *Random word chooser*. Als Wörter können hier die einzelnen Schülernamen eingetragen werden. Das Auswürfeln des Schülers erzeugt zusätzlich Spannung, und die Schüler sind bei der Sache, da sie nie wissen können, wann sie dran sind. Wenn Sie nicht möchten, dass Schüler in einem Durchgang mehrfach drankommen, können Sie dies als Option im genannten LAT-Werkzeug einstellen.

Sammeln der Äußerungen: Längere Äußerungen im Rahmen des Blitzlichts müssen nicht zwingend ans SMART Board geschrieben werden. Allerdings sollten Stichpunkte festgehalten werden. Die eigentliche Fragestellung sollte am Board visuell dargestellt werden. Entweder bereitet man einen Impuls vor oder schreibt spontan eine Frage auf. Interessante Möglichkeiten ergeben sich auch beim Einsatz einer Funktastatur, die einfach von Schüler zu Schüler weitergereicht wird. In kleinen Gruppen lässt es sich realisieren, dass jeder an das Board kommt und einen Begriff anschreibt. Dabei kann sich eine zufällige Reihenfolge ergeben, wenn die Schüler eine Schlange vor dem Board bilden, um nacheinander etwas anzuschreiben. Angeschriebene Begriffe können in Computerschrift umgewandelt werden, um Platz zu sparen.

Stichpunkte in Tabellen sammeln

Bei dieser Methode werden Stichpunkte gesammelt und direkt in eine Tabelle eingeordnet. Die Tabelle oder Matrix ist dabei entweder schon vom Lehrer vorbereitet oder wird vom Klassenverbund mit verschiedenen Kategorieüberschriften versehen. In die Tabelle oder Matrix werden nacheinander Begriffe einsortiert. Dabei können entweder von den Schülern Begriffe frei geäußert, Begriffe aus einem Text extrahiert oder das Ergebnis eines Brainstormings verwendet werden. Auch Stichwortsammlungen, die das Ergebnis eines Bildimpulses sind, können im nächsten Schritt in die Tabelle einsortiert werden.

Bei der einfachen Tabelle werden die Begriffe entlang einer Dimension geordnet. Bei der Matrix (Kreuztabelle) werden die Begriffe entlang zweier Dimensionen geordnet und so in ein doppeltes Bezugssystem integriert. Die Matrix ist damit anspruchsvoller als die einfache Tabelle.

Warum?

Die Schüler organisieren Informationen und bringen sie in eine logische Struktur ein. Dabei werden die analytischen Fähigkeiten trainiert. Kategorien und Kriterien werden klarer und sind damit übersichtlicher und einfacher zu behalten. Tabellen und Matrizen werden häufig in Wirtschaft und Wissenschaft eingesetzt.

Stolpersteine

Viele Sachgebiete sind nicht zwei-, sondern mehrdimensional. Die Beschränkung auf zwei Dimensionen führt zwangsläufig dazu, dass bestimmte Perspektiven ausgeblendet werden. Leider geschieht dies nicht immer ohne bedeutungsvolle Verluste. Verschachtelte Tabellen erlauben das Einführen einer dritten Dimension, sie sind jedoch unübersichtlich und nur für höhere Klassenstufen geeignet. Häufig kommt es zudem vor, dass ein Begriff mehreren Spalten zugeordnet werden kann. Dies ist immer dann der Fall, wenn die kategorialen Begriffe in den Überschriften nicht disjunkt sind.

Am SMART Board

Tabellen erstellen: Tabellen und Matrizen lassen sich sehr schnell und einfach erstellen. Wählen Sie einfach das *Tabellen*-Werkzeug, und ziehen Sie die gewünschte Anzahl Spalten und Reihen auf. Begriffe können dann in die einzelnen Zellen verschoben werden. Bei einer einfachen Tabelle enthält die erste Zeile die Überschriften. In den darunterliegenden Zellen werden die Begriffe einsortiert. Bei einer Matrix werden zusätzlich in der ersten Spalte die Begriffe der zweiten logischen Dimension eingetragen. Die Kategorien oder Untersuchungsebenen können vom Lehrer vorgegeben oder von den Schülern erarbeitet werden.

Doppelt einsortieren: Da sich inhaltliche Überlappungen der Kategorien nicht immer vermeiden lassen, kann es sinnvoll sein, Begriffe doppelt einzuordnen. Ein Begriff muss dazu nicht neu geschrieben werden, sondern kann einfach geklont und zweimal einsortiert werden.

Pro & Kontra-Liste: Zu einem Thema werden Argumente des Für und Wider gesammelt. Es gibt zwei Tabellenspalten, eine ist mit „Pro", die andere mit „Kontra" überschrieben. Die Schüler sammeln nun in einer Gruppenphase Argumente und bereiten diese kurz und bündig auf, sodass diese am Ende in eine der beiden Spalten eingetragen werden können. Anschließend können die Argumente in Einzelarbeit aufgegriffen und in einen Text eingebunden werden. Dabei können Argumente verteidigt oder Gegenargumente gefunden werden. Tipp: Wenn Sie in der Galerie nach „Für und Wider" suchen, finden Sie eine fertige Tabelle vor, die Sie einfach als Seitenhintergrund verwenden können. So lassen sich Pro & Kontra-Listen spontan einbauen.

Energie durch Atomkraft?

Pro	Contra
Erhält Arbeitsplätze	Nachweislich falsche Risikoeinschätzung
Geringer CO₂ Ausstoß	
Kraftwerke werden hier sicher betrieben	Krankheitsfälle
Energiesicherheit	Terroranschläge
	Endlagerung?
Billiger Strom	Atomare Waffen

Personen-Steckbrief: Wichtige Aussagen über Personen oder Figuren aus einem Text (bzw. Film oder Hörspiel) werden als Stichpunkte in einer Tabelle gesammelt. Dabei sollen die wichtigsten Aussagen und Eigenschaften erfasst werden. Diese Übung dient dazu, die Sinnstruktur des Textes zu erfassen, die Beziehungen und Eigenschaften der Personen gedanklich zu gliedern und die Kernaussagen zu finden. Am SMART Board lässt sich eine Tabelle mit Erfassungsdimensionen vorbereiten oder gemeinsam erarbeiten. Die Notebook-Seite mit der leeren Tabelle kann beliebig häufig dupliziert („Seite klonen") werden, um die charakteristischen Eigenschaften verschiedener Akteure zu erfassen. Mit der „doppelseitigen Seitenansicht" können einzelne Steckbriefe miteinander verglichen werden, um Ähnlichkeiten und Kontraste zwischen den Personen zu verdeutlichen.

Alter: 24

Auftreten: freundlich aalglatt berechnend charmant

Absichten: undurchsichtig Leila für sich einnehmen

Verbindungen: Tim (Nachbar)
Dr. Smith (geschäftlich)
Leila (Bedienung im Café)

Alter: 19

Auftreten: naiv lustig verplant

Absichten: Bürgerinitiative zur Rettung des Cafés

Verbindungen: Sandra (Schwester von Leila)
Herr Schröder
Markus

Kartenabfrage (Metaplan®-Methode)

Jeder Schüler sammelt zu einem Thema zunächst in Einzelarbeit verschiedene Stichpunkte auf einzelnen Karten. Die Stichpunkte können auch in Kleingruppen erarbeitet werden. Wichtig ist jedoch, dass die Gruppen unabhängig voneinander Punkte sammeln. Nach ca. 5–10 Minuten werden die Karten eingesammelt und ans SMART Board übertragen. Dies kann entweder durch Einscannen oder Abfotografieren mit der Dokumentenkamera geschehen, oder durch Abschreiben der Stichpunkte. Die übertragenen Stichpunkte können entweder lose auf einer Notebook-Seite eingefügt werden, um später sortiert zu werden. Alternativ kann aber auch schon ein Raster zu verschiedenen Dimensionen oder Fragen vorgegeben werden, in das die Karten einsortiert werden. Die Abfragekarten können ebenfalls bereits unterschiedliche Dimensionen erfassen. Verschiedene Kartenfarben können für unterschiedliche Fragen stehen (z. B. Rot: Was lässt sich verbessern? Grün: Was gefällt dir? Blau: Was ist besonders wichtig?).

Warum?

Im Gegensatz zum Brainstorming oder zum Blitzlicht hört und sieht der Schüler nicht, auf welche Gedanken die anderen Schüler kommen. So wird er zwar einerseits nicht durch die Äußerungen der anderen angeregt, er ist aber „gezwungen", sich selbst seine Gedanken zu dem Thema zu machen. Durch dieses unabhängige Arbeiten können Schüler in ganz unterschiedliche Richtungen denken und werden nicht durch andere beeinflusst. Beim Problemlösen lassen sich so unterschiedliche Lösungswege entwickeln und sammeln. Zudem lässt sich nachvollziehen, welche Stichpunkte häufiger gefunden werden, sodass bereits eine Gewichtung implizit gegeben ist. Das Verfahren soll das „Meta-Wissen" zu einem Thema herauskitzeln: Was sind die Erwartungen zu einem Thema, welches Vorwissen besteht, was wird mit dem Thema assoziiert, wie könnte man dieses Thema im Unterricht behandeln? Es ist gleichzeitig ein Wissen generierendes (kreatives) und abfragendes Verfahren.

Stolpersteine

Zu viele Karten machen das Verfahren langwierig. Sie sollten daher nicht mehr als drei Karten pro Schüler oder sechs Karten pro Gruppe vorsehen. Beim Übertragen der gesammelten Stichpunkte sollten Sie doppelte Nennungen nicht ignorieren: Dass die gleiche Aussage mehrfach entwickelt wurde, ist ein wichtiges Ergebnis. Markieren Sie daher bei den übertragenen Stichpunkten, wie häufig ein Begriff oder eine Aussage genannt wurde. Sie können am SMART Board auch einfach einen Begriff klonen, um ihn doppelt darzustellen. Wenn Sie die Stichpunkte per Hand übertragen (also ohne Scanner oder Dokumentenkamera), nimmt dies etwas Zeit in Anspruch. Nutzen Sie diese Zeit und bitten Sie den jeweiligen Schüler, kurz zu erläutern, was er sich bei diesem Stichpunkt gedacht hat, während der Begriff an das Board geschrieben wird.

Am SMART Board

Karten einscannen: Sie können einen Scanner oder die Dokumentenkamera verwenden, um die Abfragekarten einzuscannen. Legen Sie dazu mehrere Karten gleichzeitig auf den Scanner. Mit dem *Bildschirmaufnahme*-Werkzeug lassen sich die einzelnen Karten anschließend schnell wieder trennen.

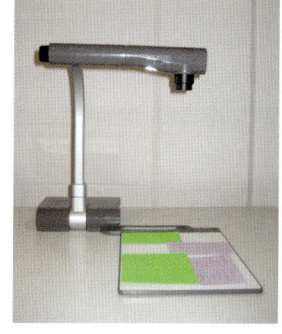

Karten vorbereiten: Wenn Sie Stichpunkte per Handschrift oder Tastatureingabe übertragen, können Sie diese ebenfalls auf einer „Karte" einfügen. Zeichnen Sie hierfür zunächst ein gefülltes Rechteck. Legen Sie dann einen Stichpunkt über dieses Rechteck und gruppieren Sie Text und Rechteck zu einem Objekt. Dabei ist wichtig, dass der Text über dem Rechteck liegt – Sie können bei Bedarf die Objektreihenfolge über das Kontextmenü des Textes oder des Rechtecks ändern.

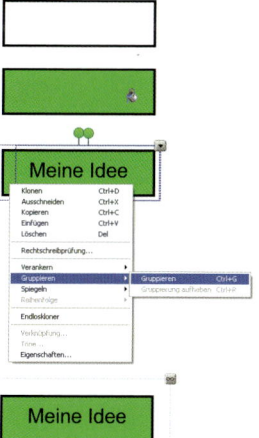

Tipp: Sie können in der Vorbereitung bereits Rechtecke als Kärtchen auf einer Notebook-Seite anlegen. Legen Sie dieses Rechteck im Kontextmenü als *Endloskloner* fest, um beliebig viele Kopien des Rechtecks erzeugen zu können.

Stichpunkte aus Twitter: Falls Schüler Zugriff auf (mobile) Endgeräte haben, mit denen Kurznachrichten auf *Twitter* eingestellt werden können, dann ist dies eine Alternative zum klassischen Aufschreiben von Stichpunkten auf Karten. Zu einem vorgegebenen Thema wird ein eindeutiges Hash-Tag festgelegt, z. B. *#Ideen14012009*. Von einem Twitter-Client, der stets im Vordergrund bleibt, werden alle Nachrichten, die mit diesem Hash-Tag versehen sind, angezeigt. Die Stichpunkte, die in einer Nachricht stehen, können als Ganzes in die Notebook-Software gezogen werden. Dort werden sie als Textobjekt eingefügt. Da man einzelne Wörter nach dem Markieren durch einfaches Ziehen als Kopie auf der Seite einfügen kann, besteht die Möglichkeit, die gesammelten Stichpunkte zu sortieren und in eine Struktur zu bringen.

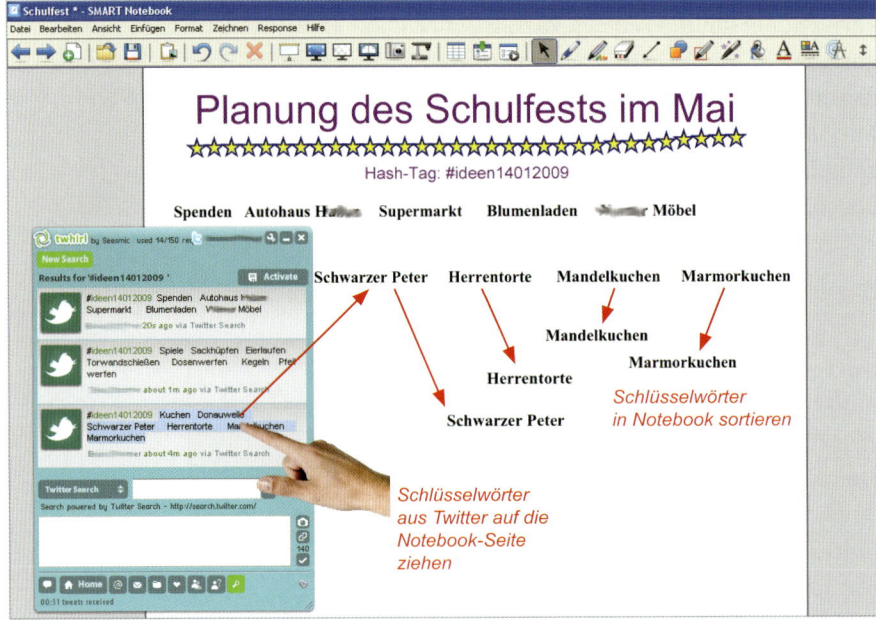

Farben und Formen ändern: Statt eines Rechtecks können Sie verschiedene Formen einsetzen, beispielsweise Sprechblasen für Aussagen oder Wolken für nicht ganz eindeutige Begriffe („weiche" oder „blumige" Aussagen). Wenn Sie Karten mit unterschiedlichen Farben ausgeteilt haben, dann sollten Sie diese Farben auch am SMART Board wieder für die gleichen Kategorien einsetzen. Enormer Vorteil: Die Farben der Karten lassen sich jederzeit nachträglich ändern, z. B. weil in der Diskussion ein gesammelter Stichpunkt anders bewertet wird.

Sortieren und Verbinden: Die gesammelten Karten lassen sich am SMART Board besonders leicht umsortieren. So können inhaltlich ähnliche Karten nahe beieinander platziert werden. Zwischen den Kärtchen können Verbindungslinien gezeichnet werden. Jede Entscheidung lässt sich stets rückgängig machen, sodass die gesammelten Stichpunkte explorativ geordnet werden können. Zwischenergebnisse lassen sich festhalten, indem von einer Seite eine Kopie erzeugt wird. So kann man alternative Gliederungen und Ordnungen ausprobieren und miteinander vergleichen. Am Ende lässt sich die ungeordnete Sammlung der Stichpunkte mit der gefundenen Ordnung der Begriffe über die „doppelseitige Seitenansicht" vergleichen. So wird nachvollziehbar, was die Ausgangsbasis war und was während der Stunde erreicht wurde.

Mehrere Seiten: Wenn sehr viele Stichpunkte zusammenkommen, ist es sinnvoll, diese auf mehrere Seiten zu verteilen. Jede Notebook-Seite sammelt dann Stichpunkte zu einem Unterthema. Begriffskarten lassen sich sehr einfach zwischen den Seiten hin und her ziehen. Lassen Sie hierzu die Seitensortierung dauerhaft eingeblendet und ziehen Sie einfach ein Kartenobjekt auf das Vorschaubildchen einer anderen Seite. Die Karte wird automatisch auf der anderen Seite eingefügt und von der aktuellen Seite entfernt. Wenn Sie einen Begriff auf mehreren Seiten benötigen, dann können Sie ihn duplizieren und die Kopie auf eine der anderen Seiten ziehen.

Schülerreferat

Schüler erarbeiten selbstständig ein klar abgegrenztes Sachthema und stellen die herausgearbeiteten Informationen der Klasse vor. So lassen sich beispielsweise aktuelle Themen aus unterschiedlicher Perspektive aufgreifen und in der Sprache der Schüler vermitteln. Referate können von einzelnen Schülern oder von Schülergruppen gemeinsam ausgearbeitet werden. Zunächst sammeln die Schüler Informationen und gliedern diese sachgerecht. Für den Vortrag des Referats kann mit Anschauungsmaterialien und/oder Handouts gearbeitet werden. Damit die vortragenden Schüler nicht aus dem Konzept kommen, bieten sich zudem Merkhilfen an.

Warum?

Schüler üben das selbstständige Recherchieren von Informationen, das Extrahieren aus Quellen, das Verstehen und angemessene Verarbeiten von Inhalten sowie die Gliederung und Organisation für eine Vortragsstruktur. Das erfolgreiche Referat ist gleichzeitig ein Leistungsnachweis, dass diese Kompetenzen von den Schülern beherrscht werden. Neben der schriftlichen Ausarbeitung bietet der Vortrag die Gelegenheit, Visualisierungs- und Präsentationstechniken zu erlernen. Für die Mitschüler bedeutet das gehaltene Referat eine Darbietung neuer Informationen bzw. eine weitere Sichtweise auf das aktuelle Unterrichtsthema.

Stolpersteine

Wenn ein Referat in einer Gruppe erarbeitet wird, kommt es schnell zu der Situation, dass sich Schüler ungleich an der Ausarbeitung beteiligen. Es sollte daher klar ersichtlich sein, welches Gruppenmitglied welchen Beitrag geleistet hat. Bei einem Referat kommt es im Wesentlichen auf die erarbeiteten Inhalte an. Die angemessene Präsentation ist zwar Teil der Aufgabe, jedoch fällt sie in der Regel weniger ins Gewicht als die herausgearbeiteten Ergebnisse.

Am SMART Board

Notebook einsetzen: Wenn Sie ein SMART Board an Ihrer Schule haben, dann dürfen neben den Lehrkräften auch alle Schülerinnen und Schüler die Notebook-Software kostenlos zu Hause nutzen. Sie können dafür den Lizenzschlüssel Ihrer Schule an die Schüler weitergeben. Für den Vortrag des

Referats können daher mit der Notebook-Software die Vortragsseiten erstellt werden. Die Strukturierung der Inhalte entlang den Seiten gibt den Schülern die Gelegenheit, sich an die geplante Gliederung des Vortrags zu halten und sich an die einzelnen Punkte, die sie vermitteln möchten, zu erinnern.

Gedankenstütze: Schüler fühlen sich oft sicherer, wenn sie den ausgearbeiteten Referatstext dabei haben. Leider ist dabei die Versuchung groß, den Text einfach abzulesen. Wenn man zunächst frei präsentiert und dann an einer Stelle Unterstützung aus dem eigenen Text benötigt, muss die passende Stelle erst gesucht werden. Häufige Folge ist ein Ansteigen der Nervosität, und die Schüler trennen sich nur noch schwer vom Referatstext, wenn sie erst einmal darauf zurückgegriffen haben. Das SMART Board bietet hier eine sehr gute Lösung, den Referatstext nur bei Bedarf heranzuziehen. Während die einzelnen Notebook-Seiten die wesentlichen Punkte stichpunktartig auflisten, kann zusätzlich der ausgearbeitete Referatstext auf der Seite versteckt werden – entweder als Ziehbox am Bildschirmrand oder über einen Informationsknopf, der Texte auf Finger-Klick ein- und ausblendet. Daraus ergeben sich mehrere Vorteile: Schüler sind sicherer, weil sie wissen, dass sie zur Not auf den Referatstext zurückgreifen können. Falls der Text tatsächlich benötigt wird, müssen sie ihn nicht lange suchen, sondern er steht auf der aktuellen Vortragsseite bereit. Das Verstecken des Referatstexts verhindert zudem, dass dieser selbst zum überfrachteten Seiteninhalt wird. Wenn eine Seite bereits den vollständigen Text (versteckt) enthält, dann wird man geradezu gezwungen, für den sichtbaren Teil der Seite eine komprimierte, stichpunktartige Fassung zu gestalten.

Anschauungsmaterial: Für die Schüler wird es einfacher, Bilder, Audio-Dateien und Videos in ihren Vortrag einzubauen. Sie können auf die Mediendateien der Galerie oder auf kostenlose Bilddatenbanken im Internet zugreifen. Bilder lockern nicht nur den Vortrag auf, sondern erfordern auch bei der Ausarbeitung des Vortrags eine Auseinandersetzung damit, wie sich die Inhalte sinnvoll visuell aufbereiten lassen.

Diskussion: Wenn nach dem Referat von anderen Schülern Fragen gestellt oder Kommentare gegeben werden, dann können die vortragenden Schüler schnell zu einzelnen Seiten ihrer Präsentation zurückblättern. In der Klasse kann konstruktiv besprochen werden, wie das Referat von den Mitschülern aufgenommen wurde. Dabei bietet sich eine Sandwich-Technik an: Als erstes werden die Schüler gebeten zu kommentieren, was ihnen besonders gut gefallen hat. In der Mitte werden Vorschläge unterbreitet, wo das Referat verbessert werden kann. Dabei dürfen keine negativen oder beleidigenden Äußerungen gemacht werden, sondern es muss sich um konkrete und konstruktive Verbesserungsvorschläge handeln, die ggf. in die endgültige Ausarbeitung des Referats einfließen können. Zum Schluss wird noch einmal kurz von ein oder zwei Zuhörern zusammengefasst, was sie positiv aus dem Referat mitgenommen haben. Am SMART Board können die drei Sandwich-Phasen nacheinander visualisiert und die Spielregeln bekanntgegeben werden (z. B. keine Kritik während der ersten Phase).

Themenwahl: Bei der Verteilung der Referatsthemen kann das SMART Board ebenfalls unterstützen. Es können mehrere Themen in einer Tabelle zur Auswahl gestellt werden. Schüler tragen sich für ein Thema ein. Durch das Verschieben der Namen ist es leicht, die Zuordnung von Schülern zu Themen dynamisch zu ändern, bis alle Schüler zufrieden sind. Wenn es zu viel Andrang bei einem Thema gibt, kann mit dem LAT-Werkzeug *Random word chooser* aus der Galerie entschieden werden, wer das Wunschthema bearbeiten darf.

Wann?	Was?	Wer?	Form?
12.04.10	Schrödingers Katze	Rammar Sacherski	Online-Vortrag
20.05.10	Quanten-Informationen	Müller Karlson	Referat
27.05.10	Symmetrie in der Quanten-Theorie	Schneider Prebel	Simulation

Lehrervortrag

Der Lehrer steht vor der Klasse und führt unverzichtbare Sachinformationen und fachliche Zusammenhänge mithilfe visueller Medien ein. Anders als ein Buchtext, ein Zeitschriftartikel oder ein Film kann sich der vortragende Lehrer gezielt auf die Lernvoraussetzungen seiner Schüler einstellen und auf Zwischenfragen eingehen. Informationen werden in einer hoch strukturierten und bedeutungshierarchisch aufgebauten Präsentation entlang einem roten Faden vermittelt. Informationen bauen aufeinander auf und werden so leicht in einen Sinnzusammenhang gebracht. Ein lebendiger Lehrervortrag knüpft häufig an das Geschichtenerzählen an – jeder Mensch hört gerne Geschichten, und der Erfolg des Lehrervortrags hängt von der Aktivierung und dem Mitdenken der Schüler ab.

Warum?

Der Lehrervortrag bietet den Vorteil, dass die zu vermittelnden Inhalte didaktisch vorstrukturiert werden. Das heißt: Umfang, Inhalt und Sprache sind dabei auf die Schüler angepasst. Inhalte bauen aufeinander auf und der Lehrer als Experte des Sachgebiets erklärt und teilt sein Wissen in spannender und nachvollziehbarer Form mit. Dies setzt eine intensive Vorbereitung voraus, denn der Lehrervortrag ist nur dann sinnvoll, wenn er einfach und übersichtlich gegliedert, weder zu weitschweifig noch zu knapp, weder zu starr noch zu offen ist. Der Lehrervortrag dient dem Einführen von neuen Informationen, der Zusammenfassung von Unterrichtsphasen – z. B. als Wiederholung vor Klassenarbeiten – oder kann als Einschub in der laufenden Arbeitsphase Vorschläge, Impulse oder Hinweise geben. Informationen können in kurzer Zeit leicht verständlich vermittelt werden.

Stolpersteine

Der Lehrervortrag hat einen schlechten Ruf, weil er oft langweilig ist und wenig die Bedürfnisse der Schüler berücksichtigt. Oft werden Lehrervortrag und Frontalunterricht als Synonyme verwendet. Tatsächlich ist der Lehrervortrag nur eine Form des Frontalunterrichts, die sehr effektiv sein kann – allerdings nur (!) unter der Bedingung, dass er richtig umgesetzt wird. Vor allem sollte der Lehrervortrag nicht die dominierende Unterrichtsmethode sein, denn er kann nur der Wissensvermittlung dienen. Die Wissenskonstruktion kann nur durch die Schüler selbst geschehen und das heißt, dass das Gehörte für sie aktivierend, bedeutungsvoll, nachvollziehbar und anleitend sein muss. Aufbau und Festigung des Wissens geschehen erst durch Verstehen, Üben und Anwenden der vermittelten Sachinhalte, Regeln oder Kompetenzen. Ein packender Vortrag ist daher anregend, nicht zu schwer und nicht zu leicht, spannend und – unterhaltsam. Unterhaltung meint hier nicht einfach „Spaß haben", sondern, dass Neugierde und Interesse geweckt werden durch Pointen, Verblüffung oder Auflösung von (Alltags-)Rätseln. Dabei sollte man zügig zur Sache kommen und nicht lange drum herum reden. Ein guter Lehrervortrag ist vor allem eins: kurz und prägnant! Die strukturierte Darbietung der Information ist nur sinnvoll, wenn die Schüler unmittelbar und ohne zeitliche Distanz sich selbst damit beschäftigen können. Dazu ist es wichtig, dass der Lehrervortrag mit anderen Phasen des Unterrichts verknüpft wird. Der Unterrichtsabschnitt sollte klar erkennbar beginnen („Hört bitte einmal fünf Minuten aufmerksam zu, dann erkläre ich euch, wie man dieses Problem lösen kann.") und enden. Bereits vor dem Vortrag sollte gesagt werden, was während und nach dem Vortrag von den Schülern erwartet wird: Sollen die Schüler still zuhören, häufig Zwischenfragen stellen, sich Notizen machen oder Fragen überlegen? Welcher Arbeitsauftrag wird dem Vortrag folgen? Geht es danach in Einzel-, Partner- oder Gruppenarbeit weiter?

Schüler sollten während des Vortrags die Gelegenheit erhalten, Zwischenfragen zu stellen. Es sollte sich aber nur um Verständnisfragen (kurzes Nachfragen) handeln. Andere Fragen, die vielleicht auftauchen, können Sie auf einem Themenparkplatz (einer gesonderten Seite) sammeln und später darauf eingehen. Sie sollten es vermeiden, zu weit abzuschweifen, und stattdessen den roten Faden beibehalten. Zwar erscheint es zunächst nett, auf jede Frage gesondert einzugehen, aber wenn dadurch der sachlogische Zusammenhang vernebelt wird, erschwert dies das Verständnis. Planen Sie daher lieber kürzere Vorträge ein und lassen Sie im Anschluss Zeit für Diskussion, ausführliches Nachfragen und Anregungen.

Ein guter Vortrag kostet viel Vorbereitungszeit! Unterstützende Seiten müssen vorbereitet und ansprechend gestaltet, Tafelskizzen und Bilder recherchiert werden. Eine vorstrukturierte Reihenfolge von Vortragsfolien (wie bei PowerPoint®) ist auch mit der Notebook-Software möglich. Hier ist unbedingt darauf zu achten, dass Ihr Vortrag nicht zu einer Folien-Schlacht wird – denn das ist beinahe eine Garantie für einen schlechten Vortrag. Folien sollen nur unterstützen und wenige Kernaussagen enthalten! Längere Texte sollten lieber als Handreichung verteilt werden. Wenn Sie eine Unterrichtsstunde mit Notebook vorbereiten, dann sollten nur sehr wenige Seiten für den Lehrervortrag eingesetzt werden.

Am SMART Board

Dynamik: Nutzen Sie die Möglichkeit, dass Sie Tafelbilder dynamisch entwickeln und ergänzen können. Das heißt, während des Lehrervortrags sollten Sie vorbereitete Seiten nicht einfach abspulen, sondern mit den digitalen Materialien arbeiten und Anmerkungen live ergänzen. Das Vorbereiten einer Seite ist besonders dann sinnvoll, wenn das Erstellen des Tafelbildes lange dauert und keinen didaktischen Mehrwert bietet. Wenn jedoch schematische Grafiken schrittweise entwickelt werden sollen, dann können Sie auch am SMART Board nach und nach Teilbereiche ergänzen oder aufdecken. Durch das Verschieben von Objekten können Sie dynamische Zusammenhänge veranschaulichen und die Aufmerksamkeit der Schüler lenken.

Hervorheben: Es gibt zahlreiche Möglichkeiten, einzelne Aspekte auf dem Board zeitweise hervorzuheben und in den Fokus zu stellen. So stellen Sie sicher, dass jeder Schüler nachvollziehen kann, worüber Sie gerade reden. Wenn Sie beispielsweise eine komplexe Schaugrafik verwenden, dann müssen die Schüler zunächst suchen, über welches Detail Sie gerade sprechen. Wenn ein Schüler kurz abgelenkt war, fällt es ihm schwer, wieder den Anschluss zu finden. Durch Hervorhebung der gerade behandelten Tafelinhalte ist der gedankliche Wiedereinstieg jederzeit möglich. Zur Hervorhebung können Sie mit dem Zauberstift einfach ein verschiebbares Spotlight zeichnen. Dadurch wird ein Bereich fokussiert, während der restliche Bereich der Seite weiterhin sichtbar bleibt. Auch ein verschiebbarer Pfeil oder ein halbtransparentes Rechteck können die Aufmerksamkeit auf einen Bereich lenken. Beschriftungen können ein- und ausgeblendet werden.

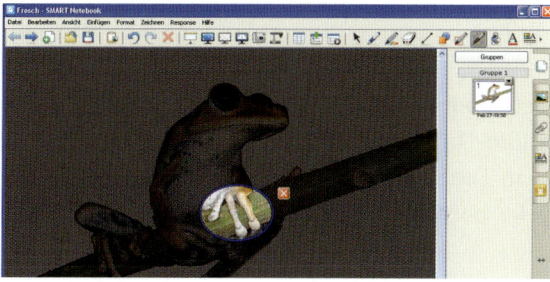

Mit der Hand zeigen: Die Hand des Vortragenden bleibt ein sehr wichtiges Zeige-Instrumente, um bestimmte Aspekte hervorzuheben oder Inhalte auf der Seite nachvollziehbar zu verändern. Damit Sie möglichst wenig vom sichtbaren Tafelbereich verdecken, sollten Sie als Rechtshänder rechts vorm Board stehen, um etwas zu zeigen, als Linkshänder dementsprechend auf der linken Seite. Sie können die seitlichen Bedienelemente der Notebook-Software auf die jeweils gegenüberliegende Seite bringen, indem Sie auf den *Doppelpfeil* klicken.

Demonstration: Der Lehrer demonstriert an der Tafel Lösungswege und hebt mit den didaktischen Werkzeugen Besonderheiten hervor. Experimente können mit einer Simulationssoftware vorgeführt werden, beispielsweise als Ergebnisvalidierung eines echten Experimentes oder als Wiederholung. Mathematische Zusammenhänge können dynamisch visualisiert werden. Die Bedienung von Software oder die Recherche nach Informationen im Internet kann demonstriert werden.

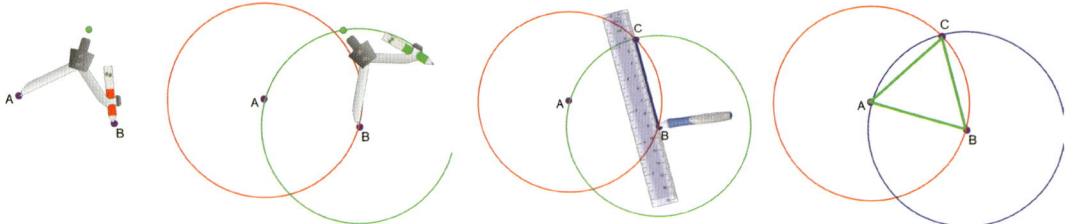

Sie können während des Lehrervortrags vormachen, wie eine Aufgabe gelöst, ein Text analysiert oder eine Software bedient wird. Dabei sollten Sie „laut denken" und jede Aktion, die Sie ausführen, kommentieren, z. B. „Ich ziehe jetzt das Wort ‚Katze' in die rechte untere Ecke, wo sich schon die anderen Haustiere befinden.". So können auch Schüler, die sich gerade Notizen machen, nachvollziehen, was gerade an der Tafel geschieht. Bevor Sie eine Aktion ausführen, ein Objekt verschieben oder auf eine Schaltfläche klicken, sollten Sie zunächst mit dem Finger darauf zeigen und ihre Aktion ankündigen: „Ich starte jetzt noch einmal die Simulation mit den neu eingestellten Werten", „Ich decke jetzt die Lösung auf". Auf diese Weise sind die einzelnen Schritte besser nachvollziehbar, und es wird die korrekte Terminologie benutzt.

Der Einsatz vertonter Inhalte: In Notebook können Sie Objekte vertonen, also mit einer Audio-Datei verknüpfen. So sprechen Sie zusätzlich den auditiven Sinneskanal an. Die Schüler bekommen auf diese Weise außerdem authentischere Eindrücke, beispielsweise beim Anhören einer historischen Rede.

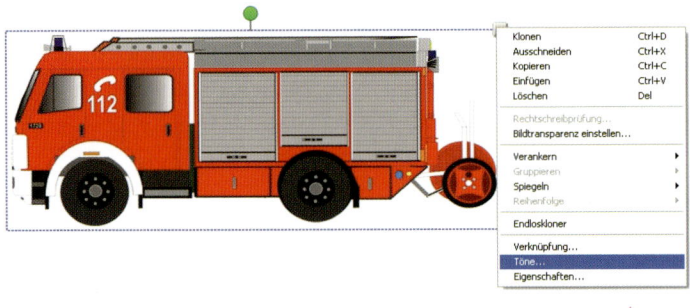

Aktuelle Themen aufgreifen: Wenn Sie im Unterricht ein SMART Board verwenden, können Sie auf aktuelles Material zugreifen, um den Schülern zu zeigen, dass die behandelten Themen auch in der Welt „da draußen" relevant sind. Verwenden Sie eine Online-Nachricht oder ein Online-Magazin, bei dem relevante Themen für Ihren Unterricht zu finden sind. Erstellen Sie eine Verknüpfung oder binden Sie die Seiten in den Unterricht an der interaktiven Tafel ein, um so Zugriff auf authentische Berichterstattung zu haben, was mit dem Schulbuch nicht immer möglich ist.

Themenparkplatz: Natürlich sollte man auf Zwischenfragen von Schülern eingehen. Wenn allerdings die Frage nichts mit dem aktuellen Themenzweig zu tun hat, dann kann es schnell passieren, dass Sie den roten Faden verlieren. Für alle Schüler wird es dadurch schwerer, die inhaltlich-strukturellen Zusammenhänge richtig aufzufassen. Fragen, Kommentare oder Wünsche, die wichtig sind, sollten dennoch nicht verloren gehen, damit sich ein Schüler nicht übergangen fühlt. Daher bietet es sich an, eine Seite (beispielsweise die letzte in einer Unterrichtseinheit) als Themenparkplatz oder Themenspeicher vorzusehen. So werden zeitlich unpassende Äußerungen der Schüler nicht verworfen, sondern für später aufgehoben. Die notierten Aspekte werden im Anschluss oder in einer der darauffolgenden Stunden wieder aufgegriffen, z. B. wenn die Frage besser zum aktuell behandelten Inhalt passt. Das Abspeichern des Themenparkplatzes hat auch den Vorteil, dass die Lehrkraft zu Hause nachschauen oder eine Antwort recherchieren kann.

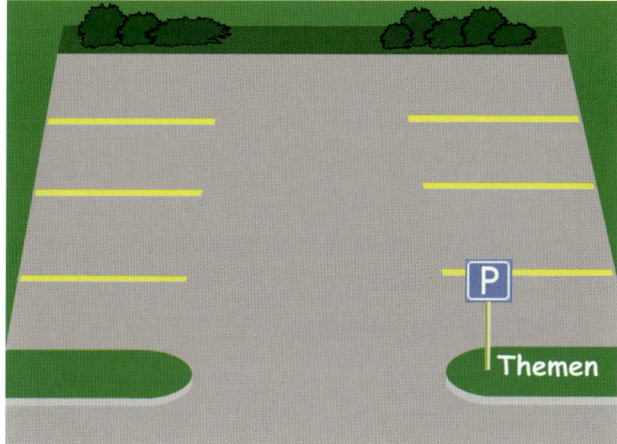

Kartenarbeit: Mit Software wie Google® Earth oder dem interaktiven Globus von Diercke® stehen alle Karten der Welt auch im Unterricht digital zur Verfügung. Mit den Stiften kann auf die Karten gezeichnet werden. Gebiete lassen sich schraffieren. Kartenmaterial kann mit anderen Informationen, z. B. Schauplätzen in Romanen oder Filmen, in Beziehung gesetzt werden.

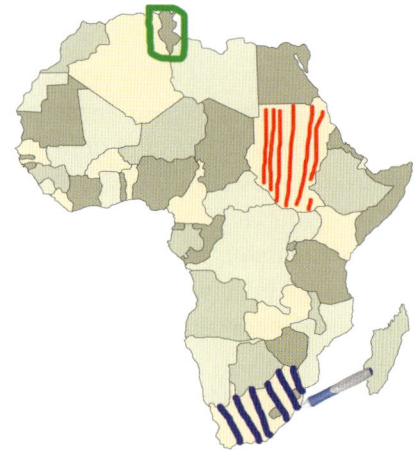

Flexible Unterrichtsgestaltung: Ein großer Vorteil von Interactive Whiteboards ist ihr flexibler Einsatz. Falls ein Lehrer mitten in der Stunde bemerkt, dass er im Vorfeld die Vorkenntnisse oder Fähigkeiten der Schüler falsch eingeschätzt hat, kann er sich den passenden Inhalt aus dem Internet oder der Galerie holen, um die Schüler mit Hintergrundinformationen zu versorgen. Sie können den Schülern auf diese Weise außerdem zeigen, wie und wo sie aktiv Informationen suchen und finden können, wenn sie ein Thema oder eine Aufgabe nicht vollständig verstehen. In Notebook lassen sich zusätzliches Material und Hyperlinks bereits als Anhänge einbinden.

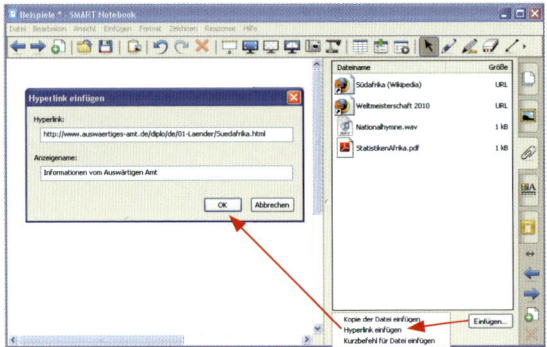

Seit dem wir das Smart Board
haben kann man alles viel
leichter verstehen, weil da
auch Bilder sind oder man
etwas malen kann.

Marianne

Veranschaulichung

Die bildliche Darstellung dient dem Sichtbarmachen von Informationen und Zusammenhängen. Es geht dabei um eine Visualisierung des Lerngegenstands. Dies können schematische Darstellungen realistischer Objekte oder konzeptionelle Diagramme abstrakter Sachverhalte sein. Mit der Anschauung des Lerngegenstands soll das Lerninteresse geweckt, eine Hinwendung (Emotionalisierung) des Lernenden erreicht werden, indem sie Dinge „begreifbar" macht. Abstrakte Konzepte manifestieren sich in Abbildungen, sodass Ideen und Modelle wahrnehmbar (versinnlicht) werden. Das Anschauungsmittel spiegelt dabei die Struktur des Gegenstands angemessen wider. Dies bedeutet, dass die Darstellungen strukturerhaltend sein müssen.

Warum?

Eine Veranschaulichung erlaubt die didaktische Reduzierung und Fokussierung auf wesentliche strukturelle Merkmale eines Lerngegenstands, ohne ihn inhaltlich zu verfälschen. Die bildliche Darstellung fördert das Behalten und lässt Zusammenhänge klarer erkennen, weil Elemente parallel als Ganzes verarbeitet werden. Bilder wirken stimulierend und lassen eine Auseinandersetzung auf unterschiedlichen Ebenen (Gesamt- und Detailbetrachtung) zu.

Stolpersteine

Bilder sollten nicht für dekorative Zwecke eingesetzt werden, wenn es um eine inhaltliche Vermittlung geht. Bilder, die uns gedanklich auf eine falsche Fährte locken, lassen uns abschweifen oder gar falsche mentale Modelle aufbauen. Denn wir suchen stets nach einer begründeten Einordnung des Bildes: Was hat dieses Bild mit dem aktuellen Thema zu tun? Ablenkende Bilder sind ebenso wie eine bloße Berieselung visueller Stimuli zu vermeiden.

Am SMART Board

Vorbereiten: Mit der Notebook-Software lassen sich Bilder sehr leicht für die Nutzung im Unterricht vorbereiten. Zusätzliche Bilder lassen sich bei Bedarf aus der Galerie oder aus dem Internet einfügen. Sie können verschiedene Visualisierungen zu einem Thema unter *Meine Inhalte* in der Galerie ablegen und bei Bedarf auf die Arbeitsfläche ziehen.

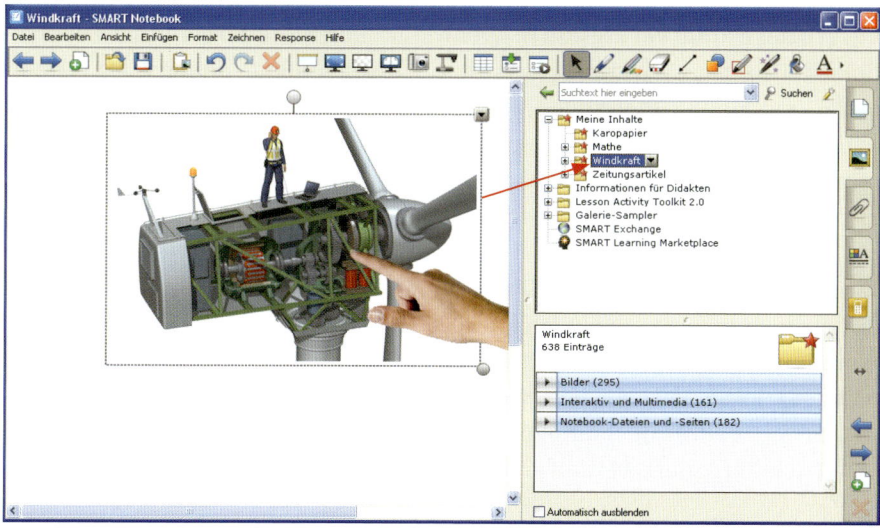

Schritt für Schritt aufdecken: Nachdem eine Grafik in die Notebook-Seite eingebaut wurde, können Teile der Grafik zunächst verdeckt werden, z. B. mit dem *Bildschirmvorhang*. Über einzelne Bereiche lassen sich Rechtecke legen, um Teile zu verdecken. Diese können dann nach und nach, in beliebiger Reihenfolge, aufgedeckt werden. Dies kann für Bildelemente oder Beschriftungen geschehen. Die Schüler sind dann bei der Entstehung des Tafelbildes mit dabei und können den Prozess besser verfolgen.

Veränderungen: Bei der Darstellung von Abläufen oder Veränderungen ist es besonders anschaulich, wenn nicht nur der Anfangs- und Endzustand, sondern auch die Zwischenschritte gezeigt werden. Am SMART Board lassen sich Elemente einfach verschieben, um beispielsweise Standortwechsel und Bewegungen zu visualisieren. Schüler können einbezogen werden, indem sie selbst nach vorne kommen und ausprobieren, ergänzen, verändern oder gestalten.

Vergrößern und Verkleinern: Wenn eine komplexe Schaugrafik zuvor in Einzelteile zerlegt wurde, können die einzelnen Elmente unabhängig voneinander groß und klein gezogen werden. So werden unterschiedliche Bildteile in den Vordergrund gestellt oder unterschiedlich gewichtet. Mit dem Zauberstift lässt sich außerdem eine Lupe zeichnen, um einen Ausschnitt vergrößert anzuzeigen.

Einsatz interaktiver Flash®-Objekte: Adobe® Flash® ist eine Software, mit der man animierte Objekte oder interaktive Grafiken erstellen kann. Sie können an der interaktiven Tafel Webseiten öffnen, auf denen die Schüler Flash®-Objekte aufrufen und verwenden können. In der Notebook-Galerie finden Sie zahlreiche bildungsrelevante Flash®-Inhalte, die sofort in den Unterricht integriert werden können.

Videos und animierte Flash®-Inhalte können am SMART Board leicht in den Unterricht integriert werden. Mit Videofilmen können Sie den Studenten historische Ereignisse näher bringen oder Objekte zeigen, die sich bewegen wie z. B. mikroskopische Zellen. Flash®-Inhalte können als Alternative zu Videofilmen verwendet werden. Für manche Schüler sind die Vorgänge verständlicher und besser nachvollziehbar, wenn sich Objekte realistisch bewegen, als wenn sie nur darüber lesen oder davon erzählt bekommen.

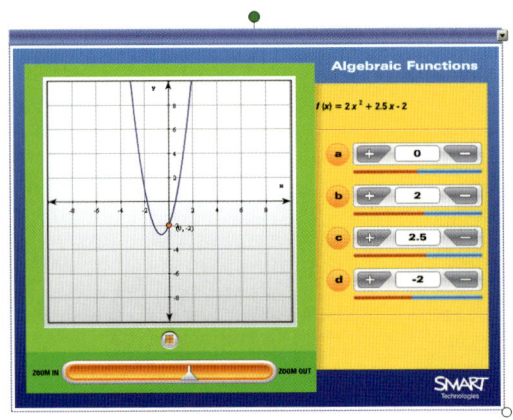

Die Erstellung interaktiver Grafiken: Mit Werkzeugen wie Adobe® Flash®, Mediator® oder moowinx® können Sie leicht eigene interaktive Grafik-Objekte erstellen. moowinx® ist SMART enabled und erlaubt das direkte Einfügen erstellter interaktiver Grafiken in SMART Notebook. Mithilfe von Assistenten werden interaktive Grafiken Schritt für Schritt erstellt – ohne Programmierung.

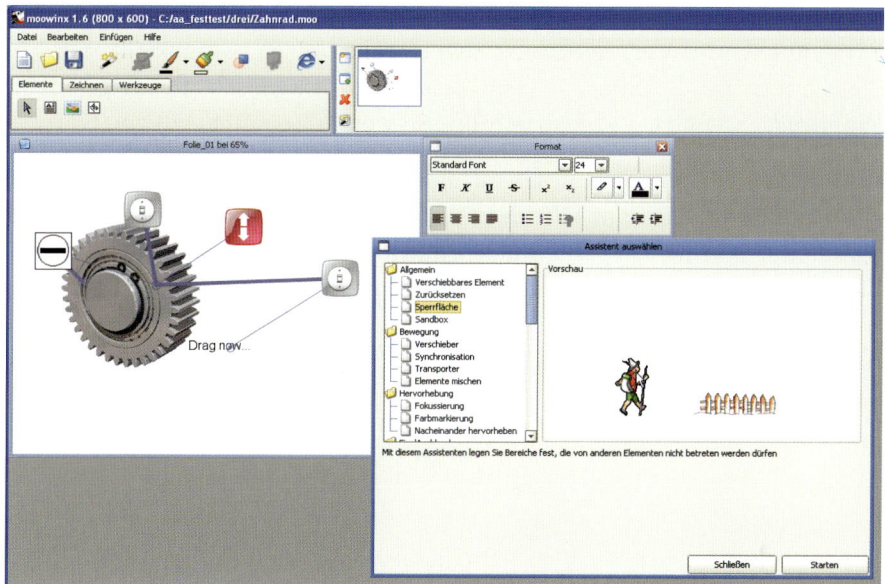

Festlegen interaktiver Verhaltensmuster

Merksätze und Definitionen einführen

Ein Merksatz oder eine Definition wird auf einer Notebook-Seite in der Unterrichtsvorbereitung ausformuliert. Im Unterricht wird der Satz schrittweise aufgedeckt und erläutert. Kernaussagen oder Schlüsselwörter können visuell hervorgehoben werden, beispielsweise durch fette oder farbige Schrift. Die Schüler erhalten den Auftrag, den Merksatz in ihre Hefte zu übertragen.

Warum?

Merksätze sind kurz und prägnant auf den Punkt gebracht. Ein „perfekt" ausformulierter Wortlaut hilft dem Verständnis. Daher werden diese Sätze vorbereitet und nicht spontan ausformuliert. Durch das Abschreiben wird sichergestellt, dass jeder Schüler einmal den Merksatz oder die Definition Wort für Wort durchgegangen ist. Die Schüler können jederzeit wieder darauf zugreifen, indem sie in ihrem Heft nachschlagen. Durch den Einsatz von Computerschrift ist der Text für alle Schüler gut leserlich, die Lehrkraft verdeckt nicht beim Anschreiben die Sicht auf den Merksatz.

Stolpersteine

Nur die wichtigsten Inhalte sollten als Merksatz hervorgehoben werden. Wenn es zu jedem Unterrichtsinhalt einen Merksatz gibt, dann wird daraus schnell ein neues Textbuch. Merksätze und Definitionen sollen sich aber auf das Wesentliche konzentrieren und das Wichtigste hervorheben. Ein vorbereiteter Merksatz muss zudem ausreichend erläutert werden, z. B. mit Skizzen oder Beispielen. Die Schüler müssen genügend Zeit zum Abschreiben haben.

Am SMART Board

Merksatz-Sammlung: Eine interessante Möglichkeit ist das Sammeln von Merksätzen in einer eigenen Galerie. Legen Sie in der Notebook-Galerie unter *Meine Inhalte* einen neuen Ordner an, beispielsweise „Formeln 6. Klasse", und ziehen Sie jeden Merksatz einfach per Drag & Drop in diesen Ordner. Die Merksätze sind nun dauerhaft dort abgelegt und können jederzeit auf die Tafel gezogen werden.

Abkürzungen: Legen Sie eine Übersichtsseite mit Abkürzungen an, die Sie im Unterricht verwenden. Diese Seite können Sie anzeigen, wenn Schüler eigene Texte schreiben und dabei auf diese Abkürzungen zurückgreifen sollen. Zur Einführung der Seite können Sie zunächst nur die Abkürzungen zeigen und das abgekürzte Wort verdecken. Die Schüler sollen benennen, wofür die Abkürzung steht. Danach wird die Abkürzung aufgedeckt. Es empfiehlt sich, jedes einzelne Wort mit einem Rechteck zu verdecken, damit die Schüler beim Erraten der Abkürzungen nicht an eine feste Reihenfolge gebunden sind.

Liste mit neuen Begriffen: Um auf eine Liste mit neuen Begriffen (z. B. Vokabular) am SMART Board jederzeit zugreifen zu können, bieten sich die Techniken Verstecken und Aufdecken oder Schiebekarte an. So können Sie zu Beginn eines neuen Themas oder einer Übung die neuen Begriffe klären, ohne dass diese auf der Seite ständig sichtbar sind. Auf diese Weise gestalten Sie Ihre Stunde interaktiv und können auf die Zusatzinformation zugreifen, wann immer Sie diese zeigen möchten. Der Hinweistext auf den Schiebekarten ist ein eigenes Objekt und kann daher individuell bewegt werden. Sie können ganz einfach alle neuen Begriffe auf einer Seite innerhalb der Datei zusammentragen und ausdrucken. Sie können die neuen Begriffe zur Wiederholung nach der Stunde oder zur Vorbereitung vor der Stunde auch austeilen, beispielsweise im Förderbereich.

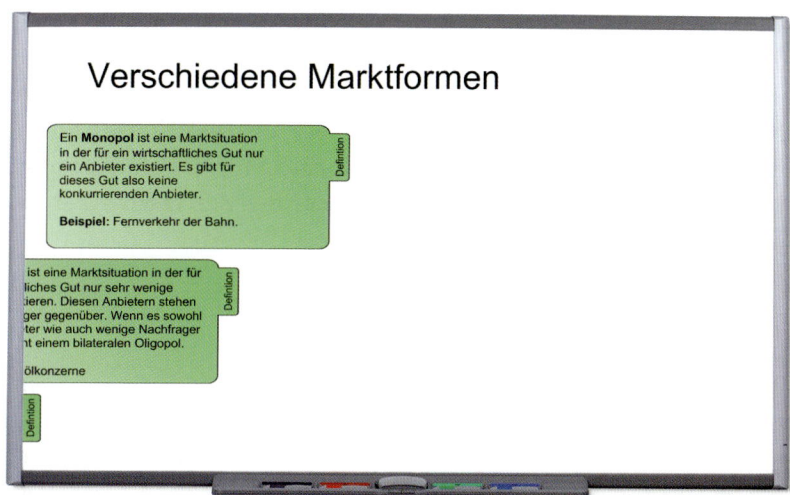

Verwenden Sie Schiebekarten, um hier die Erklärungen für neue Begriffe zu verstecken und jederzeit auf die Informationen zugreifen zu können

Beobachtung

Am SMART Board wird ein Objekt oder eine Situation als Bild, Film, Animation oder Simulation dargestellt. Die Schüler sollen die dargebotenen Informationen systematisch erfassen und beschreiben. Da nicht ins Geschehen eingegriffen wird, handelt es sich um eine nichtteilnehmende Beobachtung. Die Schüler sollen möglichst objektiv beschreiben, was sie sehen. Dies bedeutet, es geht nicht um die Interpretation des Gesehenen, sondern um die Erfassung von Daten, die intersubjektiv wahrgenommen werden. Das Beobachtungsziel sollte dabei klar definiert sein. Die Beschreibung kann frei oder anhand eines standardisierten, gemeinsam entworfenen Protokollschemas geschehen.

Warum?

Schüler bauen die für den Alltag wichtige Kompetenz der präzisen Beobachtung der Lebensumwelt auf und schärfen ihre Wahrnehmung. Sie werden vorbereitet für die wissenschaftliche Kategorienbildung und üben das Beschreiben von Beobachtungen. Dabei lernen sie zu unterscheiden, welche Daten relevant und wesentlich sind, und wie abstrahiert werden kann.

Stolpersteine

Komplexe Szenen, insbesondere, wenn sie dynamisch sind, können schnell zu einer kognitiven Überforderung der Schüler führen. Dies ist häufig dann der Fall, wenn das systematische Beobachten bislang nicht trainiert wurde. Es sollte daher mit einfachen Beobachtungen oder der Beschreibung statischer Szenen begonnen werden.

Am SMART Board

Bilder beschreiben: Es lässt sich ein breites Repertoire an eigenen Bildern in der Galerie vorbereiten. Frageanstöße können nach und nach aufgedeckt werden. Auf einer leeren Seite kann gemeinsam in der Klasse das Protokollierungsschema entwickelt werden.

Bildergeschichten oder Bildfolgen beschreiben: Ein Ablauf oder eine Geschichte wird als Folge von Bildern dargestellt. Diese Bildfolge lässt sich z. B. aus einzelnen Aufnahmen eines Filmes generieren.

Eine Folge von Bildern illustriert oder erzählt eine Geschichte, verdeutlicht Abläufe, erhellt Zusammenhänge oder veranschaulicht ein komplexes Thema. Gemeinsam im Klassenverbund können handlungskritische Schlüsselszenen identifiziert werden. Als Übung können Bilder zufällig gemischt werden, und die Schüler sollen im Anschluss eine sachlogische Reihenfolge konstruieren. Eine Alternative besteht im Weglassen von Zwischenschritten oder Ereignissen mit der Aufgabe, hypothetisch herauszufinden, was während dieser fehlenden Bilder geschieht.

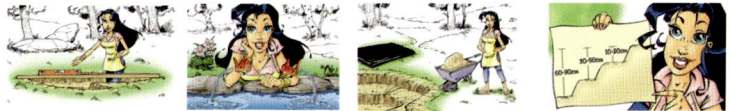

W-Fragen: Neben dem Bild werden viele W-Fragen (Wer, Wie, Was, Wann, Warum, Womit, Woher usw.) geschrieben. Die Fragen werden zunächst so verdeckt, dass nur die Ws sichtbar sind. Nach und nach werden Fragen aufgedeckt, die von den Schülern beantwortet werden sollen. W-Fragen sind eine einfache Möglichkeit der Bilderschließung. Weitere Vorschläge für W-Fragen können von den Schülern kommen und am Board notiert werden.

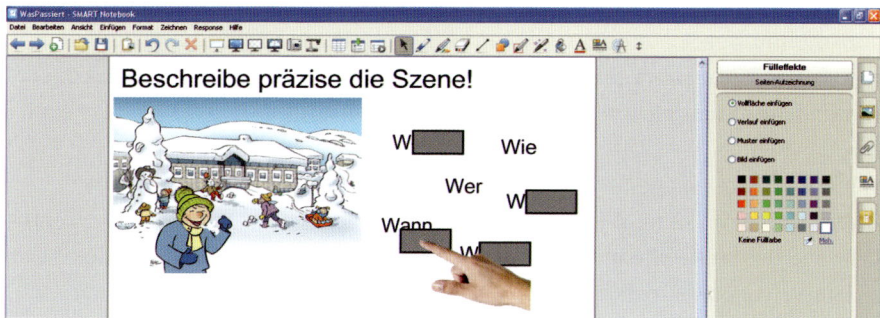

Exzerpte

Beim Exzerpieren sollen die wesentlichen Aussagen und Begriffe eines Sachtextes herausgesucht und zusammengefasst werden. Mit der Notebook-Software funktioniert das Exzerpieren nicht nur für Text, sondern auch für Bilder, Videos und Audio-Dateien.

Warum?

Die wichtigsten Aussagen, Bestandteile oder Szenen sollen hervorgehoben werden, damit man schnell auf sie zugreifen und effektiv arbeiten kann. Gleichzeitig werden das Leseverständnis und die Analysefähigkeit gestärkt, da Wesentliches von Unwesentlichem getrennt werden muss. Die Verarbeitungsintensität wird gesteigert, da neben der Aufnahme von Informationen gleichzeitig eine Aufbereitung erfolgt. Schüler üben die notwendige Reduktion und Gewichtung von angebotenen Informationen. Die Methode eignet sich sowohl für prosaische Texte, Geschichtstexte, sozialwissenschaftliche Berichte, wie auch für Sachtexte in Biologie, Erdkunde, Chemie oder Physik.

Stolpersteine

Wenn einzelne Sätze oder Passagen zahlreiche Schlüsselwörter enthalten, kann die Darstellung am Rand unübersichtlich werden, und die Zuordnung ist nicht immer eindeutig.

Am SMART Board

Marginalien: Neben einem Text oder einer Grafik werden Randmarkierungen eingefügt. Dies können Frage- oder Ausrufezeichen sein, Kommentare, Kurznotizen oder Thesen. Bei Text wird der Textabschnitt, auf den sich die Markierung bezieht, durch eine Linie gekennzeichnet. Bei Bildern kann der betreffende Bereich eingekreist werden, wobei eine Verbindungslinie zu der passenden Notiz führt. Schüler lernen dabei die differenzierte Nutzung unterschiedlicher Symbole am Textrand. Beispiele:

| Wichtige Textaussage
§ Zweifelhafte Aussage; Widerspruch oder andere Sicht des Lesers
? Unklare Textstelle, die man noch einmal betrachten muss;
zu hinterfragende Textstelle
! Besonders wichtige Stelle, auch mehrfach

Marginalien fassen die wesentlichen Aussagen eines Textabschnitts zusammen. Sie untergliedern dabei den Text und machen einzelne Teile leichter auffindbar. Sie können einen Text am SMART Board darstellen und rechts genügend Platz für Randnotizen lassen (eigene Zwischenüberschriften, Leitfragen, Zitate, Thesen, Ideen, Beispiele usw.).

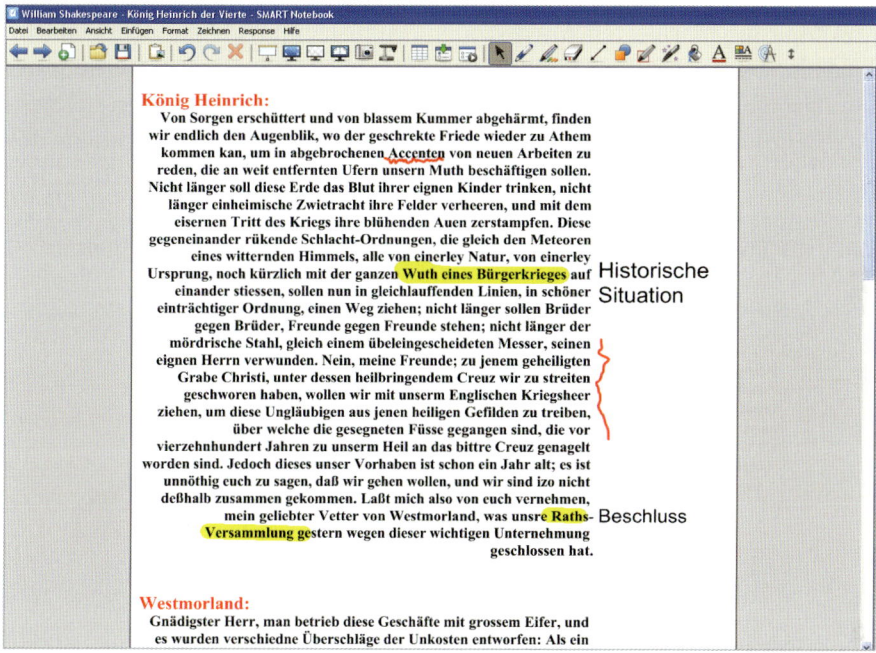

Schlüsselwörter: Schlüsselwörter können als Marginalien an den Rand geschrieben oder im Text durch Markerstifte, Einkreisen, Unterstreichen oder Änderung der Schriftfarbe hervorgehoben werden. In der Notebook-Software können Sie durch einen Doppelklick in den Bearbeiten-Modus eines Textfeldes wechseln. Durch einen weiteren Doppelklick auf ein Wort wird dieses markiert. Markierte Wörter können Sie per Drag & Drop an eine Stelle außerhalb des Textfeldes in den Arbeitsbereich ziehen. Dadurch wird automatisch eine Kopie des markierten Wortes (oder Textabschnitts) auf der Arbeitsfläche eingefügt. Der Originaltext bleibt vollständig erhalten. Das kopierte Schlüsselwort lässt sich als Marginalie verwenden. Als Schlüsselwörter eignen sich zentrale Begriffe des Textes. Schüler sollen dabei gedankliche Schwerpunkte des Textes identifizieren und anhand von Wörtern (meist Nomen) festmachen. Sie können das Markieren von Schlüsselwörtern am Board demonstrieren und dann einen Arbeitsauftrag für die Einzelarbeit als Übung verteilen.

Hyperlinks: Wichtige Begriffe oder Aussagen können auf zusätzlich eingefügten Notebook-Seiten weiter erörtert oder ausführlich kommentiert werden. An den Rand geschriebene Schlüsselwörter können mit diesen eingefügten Seiten verknüpft werden.

Video-Exzerpt: Mithilfe des SMART Videoplayers, der Teil der mitgelieferten SMART Board-Software ist, können Videos nicht nur beschriftet werden. Es lassen sich zusätzlich auch Standbilder herausschneiden, die dann automatisch als Bildobjekt in die Notebook-Software eingefügt werden.

Audio-Exzerpt: Auch Audio-Dateien lassen sich mithilfe entsprechender Werkzeuge exzerpieren. Im schulischen Umfeld ist beispielsweise die kostenlose Software Audacity weit verbreitet. Die einzelnen Dateien können dann in der Notebook-Datei mit Objekten verknüpft werden.

Clusteranalyse

Die Clusteranalyse ist eigentlich ein statistisches Verfahren, bei dem für verschiedene Objekte Distanzen anhand ihrer Merkmalsähnlichkeit (mehrdimensionale Betrachtung) in unterschiedliche Klassen eingeteilt werden. In gleicher Weise kann man am SMART Board gesammelte oder vorgegebene Begriffe aufgrund ihrer inhaltlichen Nähe auch nahe beieinander anordnen. Ähnliche oder zusammengehörende Begriffe finden sich dann in Anhäufungen (Clustern) an der Tafel wieder. Auf eine logisch-eindeutige Hierarchisierung wird verzichtet. Als kreative Methode können Cluster auch um ein Initialwort herum, das in die Mitte geschrieben wird, in der Klasse erarbeitet werden. Neue Einfälle und Ideen werden in die Nähe des Initialwortes oder eines später hinzugefügten Wortes geschrieben.

Warum?

Cluster verdeutlichen die inhaltliche Nähe von Begriffen, ohne diese endgültig sachlogisch zu differenzieren. Dies lässt mehr Freiheiten bei der Anordnung der Begriffe. Cluster sind ein erster Schritt zu einer – noch unscharfen, nicht vollständig ausgearbeiteten – Kategorisierung von Begriffen.

Stolpersteine

Große Cluster werden schnell unübersichtlich. Bei der Clusterbildung auf Kreidetafel oder Papier fehlt es schnell an Platz für weitere Begriffe.

Am SMART Board

Verschieben: Nachdem Begriffe in einem Brainstorming, Blitzlicht, einer Kartenabfrage oder mit einer anderen Methode gesammelt worden sind, kann durch einfaches Verschieben eine Ordnung und Assoziation zwischen den Begriffen hergestellt werden. Hierzu empfiehlt es sich, eine Kopie der Notebook-Seite zu erstellen, damit unterschiedliche Clusteranordnungen ausprobiert und miteinander verglichen werden können.

Gruppieren und Skalieren: Am Board können Sie Begriffe gruppieren und an eine andere Stelle schieben oder die ausgewählten Objekte verkleinern, um zusätzlichen Platz zu erhalten. Da die Entfernung zwischen einzelnen Begriffen eine semantische Bedeutung erhält, sollte darauf geachtet werden, dass diese nicht zufällig nebeneinander oder weit voneinander entfernt stehen.

Kategorisieren

Während bei der Bildung von Clustern keine scharfen Trennlinien gezogen werden, werden bei der Kategorisierung Begriffe sachlogisch geordnet. Begriffe werden strukturiert und hierarchisiert, indem sie eindeutig einer übergeordneten Kategorie zugeordnet werden. Eine Kategorie kann als Baumstruktur hierarchisch untergliedert werden. Für das Sortieren von Begriffen unter Oberbegriffen eignen sich Tabellen, Kästen oder Baumdiagramme.

Warum?

Strukturieren und Hierarchisieren von Begriffen ist eine Grundvoraussetzung jeder Lernleistung. Begriffliche Verallgemeinerung ist für die Strukturierung und Verarbeitung von Informationen unabkömmlich. Jede Form des Wissens ist immer eine Abstrahierung und Verallgemeinerung, da Regelmäßigkeiten nur bestehen, wenn man nicht interessierende Merkmalsausprägungen außer Acht lässt. Jeder Einzelfall ist anders, doch Wissen bezieht sich immer auf das Allgemeine, das auf viele Fälle anwendbare. Kognitive Aktivitäten wie Schlussfolgern, Problemlösen oder Erinnern setzen daher ein im Gedächtnis verankertes Begriffsystem voraus. Abstraktionskompetenz ist damit für Schüler sowohl in ihrer schulischen Laufbahn als auch im beruflichen Alltag eine Schlüsselkompetenz.

Stolpersteine

Die wichtige Bedeutung des Abstrahierens und des Denkens in abstrakten Kategorien darf nicht so interpretiert werden, dass dem Einzelfall keine Beachtung mehr geschenkt wird. Ganz im Gegenteil: Zur Kompetenz der Abstrahierung gehört nicht nur, vom Einzelnen zum Allgemeinen zu kommen, sondern sich vom Allgemeinen auch wieder in den Einzelfall einfühlen zu können und die spezifischen Gegebenheiten zu berücksichtigen. Abstraktes Wissen ist nur wertvoll, wenn der allgemeine Begriff wieder entfaltet und praktisch angewendet werden kann.

Am SMART Board

Sortieren: Begriffe werden vorgegebenen oder vereinbarten Kategorien zugeordnet. Die einzelnen Text- oder Bildobjekte lassen sich dabei in einen Bereich verschieben, in dem alle Exemplare einer Kategorie gesammelt werden.

Dabei kann es sich beispielsweise um einen Kasten mit einer Überschrift oder eine Tabelle handeln.

Oberbegriffe finden (Induktion): Als Übung werden zwei oder mehr Begriffe vorgegeben, zu denen die Schüler den Oberbegriff finden sollen. In einer Tabelle können die zu klassifizierenden Begriffe vorgegeben werden. Die letzte Spalte bleibt frei, damit ein passender Oberbegriff eingetragen wird. Diese Aufgabe kann auch als Zuordnungsaufgabe gestaltet werden, das heißt, die Oberbegriffe werden vorgegeben und müssen in die richtige Spalte einsortiert werden.

Finde die Oberbegriffe:

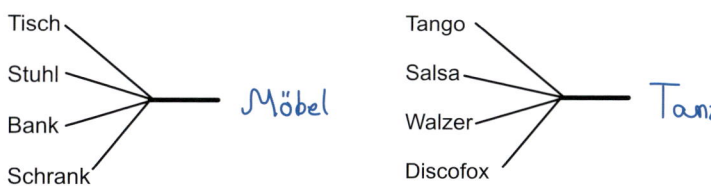

Beispiele finden (Deduktion): Bei dieser Übung wird genau umgekehrt vorgegangen. Es wird ein Oberbegriff (z. B. Thema, These oder Kategorie) vorgegeben, und die Schüler sollen konkrete Beispiele oder Fälle für diesen Oberbegriff finden.

Finde Beispiele:

Begriffshierarchie: Begriffe werden sachlogisch über mehrere Ebenen hierarchisch gegliedert. Hierfür kann ein Zweig- oder Baumdiagramm angefertigt werden. Die Begriffe können als Übung vorgegeben werden. Dieses Vorgehen eignet sich auch sehr gut, um das Ergebnis eines Brainstormings zu ordnen. Beim gemeinsamen Gliedern und Probieren verschiedener Über- und Unterordnungen kann man sehr gut erfahren, dass es nicht die eine richtige Anordnung gibt, sondern, dass begriffliche Vorstellungen immer konstruiert sind. Gleichwohl lässt sich aber auch zeigen, dass daraus nicht folgt, dass alle Ordnungsmöglichkeiten angemessen und zweckmäßig sind.

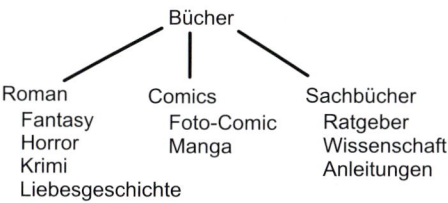

Charakterisierung und Typisierung

Figuren, Personen oder Situationen sollen anhand typischer Eigenschaften präzise charakterisiert werden. Indem man einer Person oder einer Sache Eigenschaften zuschreibt, lassen sich Ähnlichkeiten und Unterschiede zwischen Akteuren, Verhaltensweisen, zeitlichen Epochen oder Situationen herausarbeiten. Die Schüler sollen entweder mit eigenen Adjektiven die dargestellten Personen oder Objekte beschreiben oder aus einer Liste die passenden Adjektive finden.

Warum?

Der Wortschatz zur präzisen Beschreibung von Charakteren, Typen oder Kategorien anhand von Merkmalen und Eigenschaftsausprägungen wird erweitert. Es soll ein Beschreibungsvokabular aufgebaut werden, das eine klare Abgrenzung unterschiedlicher Klassen anhand von Kriterien erlaubt. Zudem soll die Analyse nicht ausschließlich anhand von Oberflächenmerkmalen geschehen.

Stolpersteine

Das Zuordnen von bestimmten Merkmalen zu einem Gegenstand oder einer Person ist bereits eine Beurteilung. Diese Beurteilung hängt jedoch von den ausgebildeten Begriffen und Kategorien der Schüler ab. Eine Figur kann beispielsweise von einigen Schülern als sympathisch und intelligent, von anderen Schülern als hinterhältig und dumm charakterisiert werden. Beide Einschätzungen können richtig sein, wenn die Person aus unterschiedlichen Perspektiven betrachtet wird. Daher kann es sinnvoll sein, bei der Charakterisierung die Perspektive, aus der eine Person oder Sache betrachtet werden soll, vorzugeben.

Am SMART Board

Personen charakterisieren: Mehrere Bilder von Personen, die charakterisiert werden sollen, können auf einer Notebook-Seite platziert werden. Die Adjektive können neben die Bilder geschrieben werden. Wenn ein Adjektiv häufiger, also für mehrere Personen, verwendet werden soll, kann es einfach geklont werden. Wenn eine Liste mit Adjektiven vorgegeben wird, dann bietet es sich an, die Wörter als Endloskloner zu definieren.

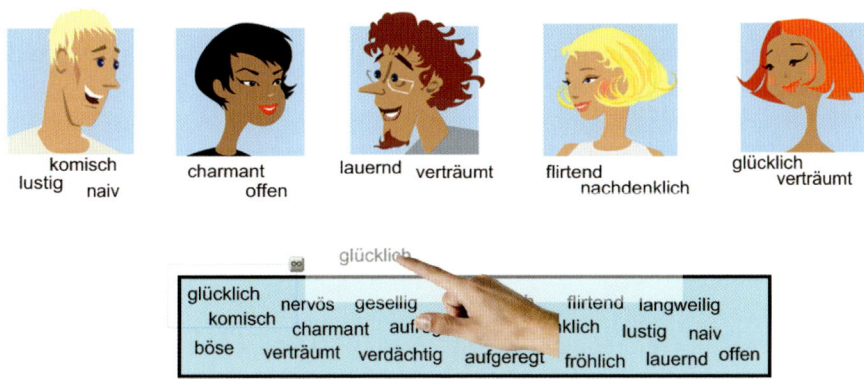

Kontrastieren und Vergleichen: Bildliche Darstellungen eignen sich besonders gut für Vergleiche. Je größer der Kontrast zwischen den dargestellten Eigenschaften ist, umso klarer sind die Unterschiede und Ähnlichkeiten erkennbar. Am SMART Board lassen sich mit der Lupenfunktion des Zauberstifts Details vergleichen. Ähnlichkeiten in zwei Bildern können mit der gleichen Stiftfarbe eingekreist und durch eine Linie verbunden werden. Klare Unterschiede können ebenfalls eingekreist und zueinander in Beziehung gestellt werden.

Beispiele:
- Vorher – nachher
- Jahreszeiten
- Reich und arm
- Orte zu verschiedenen Zeitpunkten
- Historische Unterschiede
- Umweltveränderungen
- Kulturelle Vergleiche, z. B. Deutschland – USA

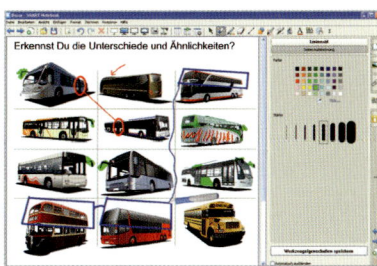

Mind Maps und Concept Maps

Mind Maps sind Karten, mit denen sich unsere internen Gedankenstrukturen visualisieren lassen. Sie dienen zum einen der Organisation unserer eigenen Gedanken, wobei die visuelle Repräsentation ein Hilfsmittel für unser Arbeitsgedächtnis ist. Zum anderen lassen sich unsere Überlegungen in einer visualisierten Form anderen Personen einfacher mitteilen. Beim gemeinsamen Entwerfen einer Mind Map durch mehrere Personen ist zudem sichergestellt, dass die Vorstellungen der einzelnen Teilnehmer zunehmend harmonisiert werden; man tauscht seine Gedanken aus und stellt sicher, dass man „das gleiche Bild vor Augen hat".

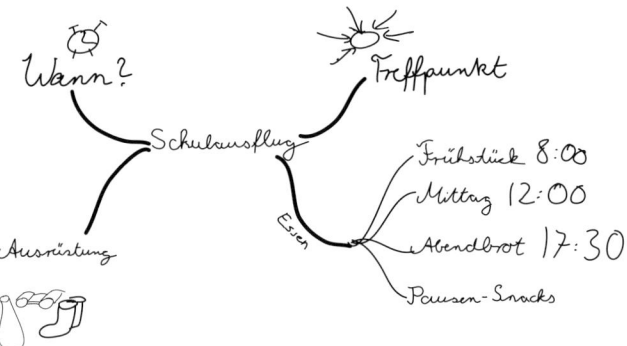

Eine Mind Map beginnt immer mit einer zentralen Idee oder einem Hauptthema, welches in den Mittelpunkt der Karte geschrieben wird. Zur besseren Hervorhebung kreist man es auch oft ein:

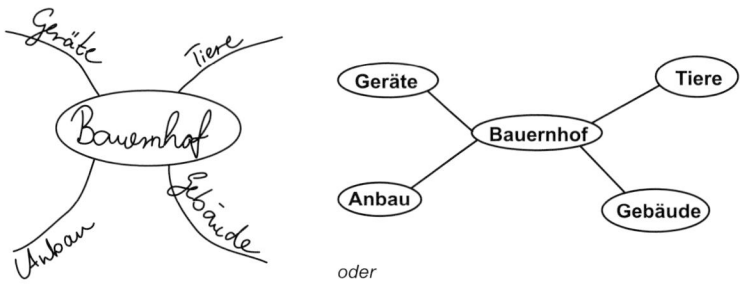

Diesem Begriff fügt man die wichtigsten Aspekte in Form von Ästen an. Diese Aspekte schreibt man entweder direkt an den Ast oder in einen Kreis, der an dem Ast hängt:

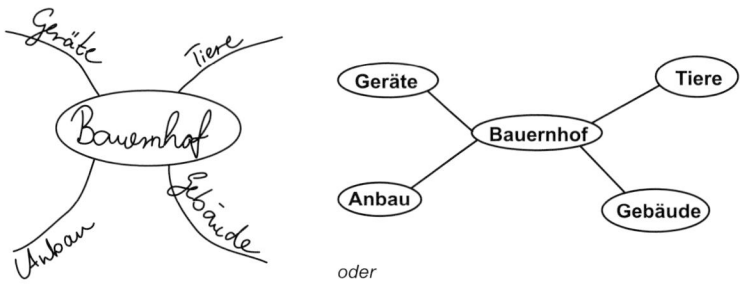

oder

176

An jeden dieser Äste können Sie beliebige weitere Äste mit Begriffen hängen. Jeder neue Gedanke lässt sich damit in diese Struktur einordnen. Verwenden Sie Stichworte und Schlüsselworte statt ausführlicher Formulierungen. Die Gedanken-Landkarte soll einen Überblick verschaffen. Details für die Begriffe können Sie bei Bedarf auch später noch aufschreiben.

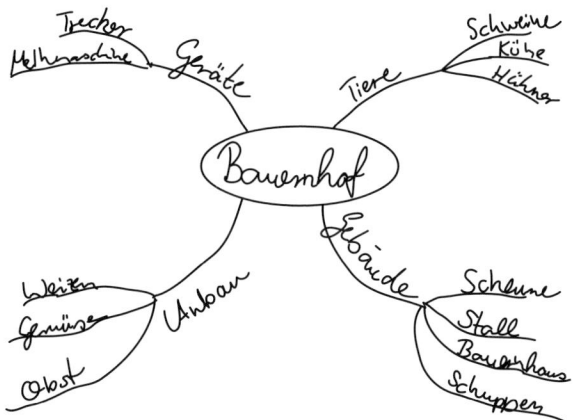

Eine Concept Map ist der Mind Map vom Aussehen her sehr ähnlich. Sie ist aber flexibler und verfolgt andere Ziele. Während bei der Mind Map jeder Begriff mit genau einem übergeordneten Begriff assoziiert wird, sind bei der Concept Map beliebige Verbindungen zwischen den einzelnen Punkten oder Begriffen möglich. Die Verbindungen können zudem unterschiedliche Bedeutungen erhalten. Im Prinzip sind die meisten Schaugrafiken in Schulbüchern Concept Maps, die verschiedene Grundformen miteinander kombinieren.

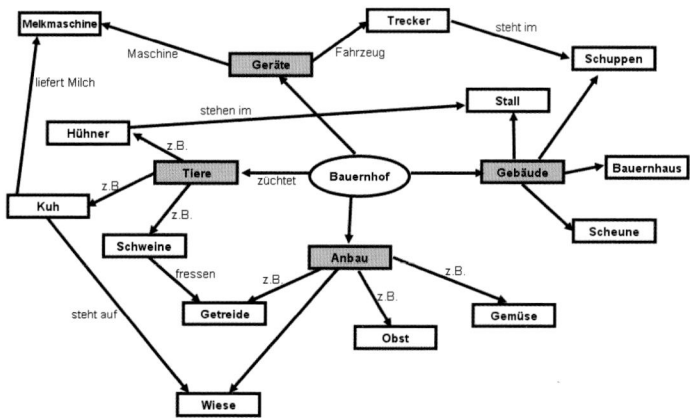

Warum?

Komplexe Inhalte und Sachverhalte werden durch Nennung der wichtigsten Themen, Schlüsselbegriffe und Kernpunkte auf das Wesentliche beschränkt. Die klare Darstellung der Beziehungen zwischen verschiedenen Dingen und Konzepten eignet sich zum Ordnen, Organisieren und Strukturieren von Sachverhalten. Zusammenhänge werden visuell erkannt und dadurch leichter durchschaubar. Durch die visuelle Repräsentation von Strukturen werden diese häufig erst wahrnehmbar. Vorstellungsvermögen und Arbeitsgedächtnis werden entlastet. Durch die räumliche Anordnung der Begriffe wird zusätzliche Bedeutung erzeugt, die meist intuitiv erfahrbar oder kulturell vorgegeben ist: Zusammengehörendes ist nah beieinander, typische Flussrichtungen werden durch die Anordnung (links nach rechts, oben nach unten) ausgedrückt, das Wichtige steht oben oder im Mittelpunkt, dicke Umrandungen erzeugen Aufmerksamkeit. Jeder neue Begriff wird in bereits vorhandene Strukturen eingegliedert und reichert so die Gesamtdarstellung mit mehr Sinn an. Eine tiefere Auseinandersetzung eines Begriffs ist bei Maps jederzeit möglich, da sich eine Struktur erweitern und am SMART Board aktiv umgestalten lässt.

Stolpersteine

Es gibt viele Programme, mit denen sich Mind Maps erzeugen lassen, jedoch nur wenige, mit denen Concept Maps möglich sind. Die meisten Konzepte in unserer Welt und in unseren Köpfen sind jedoch eher wie Concept Maps organisiert: vernetzt mit vielen Zwischenbeziehungen und Verschachtelungen. Eine Mind Map erlaubt das hierarchische und assoziative Ordnen von Begriffen; sie schafft Ordnung, schränkt aber auch ein. Concept Maps sind sehr viel flexibler, geraten jedoch auch schnell unübersichtlich. Daher ist es wichtig, die gestalttheoretischen Heuristiken zu beherzigen. Denn die Anordnung der Elemente, die räumliche Nähe, Größe, Farbe und Formen werden vom Betrachter oft intuitiv mit Bedeutung belegt. Leider meinen einige Hersteller von Mind Map-Programmen, es sei eine gute Idee, die Äste automatisch auf der Seite anzuordnen. Damit wird aber die Struktur vom Programm vorgegeben, statt die mentalen Strukturen kartographisch zu erfassen. Die verwendete Concept Mapping Software sollte die Elemente also so anordnen können, wie Sie und Ihre Schüler es möchten. Mind Maps können gut eingesetzt werden, um einen Überblick über die Inhalte und den Verlauf einer Einheit zu geben. Jedoch sollten Sie darauf achten, nicht Ihre eigenen Gedankenstrukturen der Klasse aufzudrücken. Am effektivsten sind Concept Maps zur Kommunikation, wenn sie gemeinsam erstellt wurden.

Am SMART Board

Erstellung in Notebook: Verwenden Sie die verschiedenen Stifte, um einzelne Begriffe herauszustellen oder um zusammengehörende Punkte hervorzuheben. Wenn die Mind Map zu groß wird, können Sie die Seite erweitern oder eine weitere Mind Map auf einer neuen Seite beginnen. Das Schöne bei der Arbeit am SMART Board ist, dass Sie die Schlüsselwörter jederzeit verschieben können, z. B. um Platz für ein weiteres Wort zu schaffen. In der Notebook-Galerie finden Sie viele Grafiken und Symbole, die Sie genauso wie Wörter und Begriffe in Ihre Mind und Concept Maps einbauen können.

Wenn Sie keine frei gezeichneten Elemente, sondern geometrische Formen als Bestandteil der Concept Map verwenden möchten, dann können Sie Form und Text zu einem Knoten gruppieren:

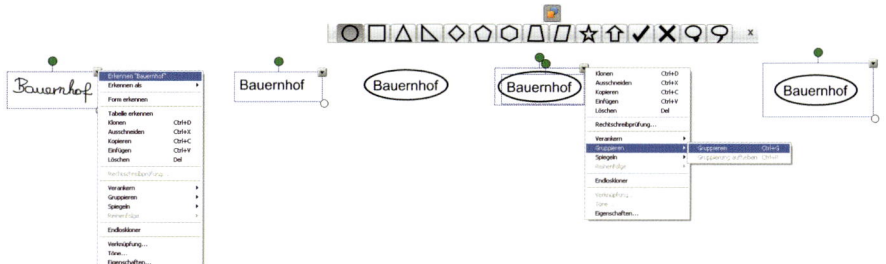

SMART Ideas: Für das SMART Board gibt es außerdem eine spezielle Concept Mapping Software: SMART Ideas. SMART Ideas erkennt die Eingaben mit den SMART Stiften und erzeugt unter anderem aus freihändigen Zeichnungen Verbindungen zwischen den einzelnen Objekten. Das Besondere: Wenn Sie ein Objekt verschieben, dann wird die Verbindungslinie automatisch angepasst.

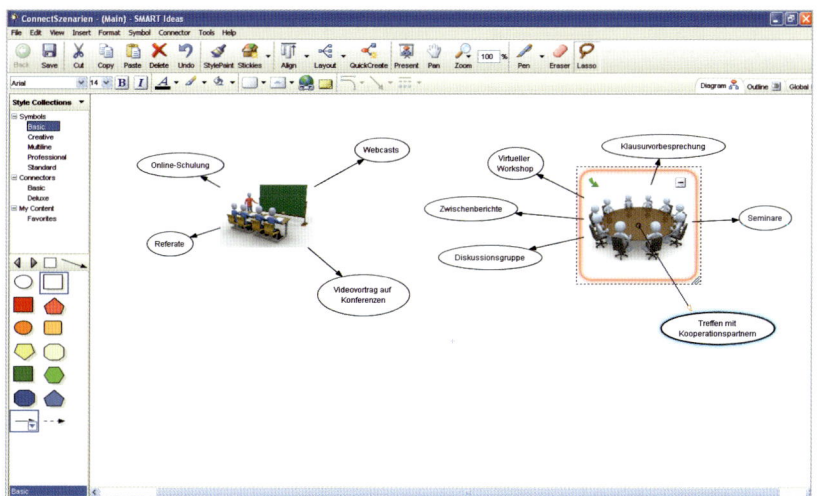

Beispiele für statische Beziehungen zwischen zwei Begriffen:

- **Teil-Ganzes:** besteht aus, ist Teil von, hat ein, …
- **Erläuterungen:** das heißt, zum Beispiel, siehe auch, …
- **Spezialisierung:** ist ein, gehört zu, Spezialfall von, …
- **Analogien:** entspricht, ähnelt, verhält sich gleich, …

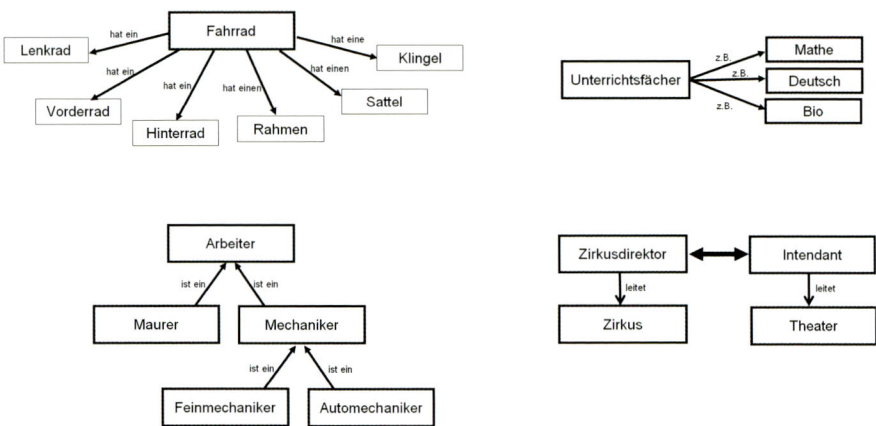

Beispiele für dynamische Beziehungen:

- **Kausalität:** bewirkt, führt zu, beeinflusst, verstärkt, verändert, …
- **Zeitliche Folge:** als Nächstes, danach, Voraussetzung für, Ergebnis, …
- **Einflussnahme:** spricht für, kämpft gegen, unterstützt, behindert, …
- **Wechselwirkung:** hängt ab von, kommunizieren miteinander, …
- **Tätigkeiten:** arbeitet in, beschäftigt sich mit, erforscht, …
- **Aufgabe:** dient, liefert zu, kontrolliert, bewacht, …

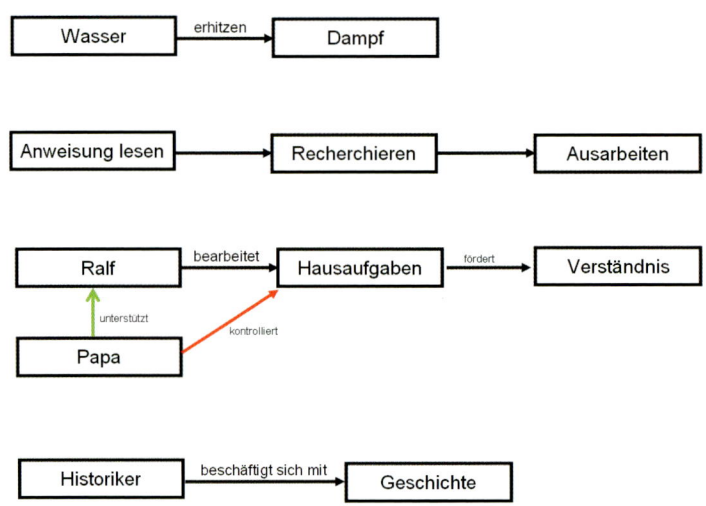

Soziogramme: Zusammenhänge von Figuren und Charakteren werden in einer Strukturgrafik visualisiert, um Konstellationen in einem Roman oder Film zu analysieren. Zunächst werden alle relevanten Figuren auf einer Seite gesammelt. Danach werden Verbindungen zwischen den Figuren eingezeichnet, die ihre Beziehungen zueinander darstellen sollen. Das Verfahren lässt sich auch für reale Personen aus Politik oder Geschichte anwenden.

Soziogramme eignen sich auch, um die sozialen Beziehungen innerhalb einer Gruppe zu analysieren. Allerdings ist es nicht ratsam, die eigene Klassengruppe als Soziogramm festzuhalten, da sich hierdurch die Gruppenwahrnehmung in nicht vorhersehbarer Weise ändern kann. Konstellationen wie beispielsweise die Ausgrenzung Einzelner oder die Machtausübung durch eine Peergroup werden dabei häufig eher gefestigt als zum Positiven gewandelt.

Für die unterschiedlichen Beziehungen zwischen den Akteuren können verschiedene Pfeilarten (Farbe, Strichelung) eingesetzt werden. Interaktionspräferenzen (Sympathie, Antipathie) können durch gerichtete Pfeile und verschiedene Farben dargestellt werden. Die Intensität der Beziehung kann durch die Linienstärke dargestellt werden.

Bei der Analyse eines Bildes können mit dem Bildschirmaufnahme-Werkzeug einzelne Figuren freihändig ausgeschnitten werden, um später in einem Soziogramm eingesetzt zu werden. Das zu zerlegende Bild kann zuvor auch aus einem Video ausgeschnitten worden sein, indem der SMART Videoplayer genutzt wird.

Änderungen in den Beziehungen zwischen Personen können auf mehreren Notebook-Seiten dokumentiert werden. Dazu wird eine Seite in der Seitensortierung geklont. Auf der duplizierten Seite werden die Änderungen der sozialen Beziehungen vorgenommen. Mit dem Bildschirmaufnahme-Werkzeug lässt sich ein vollständiges Soziogramm als Grafik aufnehmen und auf einer neuen Notebook-Seite einfügen. Fertigt man auf diese Weise von verschiedenen, zeitlich aufeinanderfolgenden Soziogrammen Schnappschüsse an, dann können diese auf einer Seite gesammelt und als zeitliche Entwicklung dargestellt werden.

Seit wir das Smart-Board
haben, kann ich besser verstehen,
was die Lehrer mir erklären wollen
z.B. in Mathematik, wenn ich Brüche
oder Flächen lernen soll.

Kasandra

Kapitel 6

Phase: Üben und Anwenden

Wie können Schüler bei der Konstruktion eigenen Wissens unterstützt werden?

Explizite Wissensstrukturen können Phänomene und Zusammenhänge lediglich deklarativ beschreiben oder repräsentieren. Handlungsorientierte Kompetenzen und prozeduales Wissen werden jedoch von jedem Individuum auf seine eigene Weise konstruiert. Daher ist das Üben und Anwenden in unterschiedlichen Sozialformen – Einzel-, Partner- oder Gruppenarbeit – so wichtig. In diesem Kapitel geht es darum, wie die Organisation dieser Phasen unterstützt werden kann, damit möglichst viel Zeit für das eigentliche (Er-)Arbeiten bleibt. Mit Notebook sind viele Aufgabenformen sehr gut umsetzbar. Schüler dürfen Notebook auch zu Hause nutzen, um Aufgaben zu bearbeiten. Zudem können bei geschickter Aufgabenstellung die Fragen so formuliert werden, dass die gesamte Klasse an der Lösungsfindung beteiligt ist.

Darum geht es in diesem Kapitel:
* Sozialformen während der Übungs- und Anwendungsphase
* Schülerexperimente
* Quiz- und Multiple Choice-Aufgaben
* Anordnungs- und Zuordnungsaufgaben (Drag & Drop)
* Visuell gestalte Aufgaben
* Rechenaufgaben

Einzelarbeit (Stillarbeit)

Bei der Einzelarbeit wird eine Aufgabe erteilt, die jeder Schüler selbst bearbeiten muss. Dabei kann es sich um die Erarbeitung oder Übung eines Stoffes handeln. Die Schüler tauschen sich untereinander nicht aus, sondern müssen unabhängig eine Lösung finden. Man spricht daher auch von Stillarbeit.

Warum?

Einzelarbeit fördert das eigenverantwortliche Arbeiten, leitet zur Sorgfalt an und übt die Konzentrationsfähigkeit. Wissenskonstruktion muss immer selbstständig erfolgen, und individuelle Arbeitsphasen sind daher erforderlich. Schwierigkeiten müssen selbst überwunden und reflektiert werden. Das selbstständige Arbeiten ist eine Schlüsselqualifikation für Studium und Berufsleben. Beim Bearbeiten von Aufgaben kann jeder Schüler seinem Lerntempo folgen, sodass es gute Möglichkeiten zur Binnendifferenzierung gibt. Die Fähigkeit, alleine Probleme lösen zu können, ist eine Voraussetzung, um später in der Gruppe gemeinsam zu arbeiten. Da alle Schüler parallel arbeiten, werden unterschiedliche Ideen entwickelt und es können mehr Teilprobleme gelöst werden. Die Einzelarbeit kann für die Anwendung, Wiederholung, Übung und Sicherung von Kompetenzen eingesetzt werden.

Stolpersteine

Damit die Aufgabe richtig bearbeitet werden kann, müssen klare Arbeitsaufträge formuliert werden. Rückfragen sollten nur in der Anfangsphase zugelassen werden, danach sollte möglichst selbstständig gearbeitet werden. Schüler können die Einzelarbeit schnell als langweilig empfinden und lassen sich leicht ablenken. Zudem wird ihr Bedürfnis nach sozialen Kontakten vernachlässigt. Zu lange Arbeitsphasen führen daher schnell zum ablenkenden Gespräch mit dem Nachbarn. Daher sollten die Zeiteinheiten gerade bei jüngeren Schülern nicht zu lang sein und ggf. über mehrere Unterrichtsphasen verteilt werden.

Am SMART Board

Aufgabenstellung: Die Aufgabenstellung kann auf einer Notebook-Seite vorbereitet werden. So geht keine Zeit mit dem Schreiben an das Board verloren. Die gewonnene Zeit kann für die eigentliche Bearbeitung der Aufgabe und für Rückfragen eingesetzt werden. Zudem lassen sich mehr Aufgaben schnell an die Tafel bringen, was wiederum für die Binnendifferenzierung mit Aufgaben unterschiedlichen Schwierigkeitsgrades genutzt werden kann.

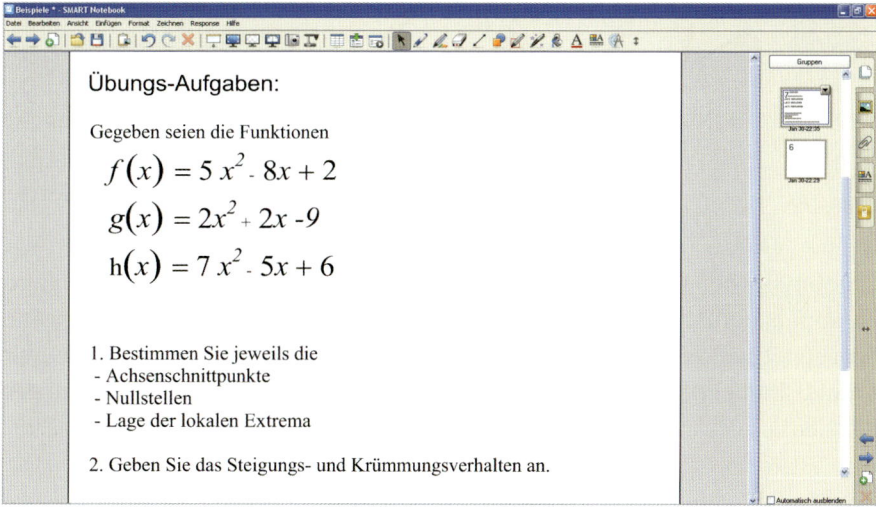

Hilfestellung: Während der Bearbeitung der Aufgabe können Sie Hilfestellungen aufdecken, die zuvor mit einem Kästchen verdeckt waren.

 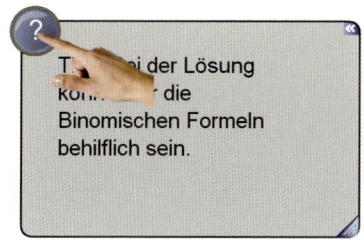

Zeitfenster: Für die Bearbeitung der Aufgabe kann ein zeitliches Limit gesetzt werden. In der Galerie finden Sie das *Timer*-Objekt, mit dem Sie einen Countdown festlegen können. Die Schüler können so nachvollziehen, wie viel Zeit noch übrig bleibt.

Ergebnissicherung: Das SMART Board kann genutzt werden, um Ergebnisse zusammenzuführen oder Ergebnisse zu präsentieren. Nachdem die Aufgabe bearbeitet worden ist, sammelt der Lehrer die Ergebnisse an der Tafel und ordnet ähnliche und kontrastierende Lösungsansätze nach Vorgaben der Schüler.

Partnerarbeit

Bei der Partnerarbeit arbeiten zwei Schüler gemeinsam und eigenverantwortlich an einer Aufgabe. Meist handelt es sich dabei um Tischnachbarn, die zusammenarbeiten. Die Schüler können diskutieren, sich gegenseitig helfen und korrigieren.

Warum?

Partnerarbeit bereitet auf die Arbeit im Team vor und verbindet die Vorteile von Einzelarbeit mit denen der Gruppenarbeit. Schüler sind aktiv, konzentriert und arbeiten eigenverantwortlich. Gleichzeitig sind sie in eine soziale Situation eingebunden und können sich austauschen.

Partnerarbeit eignet sich immer dann, wenn die Aufgabe zu komplex für Einzelarbeit und zu einfach für Gruppenarbeit ist. Bei der Zusammenarbeit können stärkere Schüler schwächeren helfen, und nach dem Vier-Augen-Prinzip werden durch gegenseitige Korrektur Fehler schneller entdeckt. Partnerarbeit eignet sich gut für Erarbeitungs- und Diskussionsphasen.

Stolpersteine

Bei freier Partnerwahl kann es passieren, dass Schüler keinen Partner finden, mit dem sie zusammenarbeiten möchten. Hier müssen klare Spielregeln herrschen, dass jeder bereit sein muss, mit jedem zusammenzuarbeiten. Falls es eine ungerade Schüleranzahl gibt, dann sollten Sie eine Dreierkonstellation zulassen. Bei zu langen Arbeitsphasen oder unklaren Aufgabenstellungen fangen Schüler schnell an zu schwatzen und sich abzulenken.

Am SMART Board

Hier gibt es die gleichen Möglichkeiten wie bei der Einzelarbeit. Zusätzlich besteht die Möglichkeit, Partnergruppen auszuwürfeln, wie im nächsten Abschnitt bei der Gruppenarbeit beschrieben.

Gruppenarbeit

Die Schüler werden in Kleingruppen (drei bis sechs Schüler) aufgeteilt und bearbeiten im Team eigenverantwortliche eine Aufgabe. Dabei können die einzelnen Gruppen entweder an derselben Aufgabe oder an verschiedenen Teilaufgaben arbeiten. Häufig werden die Arbeitsergebnisse am Ende vor der Klasse präsentiert.

Die Gruppenarbeit wird vom Lehrer geplant und vorbereitet, die Freiräume werden jedoch durch die Schüler ausgestaltet und belebt. Diese Arbeitsform ist daher bei Schülern meist sehr beliebt.

Warum?

Soziale Teamfähigkeit wird gefestigt, und durch zufällige Gruppenkonfigurationen können neue Kontakte geknüpft werden. Die Methode trägt dabei wesentlich zum Aufbau von Sozialkompetenz bei, es entsteht ein Zusammengehörigkeitsgefühl in der Gruppe. Die Schüler können sich gegenseitig helfen und fühlen sich nicht vom Lehrer unter Druck gesetzt. Sie können sich ohne Scheu äußern, eigene Wege finden, Ideen und Wünsche einbringen. Gerade in heterogenen Gruppen fördern unterschiedliche Interessen und Kompetenzen den Gedankenaustausch und bringen gute Ergebnisse hervor, da mehr Schüler gleichzeitig aktiv sind. Die Arbeit in Gruppen erlaubt eine innere Differenzierung nach Interesse, Schwierigkeitsgrad, Arbeitsmethode und unterschiedlichen Themen. Die Gruppenarbeit eignet sich, um zuvor demonstrierte Inhalte selbst umzusetzen, zum Üben und Wiederholen sowie für die selbstständige Erarbeitung eines Themas.

Stolpersteine

Schlecht organisierte Gruppenphasen enden schnell im Chaos. Es müssen klare Regeln gelten, wie die Gruppen gebildet werden, der Arbeitsauftrag muss verständlich sein und das Ziel sollte vor Augen geführt werden. Häufig kommt es in Gruppen vor, dass ein Schüler die Wortführung übernimmt und die anderen sich nicht mehr beteiligen. Eine weitere Herausforderung ist die 45-Minuten-Taktung des Unterrichts.

Am SMART Board

Gruppenkonstellationen speichern: Am SMART Board lassen sich die Gruppenkonstellationen speichern, sodass über mehrere Unterrichtstunden hinweg in der gleichen Gruppe weitergearbeitet werden kann.

Zufällige Gruppenkonstellation: Wenn die Gruppenzusammensetzung zufällig getroffen werden soll, dann kann hierfür der *Random group generator* genutzt werden.

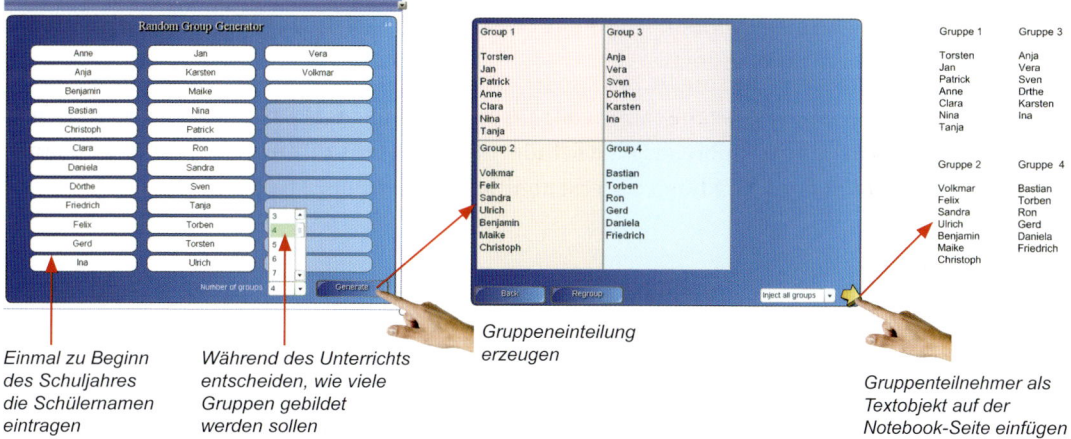

Einmal zu Beginn des Schuljahres die Schülernamen eintragen

Während des Unterrichts entscheiden, wie viele Gruppen gebildet werden sollen

Gruppeneinteilung erzeugen

Gruppenteilnehmer als Textobjekt auf der Notebook-Seite einfügen

Freie Gruppenwahl nach Interesse: Die einzelnen Gruppen sollen unterschiedliche Themen oder Teilaufträge bearbeiten. Auch die Variation des Schwierigkeitsgrades ist möglich. Die vorgesehenen Gruppen werden in einer Tabelle auf einer Notebook-Seite vorbereitet. Die Schüler können sich in die einzelnen Spalten eintragen. Ein Verschieben von Schülernamen, um die Konstellation zu verändern, ist einfach möglich.

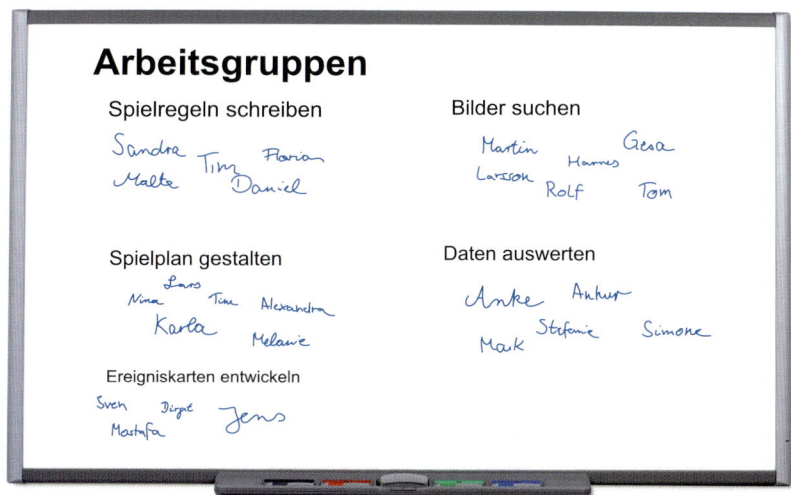

Lernen an Stationen

Für ein Unterrichtsthema werden verschiedene Stationen mit unterschiedlichen Aufgaben angeboten. Die Bearbeitung der Aufgabe findet meist in Kleingruppen statt. Die Schüler steuern nacheinander die Stationen an, um das Thema aus unterschiedlichen Perspektiven zu behandeln.

Dabei müssen nicht zwingend alle Stationen angesteuert werden. Es kann Pflicht- und Wahlstationen geben. Die einzelnen Stationen können unterschiedliche Schwierigkeitsgrade und Teilaspekte des Themas bereithalten und berücksichtigen unterschiedliche Lerntypen.

Warum?

Das Lernen an Stationen ermöglicht eine individuelle Auseinandersetzung mit dem Thema. Wahlstationen ermöglichen es, dass Schüler Angebote, die ihrem Lerntypus und Leistungsniveau entsprechen, bearbeiten. Eigenverantwortliches und selbstständiges Lernen wird gefördert. Die Stationen erlauben eine Differenzierung auf mehreren Ebenen nach Interesse, Sozialform, Aufgabenmenge, Schwierigkeitsgrad, Darstellungsform usw. Für Schüler ist diese Vorgehensweise besonders gewinnbringend, da sie die Stationen wählen, die ihren Bedürfnissen am besten gerecht werden.

Stolpersteine

Die Aufgaben sollten so gestellt sein, dass sie eigenständig und ohne Intervention lösbar sind, damit das selbstständige Lernen gefördert wird. Voraussetzung für das Lernen an Stationen ist ein facettenreiches Thema, das sich auf vielerlei Weise behandeln lässt. Das Vorbereiten der vielen unterschiedlichen Unterrichtsmaterialien ist zudem sehr aufwendig. Es ist daher sinnvoll, auf Materialien aus dem Internet zuzugreifen oder sich mit Kollegen auszutauschen (z. B. in der Online-Community *http://exchange.smarttech.com*). Zudem muss der Ablauf gut organisiert sein, damit es nicht chaotisch zugeht. Die Spielregeln müssen vorher kommuniziert werden, und für den Fall eines Staus muss es alternative Angebote oder die Möglichkeit einer Entspannungsphase geben.

Am SMART Board

Stationen erläutern: Vor der Arbeitsphase werden die Aufgaben an den Stationen kurz am SMART Board erläutert. Dabei kann eine Raumskizze zeigen, wo sich welche Station befindet. Während der Arbeit an Stationen bleibt diese Skizze angezeigt, damit jeder Schüler weiß, wo die nächste Station ist. Die Skizze kann auch eine Reihenfolge der Stationen vorgeben. Zudem können die Regeln für die Stationswahl erklärt werden. Falls die Arbeitszeit pro Station begrenzt ist, kann ein *Timer*-Objekt zeigen, wann eine Arbeitsphase zu Ende ist.

Das SMART Board als Station: Selbstverständlich kann das SMART Board selbst eine Station sein, die einen weiteren Zugang zum Thema bietet. Dabei kann es sich um eine Recherche-Aufgabe im Internet handeln, das Sammeln von Ideen auf einer leeren Seite oder einfach das Lösen von Aufgaben, die mit dem *Lesson Activity Toolkit* erstellt wurden. Ideal einsetzen lässt sich in diesem Szenario auch Lernsoftware, die von den Bildungsverlagen in großem Umfang angeboten werden.

Schülerexperiment

Bei einem Experiment werden Annahmen über Zusammenhänge und Wirkfaktoren systematisch überprüft. Es handelt es sich um eine künstliche und damit kontrollierbare Versuchsanordnung, um modellhaft auszuprobieren, ob die theoretischen Annahmen auch tatsächlich beobachtet werden können. Es handelt sich also um einen Test, der belegt (oder widerlegt), dass die Annahmen über ein Phänomen zutreffen. Das Schülerexperiment wird eingesetzt, um ...

* den Versuchsaufbau und die -planung zu erarbeiten,
* Phänomene zu beobachten,
* das Bilden von Hypothesen anzuregen oder zu erklären,
* und schließlich, um die systematische Protokollierung von Ergebnissen durchzuführen.

Falls Experimente im schulischen Rahmen nicht durchgeführt werden können, bieten sich Computer-Simulationen an. Ideal ist deren Einsatz auch als Wiederholung oder Ergänzung eines realen Experiments.

Warum?

Experimente veranschaulichen und verdeutlichen reale Phänomene. Sie sind ein erster Schritt zum wissenschaftlichen Arbeiten, befriedigen die Neugierde und regen zum Entdecken und Forschen an. Die Hypothesenbildung fördert kreatives Denken und fördert eine kritische Haltung, Annahmen nicht einfach als wahr zu akzeptieren. Die Isolation einzelner kausaler Zusammenhänge bedeutet eine didaktische Reduktion. Die Beobachtungsfähigkeit der Schüler wird geschult. Das Lehrerexperiment kann die Versuchsanordnung demonstrieren, in anschließenden Schülerexperimenten können die Schüler selbst Experimente durchführen und Ergebnisse aufnehmen.

Stolpersteine

Verschiedene Experimente können gefährlich, teuer oder zeitaufwendig sein, sodass eine Durchführung im schulischen Rahmen nicht oder nur selten möglich ist. Eine Simulation ist dagegen kostenlos, ungefährlich und kann schneller durchgeführt werden. Dadurch können prinzipiell mehr verschiedene Versuchsaufbauten erprobt und erfahren werden. In einer Simulation können Phänomene außerdem im Zeitraffer oder in Zeitlupe ablaufen, um die Reaktionen besser zu beobachten. Animierte Simulationen erlauben zudem schematisierte Innenansichten und didaktische Visualisierungen (z. B. Einfärben oder Beschriften mit Pfeilen und Text). Reale Experimente sollten aber auf keinen Fall vollständig durch Simulationen substituiert, sondern nur ergänzt werden.

Am SMART Board

Simulationen: Simulationen lassen sich mit der Hand steuern, deren Parameter unmittelbar festlegen. Schüler können so das Eingreifen in den Versuch besser nachvollziehen. Neben umfangreichen Sammlungen mit isolierten Physikexperimenten gibt es beispielsweise mit der Software Algodoo eine leistungsfähige, leicht erlernbare Umgebung für physikalische Experimente. Elemente können einfach mit dem Finger oder Stift gezeichnet und in einen Versuch integriert werden. Mit den Stiften lässt sich direkt über eine Simulation schreiben, um Effekte oder Phänomene hervorzuheben.

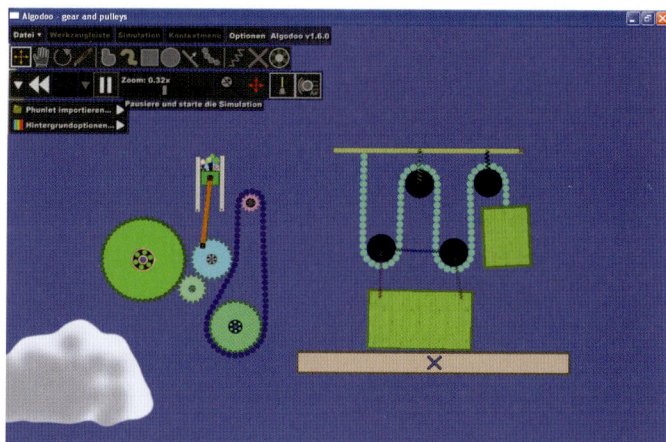

Versuchsanordnungen skizzieren: Verschiedene Aufbauten lassen sich sehr leicht umsetzen, da bereits Bilder von chemischem Laborequipment oder Schaltzeichen in der Notebook-Galerie im Ordner „Wissenschaft und Technik" vorhanden sind. Sie können diese Symbole auf die Tafel ziehen, um einen Versuch zu skizzieren. Außerdem können Sie bereits Seiten vorbereiten, auf denen diese Symbole als Endloskloner vorhanden sind. Dann müssen Sie oder Ihre Schüler nicht einmal mehr auf die Galerie zugreifen, sondern können direkt beliebig viele Elemente als Kopien erzeugen.

Einfach und Mehrfachauswahl (Multiple Choice)

Ein Multiple Choice-Test besteht aus einer Frage und mehreren Antwortalternativen. Der Schüler muss die zutreffenden (richtigen) Antworten identifizieren und kennzeichnen. Im deutschsprachigen Raum ist es üblich, dass von den Antworten keine, eine oder mehrere Antworten zutreffen können. Die nicht zutreffenden Antworten nennt man Distraktoren. Ein typisches Beispiel ist die Theorieprüfung in der Fahrschule.

Warum?

Die Bewertung von frei formulierten Antworten ist subjektiv, jeder Schüler soll bei der Bewertung jedoch gleich behandelt werden. Multiple Choice-Aufgaben geben ein neutrales Feedback, bei dem nur die Richtigkeit der Antwort nach einer standardisierten Vorgabe beurteilt wird. Oft wissen Schüler die richtige Antwort, haben jedoch Schwierigkeiten, sich klar und präzise auszudrücken. Wenn jedoch nur das Faktenwissen bewertet werden soll und nicht die Fähigkeit, eigene Formulierungen zu finden, sind Multiple Choice-Tests eine gute Möglichkeit. Sie lassen sich schnell durchführen und automatisiert auswerten. Da diese Aufgabenform aus vielen Quizveranstaltungen bekannt ist, wird sie oft als spielerisch empfunden.

Stolpersteine

Um Missverständnisse zu vermeiden, sollte bei jeder Prüfung klar gekennzeichnet sein, ob eine oder mehrere richtige Antworten pro Frage zur Auswahl stehen. Geben Sie auch an, ob es Fälle gibt, in denen keine Antwort richtig ist. Erläutern Sie klar, wie Sie zensieren und Punkte vergeben. Die falschen Alternativen sollten plausibel und nicht als Distraktoren erkennbar sein. Dies ist für die Verlässlichkeit des Tests viel wichtiger als eine hohe Zahl alternativer Antworten (mit der die Wahrscheinlichkeit zufälliger Treffer reduziert werden könnte). In der Regel sollten drei bis fünf Antwortalternativen gewählt werden, dies ist aber immer von der jeweiligen Frage abhängig!

Ausführliche Fragen sind besser als ausführliche Antworten. Wenn Sie Wörter in Antworten ständig wiederholen, dann ist es wahrscheinlich besser, diese einmalig in die Frage aufzunehmen. Formulieren Sie positive Aussagen, Fragen und Negationen. So werden die Fragen verständlicher, und der Lerneffekt wird erhöht. Verwenden Sie eine einfache, klare Sprache und vermeiden Sie Mehrdeutigkeiten!

Am SMART Board

Fragen mit Einfach-Auswahl: Bei diesem Übungstyp wird eine Frage gestellt und es stehen mehrere Antworten zur Auswahl, wobei nur eine einzige richtig ist.

Was erzeugt Wärme?
- **Wasser**
- **Erde**
- **Feuer**
- **Wind**

Der Schüler kann nun eine Antwort wählen, indem er diese markiert. Der Schüler kann die Antwort mit einem Kreuz versehen, mit dem Stift einkreisen oder Zeiger-Objekte auf die richtige Antwort schieben.

Was erzeugt Wärme?
- **Wasser**
- **Erde** ✗
- **Feuer**
- **Wind**

Was erzeugt Wärme?
- **Wasser**
- **Erde**
- **Feuer** ✓
- **Wind**

Wenn der Schüler seine Entscheidung getroffen hat, wird die Auswahl vom Lehrer bewertet, z. B. durch ein rotes X oder ein grünes Häkchen. Weiterhin gibt es ein spezielles Multiple Choice-Objekt im *Lesson Activity Toolkit*, das alternativ genutzt werden kann:

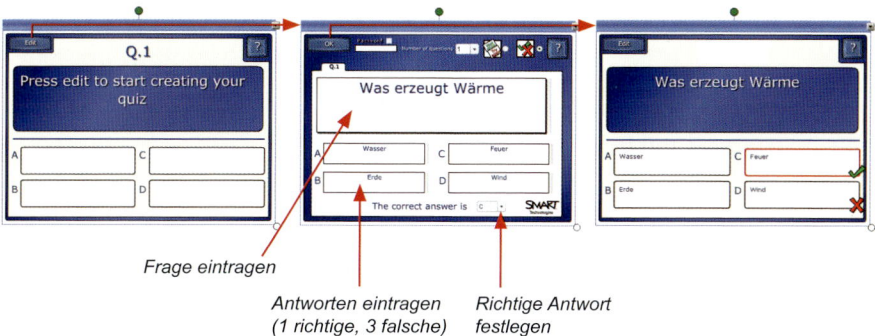

Frage eintragen

Antworten eintragen
(1 richtige, 3 falsche)

Richtige Antwort
festlegen

Da bei der Einfach-Auswahl nur eine Antwort ausgewählt werden darf, kann die Bewertung auch automatisch erfolgen, sobald der Schüler mit seinem Finger eine der Antworten berührt. Möglichkeiten der Umsetzung:
- Drehbares Objekt (LAT-Werkzeug *Flipper*)
- Zerplatzende Luftballons
- Verknüpfungen zu Lösungsseiten

Question flipper

Erstellen mit dem Flipper-Werkzeug: Verwenden Sie für das folgende Beispiel das LAT-Werkzeug *Question flipper*.

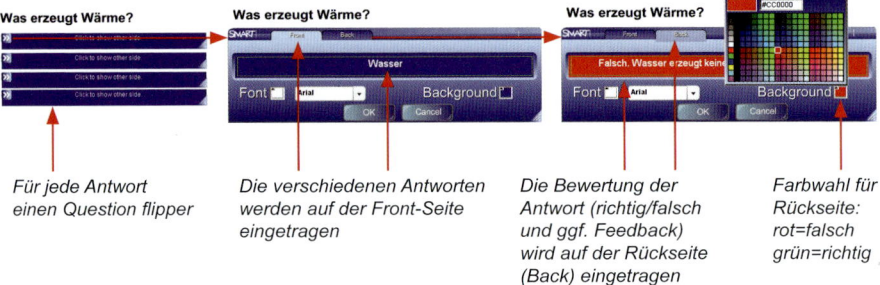

Für jede Antwort einen Question flipper

Die verschiedenen Antworten werden auf der Front-Seite eingetragen

Die Bewertung der Antwort (richtig/falsch und ggf. Feedback) wird auf der Rückseite (Back) eingetragen

Farbwahl für Rückseite: rot=falsch grün=richtig

Einsatz und Auswertung:

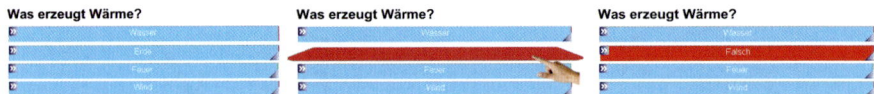

Balloon pop

Luftballons oder verdeckende Elementen: Verwenden Sie für das folgende Beispiel das LAT-Werkzeug *Balloon pop*.

Die Ballons platzen, wenn man auf sie klickt. Dadurch geben sie die Bewertung im Hintergrund frei.

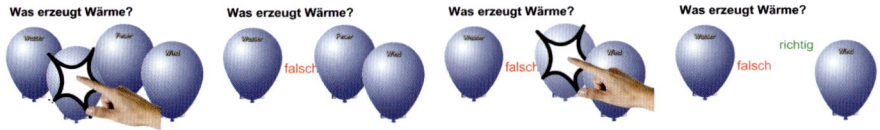

Verknüpfungen zu Lösungsseiten:

1. Erstellen Sie eine Aufgabenseite, auf der für jede Antwort ein einzelnes Objekt angelegt ist.

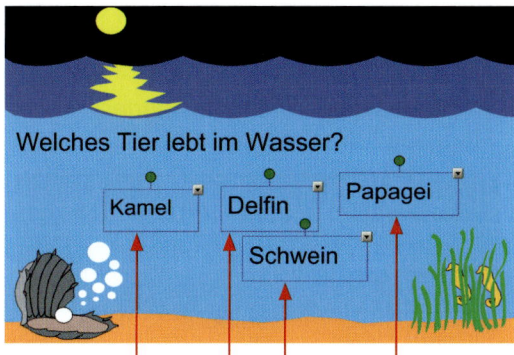

Verwenden Sie für jede Antwortalternative ein eigenes Objekt

2. Verknüpfen Sie die einzelnen Antworten mit Feedback-Seiten, die z. B. „Richtig" oder „Falsch" enthalten.

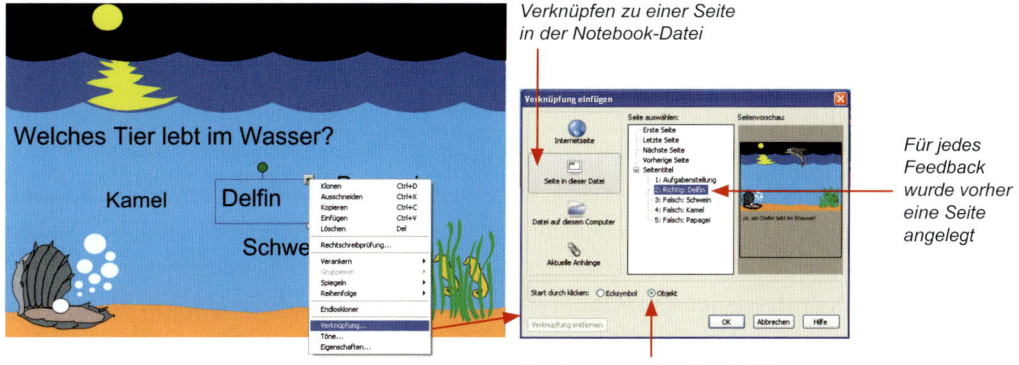

Verknüpfen zu einer Seite in der Notebook-Datei

Für jedes Feedback wurde vorher eine Seite angelegt

Der Sprung zur Feedback-Seite erfolgt beim Anklicken des Objekts

3. Klickt man auf eines der Objekte, dann wechselt Notebook automatisch zu der verknüpften Seite.

Ob ihr richtig steht ...: Jeder Schüler schreibt seinen Namen in das Feld, von dem er glaubt, es sei die richtige Lösung. Das Besondere an dieser Form der Antwortauswahl ist, dass mehrere Teilnehmer sich für unterschiedliche Antworten entscheiden können, bevor die Aufgabe aufgelöst wird. Dazu muss jeder Schüler ein unterschiedliches Markierungssymbol über die Antwort schieben. Als Markierungen können die Namen oder Fotos der Schüler dienen:

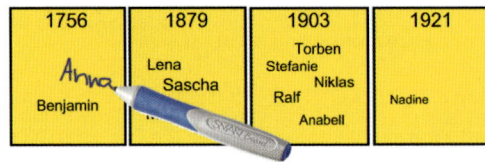

Tipp: Damit die Antwortbereiche nicht aus Versehen verschoben werden, sollten Sie diese zuvor verankern.

Click and reveal: Der Einsatz von Bildern als Antwortoptionen ist besonders reizvoll. Die Lösungen wurden in diesem Fall mit dem *Click and reveal*-Werkzeug versteckt.

Die *Click and reveal*-Werkzeuge verdecken Objekte im Hintergrund, indem eine undurchsichtige Fläche über die Hintergrundobjekte gelegt wird. Durch einen Klick schaltet man die Fläche auf transparent, sodass man die Objekte dahinter sehen kann. Ein weiterer Klick versteckt die Objekte dahinter wieder.

Question flipper (image): Mit dem Werkzeug *Question flipper (image)* kön-
nen Sie Bilder und Texte auf einem drehbaren Kästchen kombinieren. Auf der
Vorderseite können Sie ein Bildsymbol als Antwortalternative darstellen. Die
Rückmeldung, ob diese Antwort richtig oder falsch ist, können Sie jeweils auf
die verdeckte Rückseite des Kärtchens schreiben. Beim Umdrehen sieht der
Schüler dann die Rückmeldung.

Verwenden Sie das LAT-Werkzeug *Question flipper (image)*.

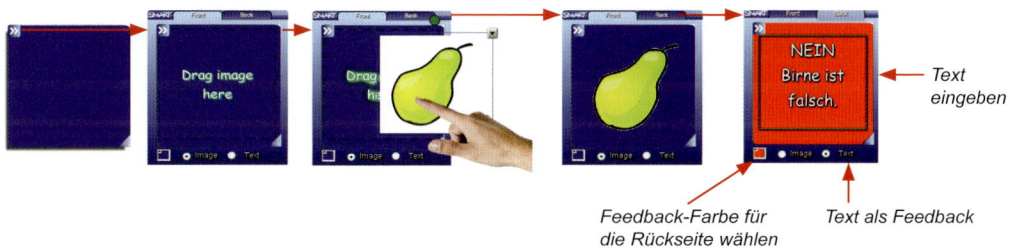

Tiles

Tiles: Mit dem *Tiles*-Werkzeug können Sie Texte oder Bilder hinter Kacheln verstecken. Auf diese Weise können Sie die Rückmeldungen hinter den Kacheln verstecken. Als Erstes fügen Sie das *Tiles*-Werkzeug ein und stellen die gewünschte Anzahl Kacheln ein. Danach legen Sie alle Antwortalternativen über die Kacheln.

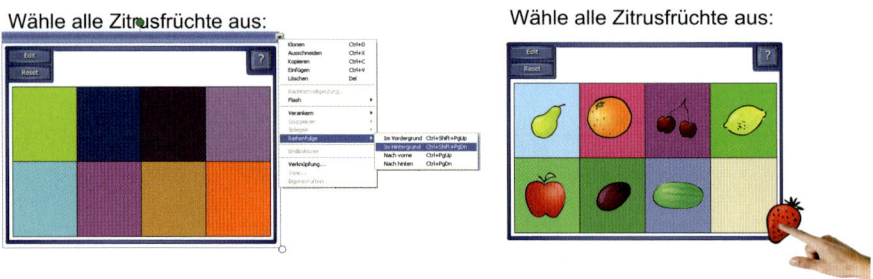

Mit den *Formen*-Werkzeugen zeichnen Sie für jede der Antwortalternativen eine Rückmeldung, ob die Antwort zutreffend ist oder nicht. Damit diese Rückmeldungen im Unterricht nicht sofort sichtbar sind, wählen Sie diese alle aus und senden sie in den Hintergrund. Dadurch werden sie von den Kacheln verdeckt.

Beim Durchführen der Übung können dann die einzelnen Kacheln mit dem Finger angeklickt werden. Beim Anklicken der Kachel verschwindet diese und die vorher versteckte Rückmeldung wird automatisch sichtbar.

Aufgaben mit freier Antwortmöglichkeit

Bei der freien Antwortwahl stellen Sie eine Frage oder Aufgaben, bei der die Schüler die Antwort frei formulieren sollen. Es werden also keine Antworten vorgegeben, sondern die Antwort muss aus dem Gedächtnis gerufen oder abgeleitet werden. Sie können mit freien Antworten einfache Daten und Faktenwissen abfragen, aber auch die Erläuterung eines Sachverhalts als Aufgabe stellen. Die Antwort kann entweder mündlich erfolgen oder an die Tafel geschrieben bzw. skizziert werden. Zur Kontrolle oder Lösung der Aufgabe können Sie die richtige Antwort oder ein Lösungsbeispiel (falls es mehrere richtige Möglichkeiten gibt) bereits vorbereiten. Es gibt verschiedene Ansätze, in Notebook die Auflösung vorerst zu verstecken und bei Bedarf anzuzeigen. Im Prinzip ist eine vorbereitete Antwort jedoch nicht notwendig. Sie können die Lösung selbstverständlich jederzeit vor der Klasse an der Tafel entwickeln. Das Vorbereiten der Lösung hilft Ihnen jedoch, Zeit zu sparen, und kann manchmal auch anschaulicher sein, da Sie beliebige Medien einsetzen können.

Warum?

Die Schüler müssen selbst die richtige Antwort aus dem Gedächtnis abrufen oder eine Lösung konstruieren. Zudem muss die Antwort angemessen formuliert werden. Getestet wird also nicht nur das vorhandene Wissen des Schülers, sondern auch seine Fähigkeit, dieses zu artikulieren. Fragen, für die unterschiedliche richtige Antworten möglich sind, oder Antworten, die vielfältig formuliert werden können, sollten als freie Antwortmöglichkeit formuliert werden. Freie Antworten eignen sich für das Abfragen von Faktenwissen, Konzepten, Ideen und kreative Äußerungen.

Stolpersteine

Auch bei freien Antworten ist es möglich, die richtige Antwort auf der Tafel (versteckt) vorzubereiten, um neutral zu prüfen, ob die gegebene Antwort richtig ist. Dabei ist allerdings zu berücksichtigen, dass gerade bei Fragen, die unterschiedliche Antworten erlauben, eine abweichende Musterlösung auch Verwirrung schaffen kann. Alternative Lösungen können auch verdeutlichen, dass verschiedene Antworten möglich sind. Dabei ist jedoch darauf zu achten, dass die vorbereitete Musterlösung nicht als besser angesehen wird als die vom Schüler geäußerte Antwort. Es handelt sich nur um eine Alternative.

Am SMART Board

Fragen vorbereiten: Betrachten wir zunächst den einfachsten Fall, bei dem einfach eine Frage oder mehrere Fragen auf einer Notebook-Seite vorbereitet werden. Für die Antworten der Schüler sollten Sie bereits etwas Platz vorsehen.

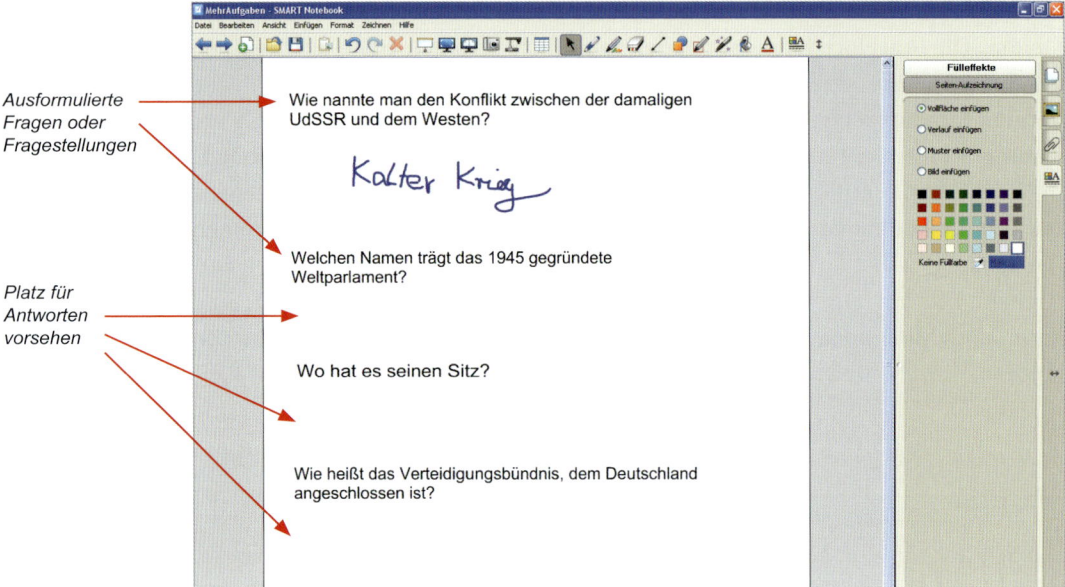

Ausformulierte Fragen oder Fragestellungen

Platz für Antworten vorsehen

Pull tab - blue

Antworten mit dem Werkzeug Pull tab vorbereiten: Sie können die Lösung auch am Rand platzieren und zum Vergleich hervorziehen. Verwenden Sie dazu das LAT-Werkzeug *Pull tab*.

Einstellungen öffnen   *Auf Text umstellen*   *Richtige Lösung eintragen*

Bei diesem Werkzeug können Sie ein Bild oder einen Text als vorbereitete Antwort eintragen. An einer Seite befindet sich eine Ziehfläche, mit der Sie das Objekt verschieben und greifen können, auch wenn Sie die Antwort hinter anderen Objekten oder außerhalb des Bildschirmes verstecken.

Sie können ein *Pull tab* also mit einer Lösung füllen und dann nahezu vollständig aus dem Bildschirm schieben, sodass nur noch die Ziehfläche sichtbar ist. Zum Vergleich der gegebenen Antwort können Sie das gesamte Objekt hervorziehen. Der Vorteil von vorbereiteten Antworten liegt auch darin, dass Sie zusätzliche Details zur Antwort geben können.

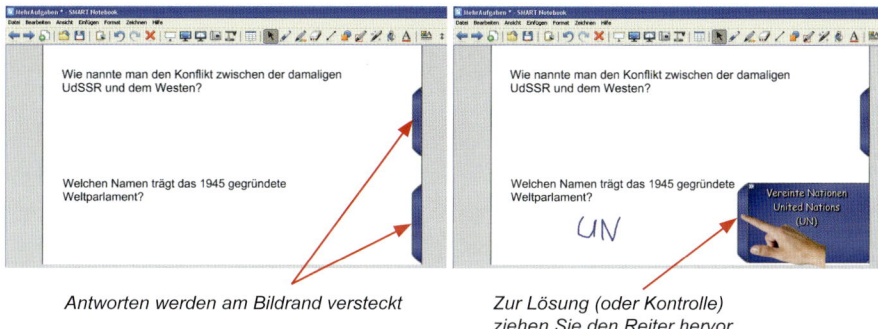

Antworten werden am Bildrand versteckt

Zur Lösung (oder Kontrolle)
ziehen Sie den Reiter hervor

Das *Pull tab* ist einfach nur ein Objekt, das bereits einen Antwortbereich vorgesehen hat. Selbstverständlich können Sie auch jedes andere Objekt als Antwort – oder auch als Frage – einsetzen.

Fragen aus dem Hut zaubern: Sie können z. B. auch Fragen oder Antworten aus dem Hut zaubern:

Der Trick funktioniert so:

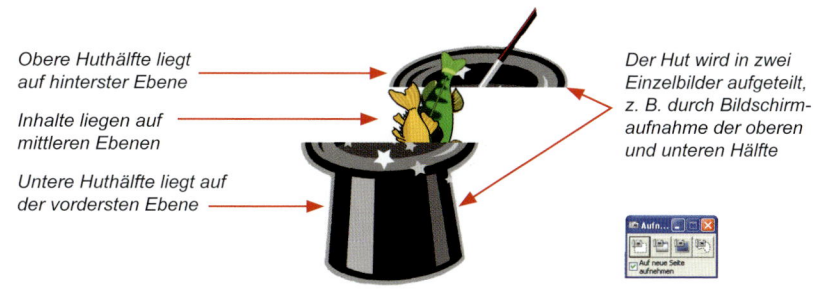

Obere Huthälfte liegt
auf hinterster Ebene

Inhalte liegen auf
mittleren Ebenen

Untere Huthälfte liegt auf
der vordersten Ebene

Der Hut wird in zwei
Einzelbilder aufgeteilt,
z. B. durch Bildschirm-
aufnahme der oberen
und unteren Hälfte

Verstecken und Aufdecken von Antworten: Eine andere Alternative ist das Verstecken der richtigen Antwort hinter der Frage. Damit Frage und Rahmen gemeinsam verschoben werden, gruppieren Sie diese beiden Objekte. Damit das Antwortobjekt auch wirklich vom Frageobjekt verdeckt wird, kann es über das eigene Kontextmenü in den Hintergrund gesendet werden.

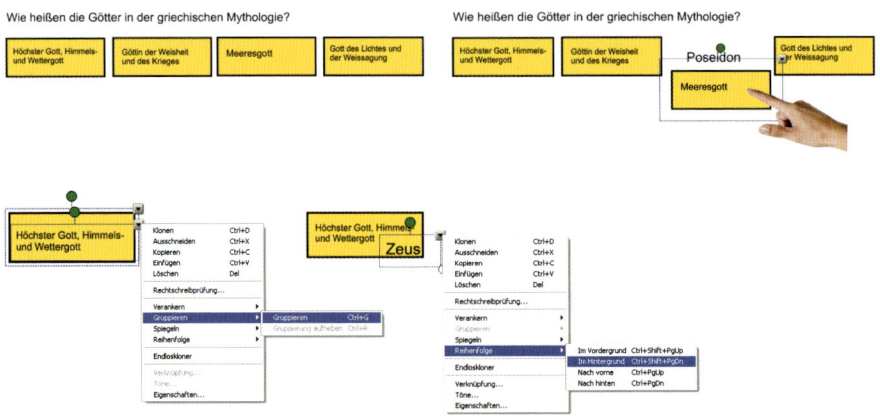

Sie können auch Grafiken in der Fragestellung verwenden:

Zu welchem Land gehört diese Flagge?

Das Checker-Werkzeug: Zum Testen von Textantworten oder Jahreszahlen eignet sich auch das *Checker*-Werkzeug sehr gut. Es überprüft, ob ein Lösungstext richtig oder falsch ist, und gibt entsprechend Feedback. Der Text muss in Computerschrift vorliegen, aber das ist kein Problem, weil Sie ja handschriftliche Eingaben in Text umwandeln können. Leider unterstützt das Werkzeug noch keine deutschen Sonderzeichen.

Groß- und Kleinschreibung beachten · Richtige Antwort eintragen · Bei handschriftlicher Eingabe die Antwort in Text wandeln · Text in das Checker-Feld ziehen · Feedback vom Checker

Zeitstrahl: Historische Daten oder Ereignisse können Sie mit dem *Zeitstrahl*-Werkzeug abfragen. Auf dem Zeitstrahl lassen sich mehrere Punkte eintragen, die mit Daten oder Ereignissen belegt werden können. Der Zeitstrahl lässt sich sowohl beim Erklären und Skizzieren zeitlicher Entwicklungen einsetzen, aber eben auch zur Formulierung von Aufgaben. Denn die Beschreibungstexte werden erst dann angezeigt, wenn man auf einen Punkt im Zeitstrahl klickt.

Blue - Timeline reveal

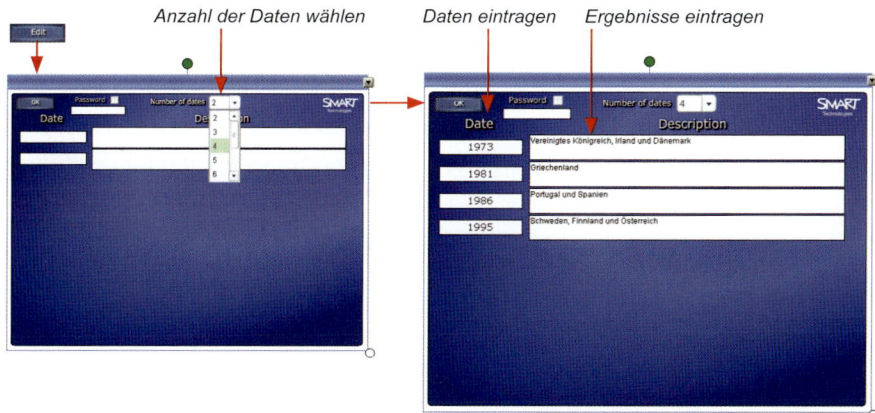

Anzahl der Daten wählen · Daten eintragen · Ergebnisse eintragen

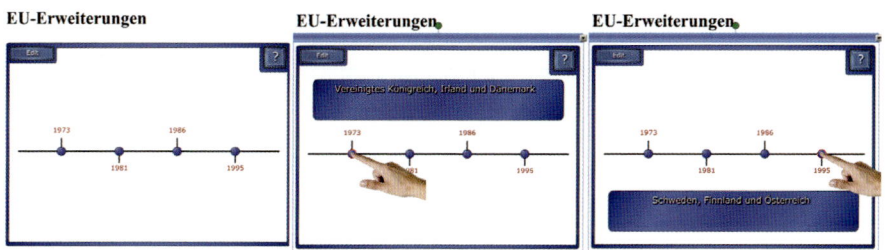

Zuordnungsaufgaben

Bei diesen Aufgaben werden Begriffe jeweils anderen Begriffen zugeordnet. Statt textlich dargestellter Begriffe können natürlich auch wieder Bilder zum Einsatz kommen. Dieser Aufgabentyp ist aufgrund der Möglichkeit des Verschiebens besonders gut für das Board geeignet.

Warum?

Übt das richtige Kategorisieren und Einordnen von Objekten sowie das Erkennen von Bedeutungszusammenhängen. Diese Fähigkeiten sind die Voraussetzung für ein geschärftes Urteilsvermögen. Das richtige Zuordnen von Konzepten oder das Positionieren bzw. Verorten von Informationen im richtigen Kontext fördert das Anwenden und Überprüfen eigener Wissensstrukturen.

Stolpersteine

Wissensstrukturen werden stets individuell konstruiert, dies gilt selbst für Muster, über die ein hoher gesellschaftlicher Konsens besteht: Zwar können wir z. B. intersubjektiv zwischen einem Auto und einer Pferdekutsche unterscheiden, dennoch ist die Vorstellung des Individuums über den Bedeutungsraum des Auto-Begriffs individuell unterschiedlich ausgeprägt. Zuordnungs- und Kategorisierungsaufgaben sind daher nur möglich, wenn entweder ein Konsens über die Kategorien besteht oder eine offene Zuordnung möglich ist.

Am SMART Board

Begriffspaare: Die einfachste Form für Übungen ist das Zuordnen von Begriffspaaren. Dabei wird eine Reihe von Begriffen vorgegeben, von denen je zwei zusammengehören. Beispiele sind:

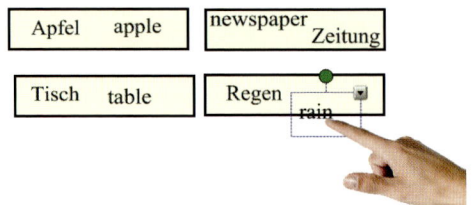

Zuordnung durch Verbinden der Begriffspaare:

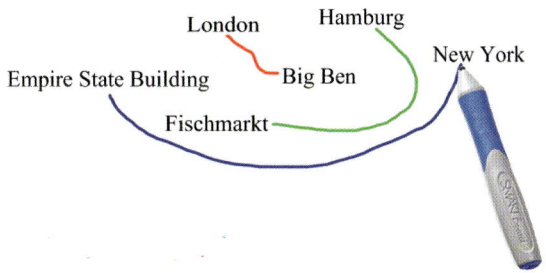

Zuordnung per Drag & Drop zu einem Begriff:

Statt Zweier-Paare sind natürlich auch Dreier-Paare, Vierer-Paare usw. möglich. Eine weitere Variation ist die Einführung von Begriffen, die zu keinem anderen passen. Diese dürfen dann nicht zugeordnet werden. Der Schwierigkeitsgrad erhöht sich dadurch, dass zusätzlich entschieden werden muss, welche Begriffe überhaupt für eine sinnvolle Paarbildung infrage kommen.

Statt nur Begriffe zu verwenden, können natürlich auch Bilder und Begriffe einander zugeordnet werden.

Sortier- und Kategorisierungsaufgaben: Ebenfalls komplexer ist die Aufgabe, eine Reihe von Begriffen in vorgegebene Kategorien einzuordnen. Für jede Kategorie ist eine Fläche vorgesehen, in die die passenden Begriffe geschoben werden müssen. Beispiele sind Mengenlehre, das Zuordnen von Wörtern zu einer Sprache oder das Zuordnen von Bauteilen zu bestimmten Geräten.

Im folgenden Beispiel werden die Bilder in die Gruppen Objekte, Menschen und Tiere einsortiert:

Category sort-Werkzeug: Auch Zuordnungsaufgaben können mit den Werkzeugen des LAT schnell und unkompliziert erstellt werden. Eine Zuordnung von Tieren in verschiedene Kategorien lässt sich z. B. mit dem LAT-Werkzeug *Category sort* umsetzen:

Zuordnung von Beschriftungen zu Zeigepfeilen und Bereichen:

- Verankern Sie die Grafik im Hintergrund.
- Verwenden Sie Linien mit Pfeilspitze.
- Bereiten Sie die Beschriftungen als Textobjekte vor.

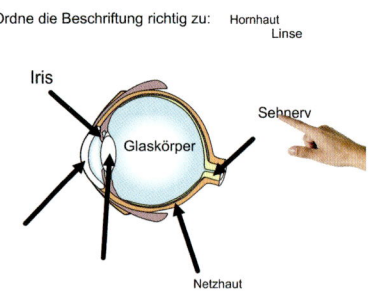

Bildliche Zuordnungen mit dem Image match-Werkzeug: Für Zuordnungsaufgaben, bei denen je ein Begriff einem Bild zugeordnet werden soll, eignet sich das Werkzeug *Image match*. Das Besondere an diesem Werkzeug ist, dass es die Zuordnung auswerten und Feedback geben kann, ob die Begriffe richtig zugeordnet sind. Außerdem kann die richtige Lösung automatisch angezeigt werden.

Blue - Image match

Verwenden Sie das LAT-Werkzeug *Image match*:

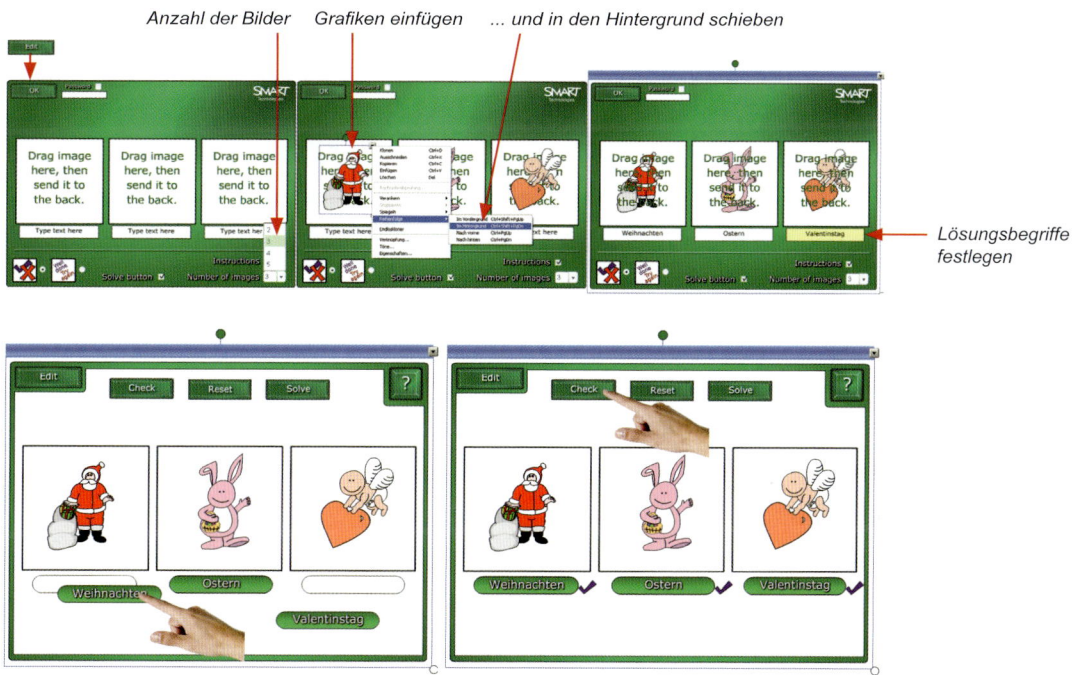

Anzahl der Bilder   Grafiken einfügen   ... und in den Hintergrund schieben

Lösungsbegriffe festlegen

Textzuordnungen mit dem Keyword match-Werkzeug: Wenn Sie Text zu Text zuordnen möchten (z. B. Ereignisse zu Daten, Personen zu Erfindungen usw.) können Sie auch das Werkzeug *Keyword match* einsetzen.

Green - Keyword match

Schlüsselwörter festlegen

Passende Beschreibung festlegen

Anordnungsaufgaben

Auch bei diesem Aufgabentyp geht es darum, Begriffe oder Bilder richtig zu ordnen. In diesem Fall sollen die Begriffe allerdings in die richtige Reihenfolge geschoben werden. Der Aufgabentyp eignet sich zum Abfragen von Wissen, bei dem eine zeitliche Reihenfolge, eine Schrittreihenfolge oder eine Größenordnung relevant ist. Für jeden Begriff muss eine bestimmte Position festgelegt werden, die Anordnung erfolgt entweder waagerecht oder senkrecht. Die senkrechte Ordnung ist zu empfehlen, wenn es sich um längere Begriffe oder Aussagen handelt. Die waagerechte Anordnung ist zu empfehlen, wenn zwischen den Begriffen oder Objekten relationale Beziehungen bestehen, z. B. Elefant ist größer als Zebra und Zebra ist größer als Puma.

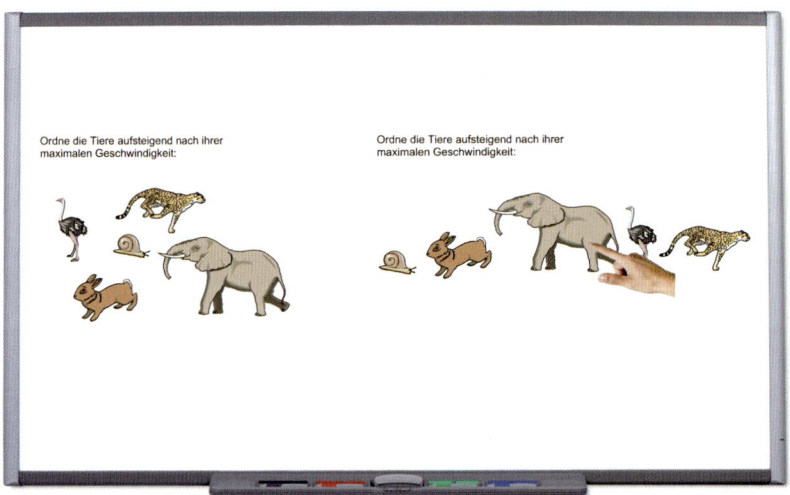

Eine rhythmische Anordnung kann in einem Kreis mit Lücken durchgeführt werden:

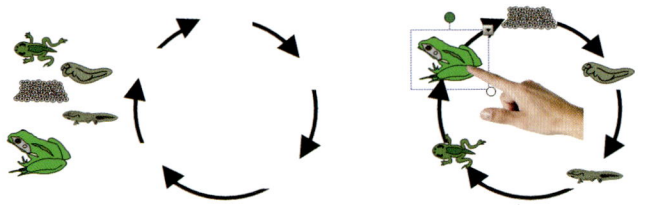

Warum?

Bei relationalen Anordnungen – also Beziehungen der Art ist-größer-als, ist-schneller-als, ist-schwerer-als, ist-leistungsfähiger-als – eignen sich Eigenschaften von Lebewesen, Objekten und Konzepten unter anderem für folgende Vergleiche:

- Größe
- Gewicht
- Lebensalter
- Betriebsdauer
- Marktvolumen
- Wachstumspotenzial
- Bevölkerungsgröße
- Komplexität

Weitere Beispiele von Fragen, die sich für Anordnungen eignen:

- Zeitliche Ordnung: historische Daten, Epochen, Entwicklungsstadien
- Güteklassen
- Ablaufpläne, Workflows, Prozesse, Protokolle
- Bewegungsfolgen, z. B. Tanzschritte oder eine Turnübung

Stolpersteine

Bei der automatischen Auswertung von angeordneten Begriffen oder Bildern wird in der Regel eine exakte Reihung der Objekte verlangt. Nimmt man etwa die Sortierung der Buchstaben F-A-B-C-D-E, dann befinden sich fünf Buchstaben in der richtigen Reihenfolge, das heißt, vier Relationen wurden richtig erkannt, nur die Relation F-A ist fehlerhaft. Dabei stellt die richtige Reihung von fünf Objekten bereits einen erheblichen Leistungsnachweis des Schülers dar. Es ist daher in den meisten Fällen nicht angemessen, die gesamte Lösung als falsch zu werten. Die meisten Prüfungsprogramme führen die Bewertung leider genau auf diese Weise durch, dies gilt auch für die Anordnungsaufgaben des *Lesson Activity Toolkits*.

Am SMART Board

Blue - Sentence arrange

Textanordnung mit dem LAT-Werkzeug Sentence arrange: Wenn Sie die Antworten bereits als Text vorliegen haben, dann kopieren Sie alle Antworten in ein Textfeld auf der Notebook-Seite. Markieren Sie je eine Antwort und schieben Sie dann den markierten Text in ein Feld im Werkzeug *Sentence arrange*. Wenn Sie alle Antworten kopiert haben, können Sie das Textfeld wieder löschen.

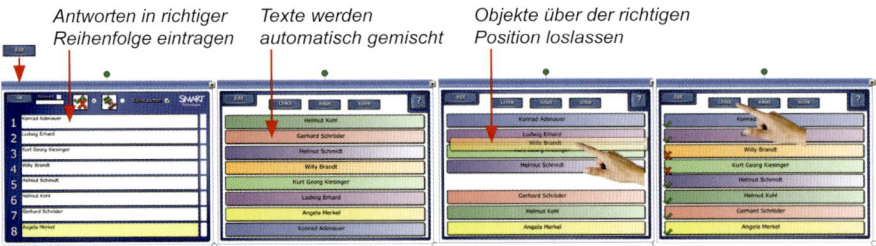

Anagramme: Eine spezielle Form der Anordnungsaufgabe stellen Anagramme dar. Bei diesem Worträtsel sollen Buchstaben in die richtige Reihenfolge gebracht werden, um ein Lösungswort zu finden. Dabei müssen alle Buchstaben verwendet und an die richtige Position gebracht werden. Sie können das Anagramm als Ratespiel gestalten oder als Aufgabe, bei der ein Hinweis gegeben oder eine Frage gestellt wird.

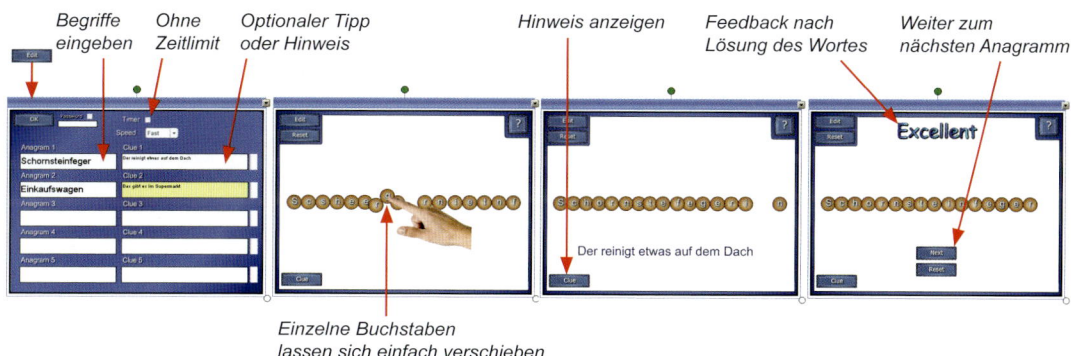

Wenn Sie statt einzelner Buchstaben ganze Sätze durchschütteln möchten, dann verwenden Sie das Werkzeug Word Generator. In diesem Werkzeug können Sie einzelne Wörter oder Satzfragmente festlegen, die dann in zufälliger oder der von Ihnen bestimmten Reihenfolge nacheinander erscheinen. Dabei fliegen die Wörter aus einer Box oder können von einem Frosch ausgespuckt werden:

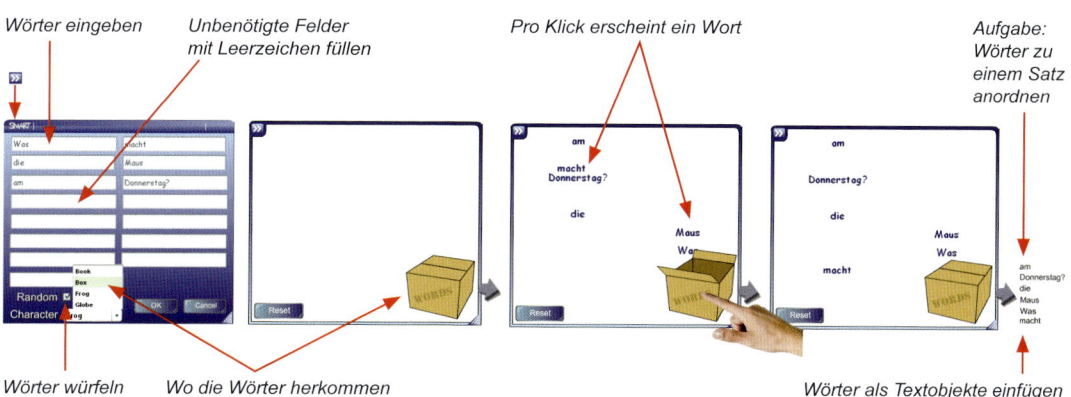

Markierungsaufgaben

Grundlage für diese Aufgaben sind bildliche Darstellungen, in denen bestimmte Bereiche als Lösung markiert werden. Im Unterricht können beispielsweise Bilder mit Verkehrssituationen verwendet werden, wobei die Schüler Stellen ankreuzen, an denen sich Verkehrsteilnehmer falsch verhalten. Zum Markieren eignen sich Kreuze, Kreise, Rechtecke, Konturen um Bereiche und ausschraffierte Felder.

Wo kommen die Töne heraus?

Warum?

Mit dem Markieren von Bereichen oder einzelnen Positionen in einer visuellen Darstellung werden unter anderem folgende Kompetenzen geübt:
- Vergleichen von Größen und Verhältnissen
- Erkennen von Trends
- Korrelationen entdecken
- Regelmäßigkeiten oder Ausreißer erkennen
- Identifikation von Mustern

Markierungsaufgagen eignen sich für das Einkreisen und Abgrenzen von zusammengehörenden Mengen, von Gruppierungen sowie für die Aufteilung von Strukturen. Das Markieren von geometrischen Bereichen trainiert das Erkennen räumlicher Zusammenhänge.

Stolpersteine

Wählen Sie visuelle Darstellungen, die groß genug sind, um die abgefragten Bereiche eindeutig einzeichnen zu können. Wenn mehrere Bereiche eingekreist oder eingegrenzt werden sollen, dann wird die Darstellung schnell unübersichtlich. Hier ist zu überlegen, ob die Aufgaben über mehrere Seiten hinweg verteilt werden, wobei auf jeder Seite ein Teilaspekt hervorgehoben wird. Hierfür eignet sich das vorherige Klonen der entsprechenden Notebook-Seite.

Am SMART Board

Farben verwenden: Sollen verschiedene Merkmale herausgearbeitet werden, bietet sich die Verwendung mehrerer Farben zum Markieren an.

Wo ist das Meer?
Wo ist der Fels?

Wo ist das Meer?
Wo ist der Fels?

Markierungssymbole: Am SMART Board ist es natürlich auch möglich, fertige Markierungssymbole an die richtigen Stellen zu schieben. Verwenden Sie hierfür beispielsweise einen Kreis als Endloskloner.

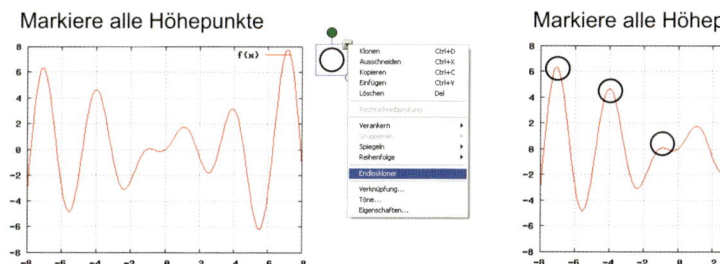

Sie können auch eine semantische Markierung auf ein Bild zeichnen, zum Beispiel Richtungspfeile:

In welche Richtung musst Du drehen,
um die Heizung aufzudrehen?

Bildvergleiche: Es wird ein Bild einmal im Original und ein zweites Mal mit leichten Veränderungen abgebildet. Der Schüler soll nun die Unterschiede im zweiten Bild herausarbeiten. Sie kennen diese Original-und-Fälschung-Bilder sicherlich als Rätsel aus der Zeitung.

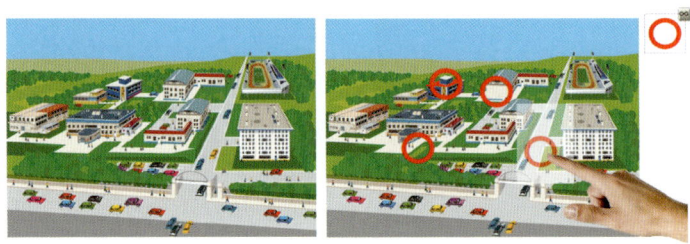

Hotspots: Für das Markieren von bestimmten Punkten finden Sie im *Lesson Activity Toolkit* das Hotspot-Werkzeug. Mit diesem Werkzeug lassen sich Übungen erstellen, bei denen Schüler vorgegebene Punkte finden sollen.

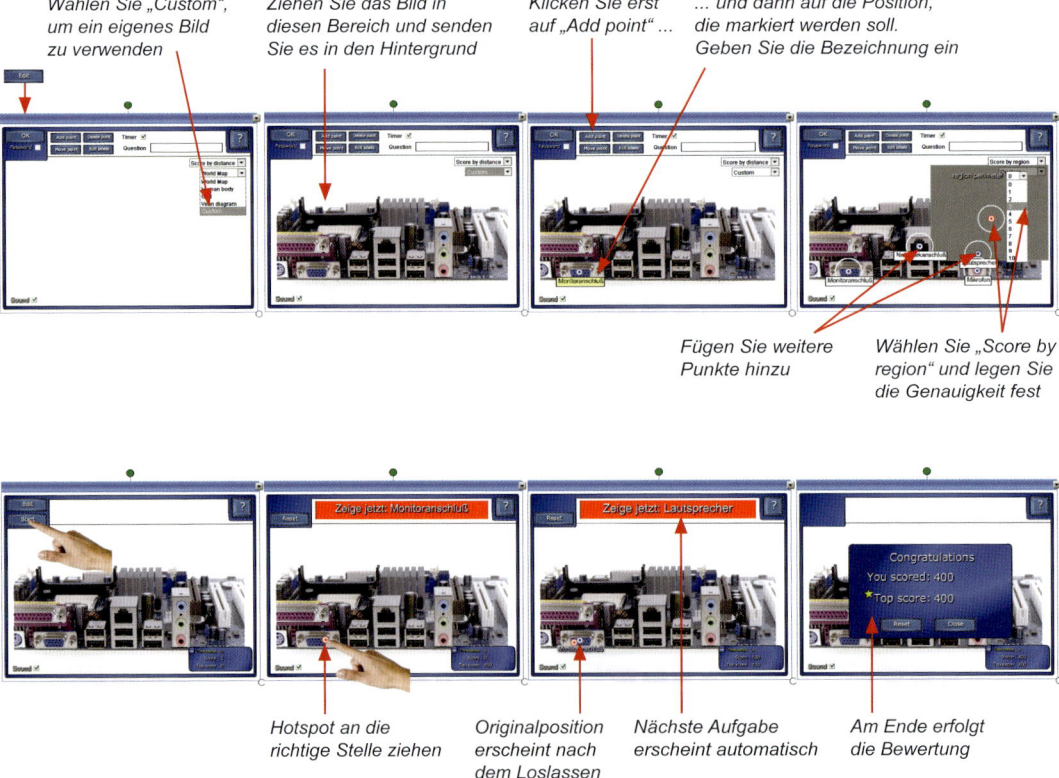

216

Positionieren: Begriffe oder Bilder lassen sich auf einer Karte oder einer schematischen Zeichnung positionieren und so Bereichen zuordnen.

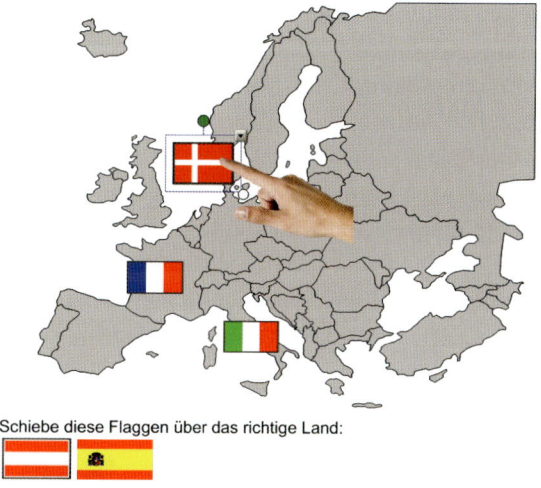

Beispiel: Zuordnung von Städtenamen zu bestimmten Orten auf der Karte:

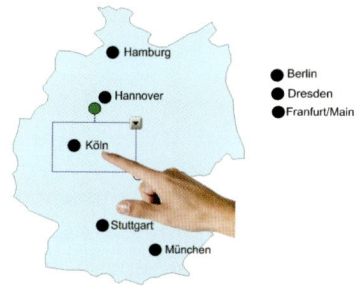

Bei folgender Aufgabe sind mehrere Positionen möglich:

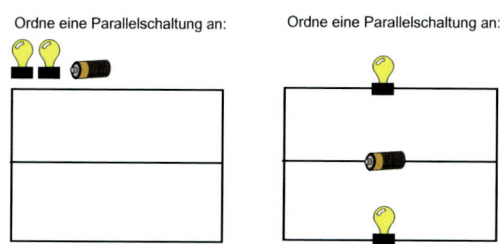

Rechenaufgaben

Mathematische Konzepte werden anhand konkreter Aufgaben geübt. Es gibt mehrere Werkzeuge in der Notebook-Software, mit denen Sie ganz leicht Rechenaufgaben erzeugen können. Insbesondere lassen sich Zufallszahlen generieren, um einen unerschöpflichen Vorrat an Aufgaben während des Unterrichts zu gestalten. Die einfachste Möglichkeit ist das LAT-Werkzeug *Random number generator*, welches Zufallszahlen in einem von Ihnen festgelegten Wertebereich erzeugt. Die Zahlen können anschließend als Textobjekte auf einer Seite eingefügt werden und sind somit leicht in Aufgaben einsetzbar.

Bereiten Sie beispielsweise verschiedene Aufgaben vor, indem Sie bereits alle Operatoren vorgeben, aber noch keine Zahlen einsetzen. Die Zahlen erzeugen Sie entweder bei der Unterrichtsvorbereitung oder live im Unterricht.

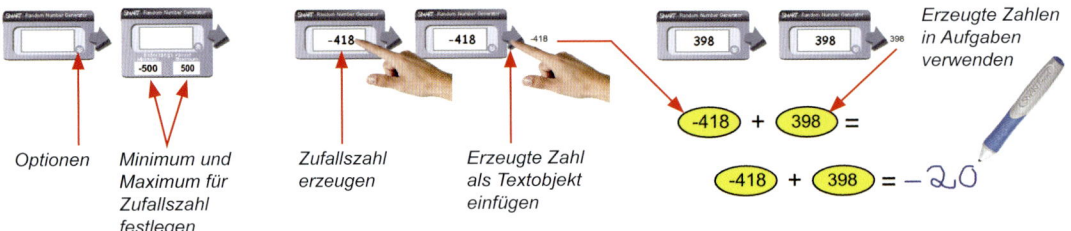

Optionen — Minimum und Maximum für Zufallszahl festlegen — Zufallszahl erzeugen — Erzeugte Zahl als Textobjekt einfügen — Erzeugte Zahlen in Aufgaben verwenden

Warum?

Lehrer, Textbücher und andere Medien können die Vorgehensweise bei Berechnungen nur erklären und vorführen. Beides ist wichtig, um zu zeigen, „wie es geht". Das Ausführen von Rechenoperationen kann jedoch nur praktisch geübt werden, da es sich dabei um prozedurales Wissen handelt.

Stolpersteine

Die mathematischen Fähigkeiten von Schülern variieren oft erheblich. So kommt es schnell vor, dass einzelne Schüler längst fertig sind und sich langweilen, während andere Schüler noch mit den ersten Aufgaben kämpfen. Die interaktive Tafel kann einen wichtigen Beitrag für die Differenzierung während der Übungsphase leisten, indem sie Aufgaben unterschiedlichen Schwierigkeitsgrades bereithalten und sogar automatisch generieren kann.

Am SMART Board

100er-Tafel: Die 100er-Zahlentafel, die Sie in der Notebook-Galerie finden, lässt sich auch für Rechenaufgaben verwenden. So könnte die Aufgabe beispielsweise lauten, dass alle umgedrehten Zahlen zusammengerechnet werden müssen. Oder Sie können als Aufgabe formulieren, dass so viele Kästchen umgedreht werden müssen, dass ein bestimmter Betrag dabei herauskommt. Zudem erlaubt Ihnen die 100er-Zahlentafel, automatisch alle Vielfachen einer Zahl anzuzeigen. Sie können dies zunächst als Aufgabe formulieren und die Werte dann an der Tafel eintragen lassen. Mit der 100er-Zahlentafel kann das Ergebnis dann kontrolliert werden.

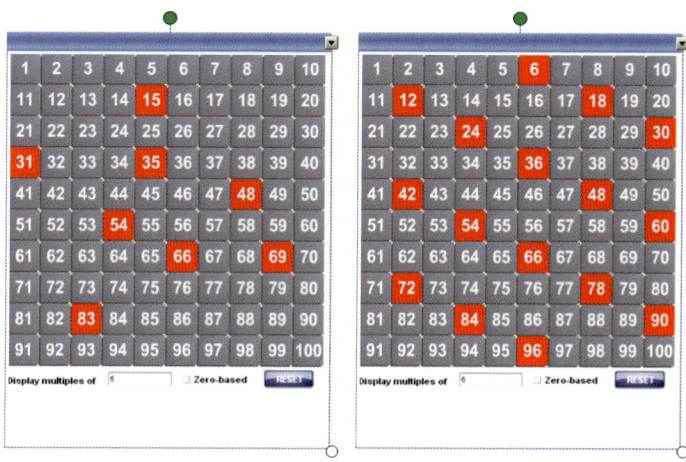

Bruchrechnung: Für das Rechnen mit Brüchen ist das Werkzeug *Fraction maker* hilfreich. Sie können darin handschriftlich Zähler und Nenner eintragen und auf diese Weise ein Objekt mit Computertext erzeugen.

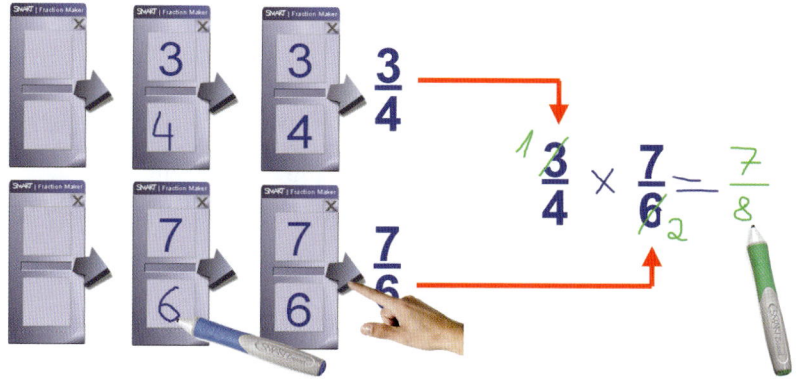

Für die vier Grundrechenarten gibt es in Notebook einen Aufgabengenerator. Sie können den Schwierigkeitsgrad und auch die Anzahl der Aufgaben festlegen.

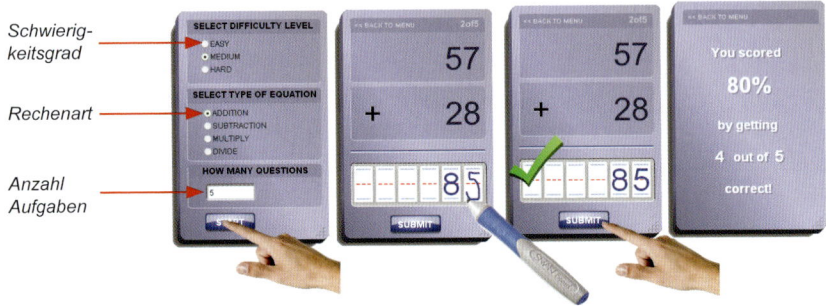

Schwierig-
keitsgrad

Rechenart

Anzahl
Aufgaben

Rubbellosaufgaben: Sie können mit dem Zufallsgenerator einen Pool mit Zahlen vorher erzeugen und diese Zahlen später für Rechenaufgaben einsetzen. Eine spielerische Anwendung ist das Rubbellos. Die Schüler rubbeln mit dem Schwamm zwei Zahlen frei. Diese beiden Zahlen müssen Sie in eine Rechenaufgabe einsetzen, die dann gelöst wird. Sie erstellen ein Spielfeld mit Rubbellosen auf folgende Weise:

1. Erzeugen Sie mit dem Werkzeug *Random number generator* zufällige Zahlen.
2. Ordnen Sie die Zahlen auf dem Spielfeld an, z. B. in tabellarischer Ordnung.
3. Verwenden Sie eine dicke Strichstärke und decken Sie jede Zahl mit digitaler Tinte ab, sodass diese unsichtbar wird.
4. Beim Spielen wird der Schwamm verwendet, um je eine Zahl freizurubbeln.
5. Die Zahlenobjekte können verschoben und dann in Aufgaben eingesetzt werden.

15	18	8	6	17
4	7	3	10	15
5	2	16	10	16
14	6	13	8	14

In einem Referat kann man
gut Bilder zeigen & die Schüler
können Text dazu lesen.

Tobias

Kapitel 7

Phase: Feedback geben und Ergebnisse sichern

Wie lassen sich Ergebnisse beurteilen und sichern?

Das SMART Board erleichtert es, erarbeitete Ergebnisse dauerhaft zu sichern, wiederzuverwenden und unter den Schülern auszutauschen. Die Präsentation von Arbeitsergebnissen kann Grundlage für Diskussionen und die Beurteilung der erlangten Kompetenzen sein. Es gibt verschiedene Möglichkeiten, dieses Feedback zu sammeln, zu visualisieren und zum Zwecke der späteren Verwendung zu sichern.

Darum geht es in diesem Kapitel:
- Formatives und summatives Feedback
- Meinungs- und Stimmungsbilder erfassen
- Kompetenz- und Leistungsstand ermitteln
- Arbeitsergebnisse präsentieren, beurteilen und sichern
- Zusammenführung von Ergebnissen aus Arbeitsphasen

Feedback

Feedback ist eine Rückmeldung zum Zwecke der Korrektur. Durch die Rückmeldung von Ergebnissen sollen Eingangsgrößen angepasst werden. Im pädagogischen Sinne ist das Verhalten der Schüler und der Lehrer die Eingangsgröße, es schließt also das Lernverhalten, das soziale Verhalten, die Ausdrucksweise, die Vermittlungskunst usw. ein. Feedback bewertet die Qualität und Angemessenheit des Verhaltens und kann zur Anpassung des Verhaltens führen. Feedback kann sowohl positiv (das heißt die bisherige Verhaltensweise bestärkend) als auch negativ (das heißt die bisherige Verhaltensweise als unangemessen werten) sein. Klassische Formen sind Lob und Tadel. Feedback kann direkt gegeben werden (Gesichtsausdrücke, Verhalten in der Gruppe, Hinweise auf Fehler) oder indirekt über Fragebögen, Benotung oder Kommentierung einer Antwort.

Warum?

Ziel des Feedbacks im schulischen Kontext ist die Optimierung von Lernprozessen. Es zeigt auf, wo Lern-, Handlungs- und Anpassungsbedarf besteht. Das Prüfen des Wissensstandes gibt zweierlei Feedback. Zum einen kann die Lehrkraft erkennen, wo Wissenslücken bestehen und kann im Idealfall eine optimale Förderung einzelner Schüler fokussieren. Gleichzeitig spiegelt der Leistungsstand seiner Schüler zum Teil die Angemessenheit seiner eingesetzten Methoden (und deren Inszenierung) wider. Der Schüler selbst erhält vom Lehrer ein Feedback über sein Kompetenzniveau in Form von Lob, Tadel, Noten, Verbesserungsvorschlägen usw.

Stolpersteine

Oft wird Feedback erst am Ende einer Lerneinheit gegeben, also zu einem Zeitpunkt, wo sich eventuell schon falsche mentale Modelle (Schemata) gefestigt haben. Feedback sollte jedoch möglichst unmittelbar gegeben werden, damit der Lernende seine Fehler erkennt und sein Verhalten anpassen kann. Feedback vor der Klasse setzt Fairness und einen konstruktiven Ton voraus. Schüler vor der Klasse bloßzustellen oder gar zu beleidigen, hat keinen erzieherischen Wert, sondern schwächt die Klassengemeinschaft und die Beziehung zwischen Lehrer und Schüler. Häufig ist uns die Art des Feedbacks, das wir geben, gar nicht bewusst. Wenn bestimmte Schüler häufiger drangenommen werden, kann die Klasse dies bereits als Rückmeldung werten, dass eine Präferenz dieser Schüler und auch deren Verhaltens besteht.

Wenn vorlaute Schüler öfter zu Wort kommen dürfen, kann dies die falsche Rückmeldung haben, nämlich dass Laut-Sein Erfolg hat und man als stiller Schüler heimlich durch den Unterricht kommt. Auch das Vergeben von schweren Aufgaben an bestimmte Schüler ist eine Rückmeldung. Wenn ein Schüler für die Lösung einer leichten Aufgabe gelobt wird, kann dies das falsche Signal geben, der Lehrer hätte das gar nicht mehr von ihm erwartet.

Am SMART Board

Aufgaben-Koffer: Nutzen Sie die Möglichkeit, am SMART Board häufiger während des Unterrichts kurze Zwischenaufgaben zu stellen, die den Wissensstand abfragen. Sie können die Galerie oder eine Notebook-Datei als „Aufgaben-Koffer" verwenden, in dem ein breites Repertoire an Aufgaben bereitgehalten wird.

Belohnungs-Koffer: Sie können auch verschiedene Arten des Feedbacks am SMART Board vorbereiten. In der Galerie befinden sich im Ordner „Administration und Evaluation" unter „Interaktiv und Multimedia" verschiedene vertonte Bilder für eine Rückmeldung, u. a. klatschende Hände. Dort finden Sie auch eine Stoppuhr, die Sie einsetzen können, um den Schülern zu zeigen, wie schnell sie eine Aufgabe gelöst haben. Sie können auch Bilder, Comic-Sequenzen oder Filme als Belohnung vorbereiten. Allerdings sollte mit diesen externen Motivationsanreizen eher sparsam umgegangen werden.

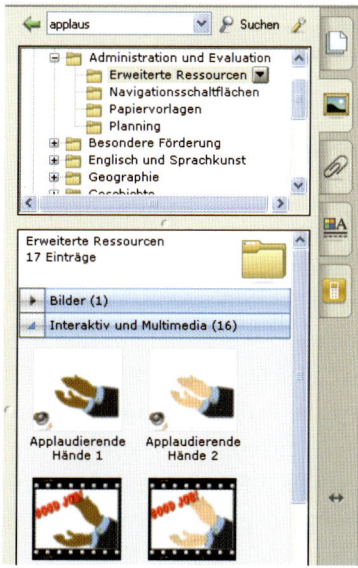

Neutrales Feedback: Selbst formulierte Aufgaben und die verschiedenen Aufgabentypen des *Lesson Activity Toolkits* (LAT) geben dem Schüler ein neutrales Feedback über die Richtigkeit seiner Lösung. Wenn der Computer den Schüler „verbessert", dann wird dies nicht persönlich genommen. Eine Lösung ist objektiv richtig oder falsch. Dies sollte allerdings kein Ersatz für individuelles Feedback sein. Vielmehr bietet es eine Möglichkeit, dort eine neutrale Bewertung zu geben, wo eine Individualisierung wenig sinnvoll ist. Wenn beispielsweise ein geschichtliches Datum falsch gelernt wurde, dann reicht ein Feedback, ob das genannte Datum richtig oder falsch war.

Neutrale Auswahl: Mit dem LAT-Werkzeug *Random word chooser* können Sie aus einer Liste ein zufälliges Wort auswürfeln. Wenn Sie in diese Liste die Namen Ihrer Schüler eintragen, dann können Sie auswürfeln, welcher Schüler die Frage beantworten soll. Dieses spielerische Vorgehen erzeugt nicht nur Spannung und Aufmerksamkeit, sondern macht vor allem die Auswahl des Schülers neutral. Schüler haben nicht den Eindruck, dass sie ohnehin nie drangenommen werden oder immer mit den schweren Aufgaben belastet werden. Allerdings soll dies kein Aufruf sein, nur noch Schüler zufällig zu wählen. Die gezielte Auswahl von Schülern kann pädagogisch begründet sein.

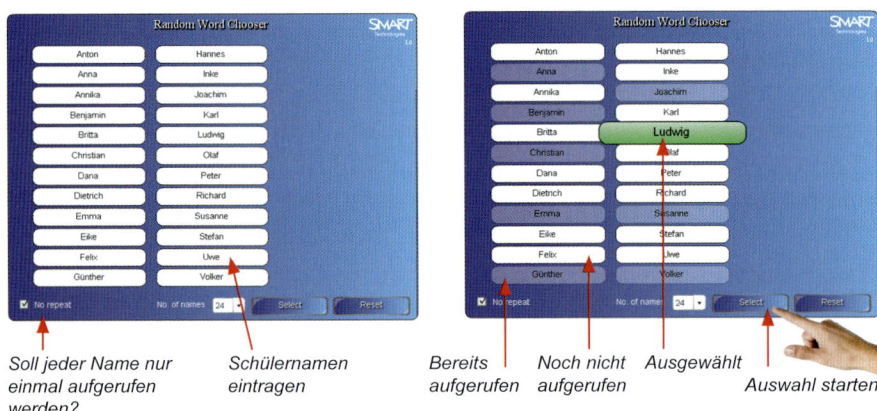

Soll jeder Name nur einmal aufgerufen werden? *Schülernamen eintragen* *Bereits aufgerufen* *Noch nicht aufgerufen* *Ausgewählt* *Auswahl starten*

Bepunkten: Um eine Rückmeldung zu erhalten, wie das Meinungs- und Verhaltensspektrum der Schüler ist, können Sie verschiedene Aussagen, Bilder oder Begriffe an die Tafel schreiben und von den Schülern bepunkten lassen. Beispielsweise können Sie abfragen, was die Lieblingsfreizeitbeschäftigung ist, welche Sportarten ausgeübt werden oder in welchen Ländern die Schüler schon waren. Als Punkte geben Sie ein gefülltes Kreis-Objekt als Endloskloner vor. Nacheinander können die Schüler Punkte über die jeweiligen Themen ziehen. Dieses Verfahren kann als Diskussionsanstoß oder Abstimmungsmethode eingesetzt werden. Mögliche Themen können in einer Tabelle oder als Inseln auf einer Notebook-Seite angelegt werden.

	Montag	Dienstag	Mittwoch	Donnerstag	Freitag
🙂	● ● ●	●●●●●	● ● ●		● ● ●
😐	● ●	●		● ● ●●	● ●● ●
🙁	● ●				●
😞	●		● ●		

SMART Response: Eine alternative Möglichkeit, das Stimmungsbild aufzufangen, besteht im Abfragen mit *SMART Response*, einem Zusatzprodukt von SMART. Das System wird standardmäßig mit sogenannten „Clickern" für jeden Schüler ausgeliefert. Dabei handelt es sich um Geräte in der Größe eines Handys, mit dem die Schüler Zahlen oder alphanumerische Antworten an den Lehrer rückmelden können. Wenn die Schüler über eigene Computer verfügen, beispielsweise Netbooks, kann auch eine Software-Variante der Clicker verwendet werden. Die Software heißt dann *SMART Response CE*, wobei das CE für *Computer Edition* steht.

Stimmungsbarometer: Auch hier werden Punkte (via Endloskloner) von Schülern an verschiedene Positionen verschoben. Dabei handelt es sich allerdings um skalierte Kategorien, das heißt, die Schüler können innerhalb einer Kategorie eine Bewertung vornehmen (z. B. zwischen „Stimme ich zu" und „Lehne ich ab"). So kann die augenblickliche Befindlichkeit der Klasse ermittelt werden.

Statt einfacher Punkte können auch die Namen oder Bilder der Schüler vorbereitet werden, und jeder Schüler positioniert sich selbst an einer Stelle. Eine weitere Variation ist die Feedback-Zielscheibe, bei der jeder Schüler sich selbst einschätzt und mit dem Punkt auf einer Zielscheibe festlegt, wie nah er selbst am Ziel ist.

Ideen- und Klagemauer: Während die Schüler in Einzel-, Partner- oder Gruppenarbeit an einer Aufgabe sitzen, wird das SMART Board zur Ideen- und Klagemauer. Schüler können hier während ihrer Arbeit Ideen, Kritik, Lob, Fragen oder Ergebnisse in Form kurzer Stichpunkte eintragen. Lehrer erhalten auf diese Weise ein schnelles Feedback, und für Schüler kann die Ideen- oder Klagemauer eine Ventilfunktion haben. Betonen Sie jedoch zuvor, dass persönliche Angriffe oder Beleidigungen ein Verstoß gegen die „Spielregeln" sind.

Offene Fragen zum Thema Förderalismus

Was ist ein Senat? Wer ist unser Präsident?

Wie ist das in anderen Staaten?

Warum gibt es eig. Förderalismus? Größe der Bundesländer?

Was darf denn ein Land überhaupt?

Ist das wie in Amerika?

Hausaufgabenkontrolle

Die Hausaufgabenkontrolle ist eine Variante der Wiederholung. Die Schüler haben zuvor Gelerntes selbstständig geübt. Durch Präsentation und Besprechung der Hausaufgabe werden die Inhalte wiederholt.

Warum?

Hausaufgaben können für die formative Auswertung vom Lehrer verwendet werden, um den Lernfortschritt zu erkennen, Fehlkonzepte aufzudecken und Lücken zu identifizieren. Der Lehrer oder andere Schüler können vorhandene Wissenslücken schließen und ggf. bestimmte Inhalte noch einmal wiederholen. Im Idealfall ist die Hausaufgabe nicht nur bloße Wiederholung, sondern führt bereits zum nächsten Stundenziel hin und kann so für die Aktivierung des nächsten Abschnitts verwendet werden.

Stolpersteine

Viele Fehler erfordern Wiederholungen und Richtigstellungen. Dabei ist das „Vorführen" des Schülers zu vermeiden, denn Hausaufgaben sind nicht dazu da, die Überlegenheit des Lehrers zur Schau zu stellen. Eine ausführliche Kontrolle der Hausaufgaben ist zeitintensiv. Wenn einzelne Arbeiten der Schüler vor der Klasse bewertet werden, kann dies für andere Schüler schnell langweilig werden. Man sollte daher alle Schüler in die Diskussion einbeziehen. Rückmeldungen und Richtigstellungen müssen nicht immer vom Lehrer kommen. Wichtig ist dabei aber das Fair Play: Kritik muss immer konstruktiv sein. Hämische Bemerkungen offenbaren ein ernsteres Kompetenzdefizit als fehlerhafte Hausaufgaben.

Am SMART Board

Präsentieren und Diskutieren der Hausaufgaben: In Kombination mit einer Dokumentenkamera oder einem Scanner können die Arbeitsergebnisse (Lösungen, Texte, Zeichnungen usw.) schnell ans SMART Board gebracht werden. In höheren Klassenstufen können Aufgaben auch direkt in Notebook erstellt werden. Der Schüler kann seine Arbeitsergebnisse an der Tafel präsentieren. Die Klasse kann dann gemeinsam darüber diskutieren. Besonders gute Abschnitte können hervorgehoben, Verbesserungsvorschläge direkt auf der Tafelseite eingefügt werden. Dadurch werden mehr Schüler aktiviert, und die Klasse lernt faire, konstruktive und qualifizierte Rückmeldungen zu geben. Das Hauptaugenmerk des Lehrers liegt dann nicht mehr auf der Beurteilung der Hausaufgabe, sondern darauf, die Diskussion zu moderieren und die Kommentare zu beurteilen.

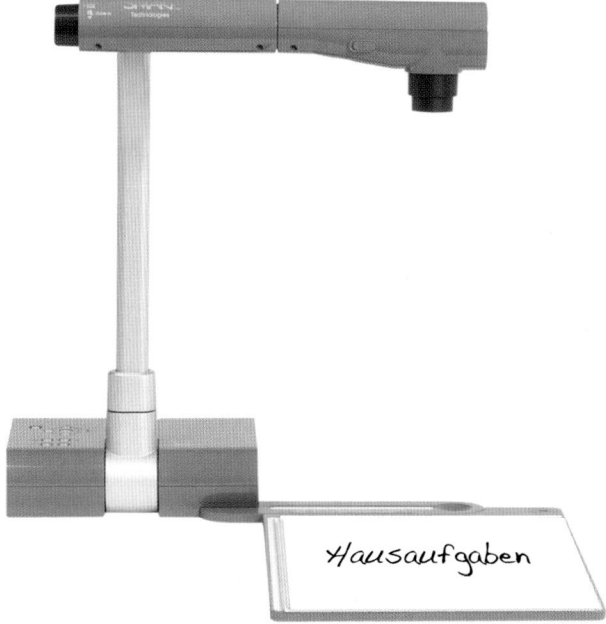

Verwenden der Hausaufgaben: Arbeitsergebnisse der Hausaufgaben können Grundlage für das weitere Vorgehen der Stunde sein. Wenn die Schüler zu einem Thema recherchieren sollten, dann lassen sich die einzelnen Informationen zusammentragen. Ähnliche Informationen können auf einzelnen Tafelseiten zusammengeführt werden. Wenn Schüler als Aufgabe erhalten, einen Themenkomplex zu strukturieren, dann können die einzelnen Gliederungen miteinander auf Ähnlichkeiten und Unterschiede verglichen werden.

Ergebnissicherung

Die Ergebnisse einer Unterrichtsphase werden in schriftlicher oder visueller Form festgehalten. Gemeinsam in der Klasse oder in Kleingruppen erarbeitete Ergebnisse werden zusammengefasst, beurteilt und gewichtet. Dabei werden die wesentlichen Aussagen und Erkenntnisse für den späteren Gebrauch in verkürzter Form festgehalten.

Warum?

Die Ergebnissicherung dient der Dokumentation und Protokollierung von Arbeitsergebnissen. Sie erlaubt eine kritische Bewertung der Arbeitsergebnisse und eine Verständigung über sozial ausgehandelte und ggf. verbindliche Unterrichtsergebnisse. Die Reduzierung der thematisch behandelten Sachverhalte auf prägnante Kernpunkte schärft die analytische Kompetenz und fördert sprachliche Ausdrucksfähigkeiten. Beim Sichern der Ergebnisse findet eine Wiederholung des Gelernten statt. Nach Phasen der Einzel-, Partner- oder Gruppenarbeit werden Teilergebnisse zusammengetragen und zu einem kohärenten Gesamtbild vervollständigt. Dies fördert die soziale Kompetenz beim Aushandeln der visuellen Darstellung.

Stolpersteine

Häufig kommt es vor, dass im Verlauf der Stunde nicht mehr genügend Zeit für die Ergebnissicherung bleibt. Die erarbeiteten Erkenntnisse werden dann oft nicht richtig gefestigt oder den Mitschülern nicht mehr kommuniziert. Daher sollte man bereits bei der Planung darauf achten, genügend Zeit für die Ergebnissicherung vorzusehen. Beim Zusammenführen der Ergebnisse übernimmt der Lehrer oft moderierende Funktionen. Dabei filtert und bewertet er implizit die Arbeitsergebnisse der Schüler. Schüler, deren Ergebnisse nicht berücksichtigt wurden, sollten hierbei jedoch nicht das Gefühl bekommen, ihre Meinung oder Auffassung sei weniger wertvoll.

Am SMART Board

Alternative Strukturierungen: Nachdem die einzelnen Schüler oder Gruppen ihre Ergebnisse vorgetragen und an der interaktiven Tafel visuell dokumentiert haben, werden diese in eine gemeinsam erarbeitete Struktur gebracht. Äußerungen oder Meinungen, die zunächst nicht ins Gesamtbild passen, werden nicht verworfen, sondern auf einer zusätzlichen Seite in Notebook festgehalten. Sie können später, wenn sich die Struktur gefestigt hat, eventuell doch noch integriert werden. Es ist aber auch möglich, diese Ansichten, die nicht zur übrigen Struktur passen, als zusätzliche oder alternative Aspekte unter einer neuen Überschrift zu sichern.

Ergebnisprotokoll: Verlauf und Entscheidungen einer Diskussion werden schriftlich am SMART Board notiert. Die wichtigsten Ergebnisse werden stichpunktartig festgehalten. Am Ende können die gesammelten Punkte sachlogisch strukturiert werden, indem Vorschläge, Anträge, Beschlüsse oder Statements zu verschiedenen Überschriften verschoben oder auf thematische Notebook-Seiten gezogen werden.

Projektarbeit: Die Projektarbeit erlaubt zahlreiche Mitgestaltungsmöglichkeiten der Schüler. Die Einzelergebnisse oder das Gesamtergebnis einer Projektarbeit können am SMART Board festgehalten werden. So sehen die Schüler, was sie erarbeitet und geleistet haben. Zudem eignet sich die Sicherung einzelner Projektphasen für die Planung des weiteren Vorgehens und zur Dokumentation des Projektfortschritts.

Digitales Speichern der Ergebnisse: Die Arbeitsergebnisse einer Unterrichtseinheit können physikalisch auf einem Datenträger oder im Netz gespeichert werden. Dateien aus Notebook können in verschiedenen Formaten exportiert werden: Als Internetseite, PDF-Datei, PowerPoint®-Präsentation oder als Bilddateien. In der nächsten Unterrichtsstunde kann auf die gesicherten Ergebnisse zurückgegriffen werden – entweder als Wiederholung oder um einzelne Aspekte aufzugreifen, die in einem anschließenden Arbeitsauftrag vertieft werden.

Verteilen der Ergebnisse: Die gespeicherten Ergebnisse können per E-Mail an die Schüler versendet oder in ein Lernmanagement-System (LMS) wie beispielsweise Moodle eingestellt werden. Schüler haben zu Hause die Möglichkeit, die Inhalte herunterzuladen und mit ihnen weiterzuarbeiten. Wenn die erarbeiteten Ergebnisse auch für andere Klassen oder Schulen interessant sind – z. B. die Dokumentation einer Exkursion in ein Museum – dann ist auch die Bereitstellung der Datei auf öffentlichen Servern eine Option. Dabei gilt es zu beachten, dass keine Urheberrechte verletzt werden. SMART Exchange ist ein kostenloser Web 2.0-Dienst, auf dem Notebook-Dateien ausgetauscht werden können: *http://exchange.smarttech.com*

Collage

Ziel ist die Sammlung und visuelle Präsentation von Informationen und Ergebnissen für die Mitschüler und eventuell die Öffentlichkeit (z. B. für Eltern oder den Tag der offenen Tür). Sie umfasst Überschriften, Texte, Bilder, selbst angefertigte Zeichnungen und Diagramme.

Warum?

Erarbeitete Informationen sind für die Schüler, die eine Collage erstellt haben, länger zugreifbar. Die Erstellung und Aufbereitung der Informationen erfordert eine Auseinandersetzung und ein Verstehen des Stoffes. Die attraktive visuelle Aufbereitung der Inhalte fördert zudem gestalterische Fähigkeiten. Collagen eignen sich für Regeln, Formeln, Begriffe oder wichtige Daten.

Stolpersteine

Collagen sollten nicht mit textlichen Informationen überfrachtet werden, im Vordergrund steht der visuelle Aspekt. Die Schüler sollten auf eine übersichtliche Gliederung achten. Das Erstellen der Collage ist ein Arbeitsauftrag an die Schüler, sie sollen selbst aktiv werden. Das SMART Board kann daher nur als eine mögliche Station für das Zusammenführen oder Präsentieren von Informationen dienen. Es sollte nicht so eingesetzt werden, dass der Lehrer die Gestaltung der Collage aus einer frontalen Position heraus übernimmt.

Am SMART Board

Zusammenführen von Einzelteilen: Schülergruppen können Teilaspekte der Collage recherchieren und zusammentragen. Wenn die Schüler mit einem eigenen PC oder Netbook ausgestattet sind, können sie ihre Collagen in Gruppen erstellen. Das SMART Board dient dann nur für die Präsentation der von den Schülern erstellten Notebook-Dateien. Die einzelnen Seiten lassen sich in eine einzelne Notebook-Datei einfügen und miteinander kombinieren.

Zeitleiste: Arbeitsergebnisse sollen chronologisch geordnet werden, dabei wird eine Zeitleiste als Visualisierungsform gewählt. Sie verschafft einen Überblick über die Reihenfolge von Ereignissen, zeitliche Abstände, parallele Ereignisse und zeitliche Zusammenhänge. Auf der Zeitleiste können Daten, Texte, Bilder und Ideen eingetragen werden. Als Grundlage für die Zeitleiste können die Ergebnisse eines Brainstormings, Screenshots eines Films oder Bilder aus dem Internet dienen. Das Erstellen einer Zeitleiste kann auch über mehrere Unterrichtsstunden hinweg erfolgen. Wenn die Zeitleiste zu viele Details enthält, können Ereignisse stichpunktartig aufgenommen und mit weiteren Informationsseiten verlinkt werden. Das Füllen der Informationsseiten zu historisch wichtigen Ereignissen kann als Arbeitsauftrag an Schülergruppen gegeben werden. Aufgrund der unterschiedlichen Komplexität und Verfügbarkeit von Datenquellen ergeben sich Aufgaben unterschiedlichen Niveaus, was für einen Differenzierung genutzt werden kann. Schüler erhalten zudem die Möglichkeit, selbstgesteuert Teile der Zeitleiste zu erarbeiten und individuelle Schwerpunkte zu setzen.

Exkursion: Bilder, Video- und Tonaufnahmen eines Schulausflugs können am SMART Board oder an den Schülercomputern zusammengeführt und visuell aufbereitet werden. Bildmaterial lässt sich mit recherchierten Informationen verknüpfen.

Eigene Hörspiele produzieren: Collagen können auch für die Visualisierung von Hörspielen eingesetzt werden. Die Kinder schlüpfen in verschiedene Rollen und zeichnen den von ihnen gesprochenen Text auf. Die Audio-Dateien speichern Sie auf dem Rechner ab. Dazu müssen Sie ein Mikrofon an Ihren Rechner anschließen. Als Alternative zum Windows Recorder ist das kostenlose Programm Audacity® für die Aufnahme empfehlenswert. Mit dieser Software können Sie den aufgenommenen Sound komfortabel nachbearbeiten, zum Beispiel störende Pausen oder Versprecher wegschneiden. In Notebook können Sie die abgespeicherten Audio-Dateien wieder mit Bildern verbinden. Dadurch ist es zum Beispiel möglich, Comic-Figuren in einer Szene zu platzieren und mit den Stimmen Ihrer Schüler sprechen zu lassen.

Schülerpräsentation

Schüler können das SMART Board für eine mediengestützte Präsentation ihrer erarbeiteten Ergebnisse nutzen. Dies kann auf kreative und unterhaltsame Weise unter Einbeziehung der interaktiven Gestaltungsmöglichkeiten der Notebook-Software geschehen. Die Schülerpräsentation eignet sich z. B. für die Darstellung von Projektergebnissen, Forschungs- und Experimentalergebnissen. Nach der Präsentation können Schüler und Lehrer sowohl inhaltliches Feedback geben als auch die Präsentationsform bewerten.

Warum?

Die Schülerpräsentation erfordert eine intensive Auseinandersetzung mit den zu präsentierenden Informationen. Es muss eine Auswahl der wesentlichen Kernpunkte getroffen werden, wodurch die fachliche Kompetenz innerhalb des Themas gefestigt wird – Lernen durch Lehren. Für die Aufbereitung der Präsentation werden zudem methodische und soziale Kompetenzen des Schülers gefördert, denn er muss die Inhalte ansprechend vermitteln. Das überzeugende Präsentieren von Informationen ist eine Schlüsselqualifikation für den beruflichen Erfolg und wird sowohl im wissenschaftlichen wie im wirtschaftlichen Umfeld verlangt.

Stolpersteine

Die Präsentation vor der Klasse soll auch ein selbstbewusstes Auftreten der Schüler fördern. Eine misslungene Präsentation kann jedoch genau das Gegenteil bewirken, wenn der Schüler sich vor der Klasse blamiert. Daher sollte bereits vorher mit der Klasse trainiert werden, worauf es bei der Durchführung der Präsentation ankommt. Dazu können verschiedene Präsentationstechniken als Unterrichtsthema gewählt werden. Wie bei einem Lehrervortrag besteht die Gefahr, dass die vermittelten Inhalte für den Rest der Klasse langweilig sind. Daher kann an die Zuhörer ebenfalls ein klarer Arbeitsauftrag erteilt werden, z. B. das Notieren wichtiger Schlüsselwörter, das Aufschreiben von Kommentaren zu einzelnen Aussagen sowie das Sammeln von positiver und konstruktiver Kritik am Vortragsstil. Zudem sollte die Präsentation nicht zu lang geraten.

Am SMART Board

Notebook einsetzen: Schüler dürfen die Notebook-Software kostenlos nutzen, wenn ein SMART Board an ihrer Schule vorhanden ist. Damit haben sie alle Möglichkeiten zur kreativen Gestaltung von Vortragsseiten: Überschriften und Stichpunkte, Bilder und Rahmen, interaktive Veränderung der Inhalte, den Bildschirmvorhang und vieles mehr. Die Produktion von Artefakten (hier der Präsentation) als Arbeitsauftrag ist eine sehr handlungsorientierte Methode.

Präsentieren von Arbeitsergebnissen: Nach der Gruppenarbeit kann ein Schüler jeder Gruppe die erarbeiteten Ergebnisse am Board skizzieren und stichpunktartig wiedergeben. Bei einer themendifferenzierten Bearbeitung in Gruppen ergänzen sich die Ergebnisse der einzelnen Gruppen.

Einbinden von Filmen und Bildern: Schüler können ihre Präsentation mit visuellem Material anreichern. Im Anschluss an die Präsentation kann diskutiert werden, ob der Einsatz der Bilder angemessen war: Hat das Bild zu den Präsentationsinhalten gepasst? Hat es die Aussagen unterstützt oder eher vernebelt?

Einbinden von Audio: Wenn Schüler die Ergebnisse von Interviews oder Reportagen präsentieren, dann können sie sehr einfach Tondateien als Originalaussagen einbinden. Beispielsweise können auf einer Seite die Bilder von Interviewpartnern abgebildet werden. Wenn man auf ein Bild klickt, hört man die Aussage der Person. So lässt sich auch ein Dialog oder Interviewverlauf nachträglich noch einmal durchspielen. Im Internet finden sich Anbieter, die lizenzfreie Audio-Dateien bereithalten.

Seit dem wir das Smart board haben kann man Referate am PC zeigen.

Svenja

Literatur über interaktive Whiteboards

Barber, D., Cooper, L., & Meeson, G. (2007). *Learning and teaching with interactive whiteboards: Primary and early years.* Achieving QTS. Exeter: Learning Matters.

Betcher, C. & Lee, M. (2009). *The Interactive Whiteboard Revolution: Teaching With Iwbs.* Camberwell: ACER Press.

Braham, G. (2006). *How to survive and succeed with an interactive whiteboard.* Cambridge: LDA.

David, A., & Phillips, M. (2006). *You can use an interactive whiteboard.* London: Scholastic.

Gage, J. & Fulton, D. (2005). *How to Use an Interactive Whiteboard Really Effectively in Your Primary Classroom.* London: David Fulton Publishers.

Gage, J. & Fulton, D. (2006). *How to Use an Interactive Whiteboard Really Effectively in Your Secondary Classroom.* London: David Fulton Publishers.

Gutenberg, U., Iser, T., Machate, C. (2010). *Interaktive Whiteboards im Unterricht: Das Praxishandbuch.* Braunschweig: Schroedel Verlag.

Martin, D. (2009). *Activities for Interactive Whiteboards.* Esslingen: Helbling.

Palecek, M. (2008). *Simple SMART skills for teacher productivity and learner engagement.* United States: Lulu Press.

Palecek, M. (2008). *Simple SMART skills. Winning with Windows Notebook 10 software Volume 2*, (Win). United States: Lulu Press.

Schlieszeit, J. (2011). *Mit Whiteboards unterrichten: Das neue Medium sinnvoll nutzen.* Weinheim: Beltz Verlag.

Literatur zu Unterrichtsmethoden und -gestaltung

Best, B., & Thomas, W. (2007). *The creative teaching and learning toolkit.* London: Continuum.

Brenner, G. (2007). *Fundgrube Methoden 2: Für Deutsch und Fremdsprachen.* Berlin: Cornelsen Scriptor.

Brenner, G., & Brenner, K. (2005). *Fundgrube Methoden 1, Für alle Fächer.* Berlin: Cornelsen Scriptor.

Edelmann, W. (1996). *Lernpsychologie.* Weinheim: Beltz.

Klippert, H. (2008). *Methoden-Training Übungsbausteine für den Unterricht.* Weinheim: Beltz.

Ginnis, P. (2003). *The teacher's toolkit: Raise classroom achievement with strategies for every learner.* Carmarthen: Crown House.

Gugel, G. (2007). 1000 neue Methoden: *Praxismaterial für kreativen und aktivierenden Unterricht.* Weinheim: Beltz.

Hasebrook, J. (1995). *Multimedia-Psychologie: Eine neue Perspektive menschlicher Kommunikation.* Heidelberg: Spektrum Akademischer Verlag.

Hoy, A. W., & Schönpflug, U. (2008). *Pädagogische Psychologie.* München: Pearson Studium.

Mattes, W. (2006). *Methoden für den Unterricht: 75 kompakte Übersichten für Lehrende und Lernende.* Paderborn: Schöningh.

Meyer, H. (2002). *Unterrichtsmethoden 1, Theorieband.* Berlin: Cornelsen Scriptor.

Meyer, H. (2003). *Unterrichts-Methoden 2, Praxisband.* Berlin: Cornelsen Scriptor.

Nückles, M. (2004). *Mind Maps und Concept Maps: Visualisieren – Organisieren – Kommunizieren.* München: Dt. Taschenbuch-Verl.

Overall, O. & Sangste, M. (2003). *The Secondary Teacher's Handbook.* London: Continuum.

Peterssen, W. H. (2009). *Kleines Methoden-Lexikon.* München: Oldenbourg.

Schröder, H. (2001). *Didaktisches Wörterbuch: Wörterbuch der Fachbegriffe von „Abbilddidaktik" bis „Zugpferd-Effekt.* München: Oldenbourg.

Seifert, J. W. (2006). *Visualisieren, Präsentieren, Moderieren.* Offenbach: Gabal.

Ware, C. (2008). *Visual thinking for design.* Burlington, Mass: Morgan Kaufmann.

Weidenmann, B. (1991). *Lernen mit Bildmedien: Psychologische und didaktische Grundlagen.* Mit den Augen lernen Seminareinheit, 1. Weinheim: Beltz.

Bildnachweis

S. 45, 47: Alexey Bannykh © www.fotolia.de

S. 50: Alexey Bannykh © www.fotolia.de

S. 51: Walter Villa © www.fotolia.de

S. 65: Sebastien Alderboom © www.fotolia.de

S. 74: drizzd © www.fotolia.de

S. 75-77: LoopAll © www.fotolia.de, drizzd © www.fotolia.de , SHDR © www.fotolia.de, will © www.fotolia.de, Actomic © www.fotolia.de, Andrzej Tokarski © www.fotolia.de, Stian Iversen © www.fotolia.de

S. 84: Sebastian Kaulitzki © www.fotolia.de

S. 85: Patrick Hermans © www.fotolia.de, axel kock © www.fotolia.de

S. 86: OOZ © www.fotolia.de

S.117: PHOTOPOLITAIN © www.fotolia.de, Alex © www.fotolia.de, Yuri Arcurs © www.fotolia.de

S. 118: Andres Rodriguez © www.fotolia.de, Galina Barskaya © www.fotolia.de

S. 120: Maluson © www.fotolia.de

S. 125: roadrunner © www.fotolia.de

S. 126: Friedberg © www.fotolia.de, Stephen Sweet © www.fotolia.de, Rainer Claus © www.fotolia.de, Actomic © www.fotolia.de, daboost © www.fotolia.de, zentilia © www.fotolia.de, AKS © www.fotolia.de, Ericos © www.fotolia.de, Ismael M Verdu © www.fotolia.de, caraman © www.fotolia.de, Mario © www.fotolia.de

S. 127: Emilia Stasiak © www.fotolia.de, ooppmm © www.fotolia.de, Olga Struk © www.fotolia.de

S. 128: Gernot Krautberger © www.fotolia.de

S. 130: Andre Adams © www.fotolia.de, OOZ © www.fotolia.de

S. 132: Julia Lami © www.fotolia.de, SyB © www.fotolia.de

S. 133: Vasilius © www.fotolia.de

S. 134: Alexey Bannykh © www.fotolia.de, aggressor © www.fotolia.de

S. 139: Rui Vale de Sousa © www.fotolia.de

S. 142: Matthew Cole © www.fotolia.de

S. 145: vanda © www.fotolia.de

S. 151: Marion Wear © www.fotolia.de, Kenneth Sponsler © www.fotolia.de

S. 155: Luis Louro © www.fotolia.de

S. 156: Thomas Holländer © www.fotolia.de

S. 158: Kaarsten © www.fotolia.de

S. 161: Stephen Sweet © www.fotolia.de

S. 163: Stephen Sweet © www.fotolia.de, Nicholas Homrich © www.fotolia.de

S. 167: Mario © www.fotolia.de, Pehel © www.fotolia.de

S. 175: vanda © www.fotolia.de, Leonid Dorfman © www.fotolia.de

S. 179: KonstantinosKokkinis © www.fotolia.de

S. 184: Ilja Biletski © www.fotolia.de, Rob © www.fotolia.de

S. 187: Radosław Brzozowski © www.fotolia.de

S. 188: Yuri Arcurs © www.fotolia.de

S. 190: Monkey Business © www.fotolia.de

S. 198: sabri deniz kizil © www.fotolia.de

S. 199, 200: Kheng Guan Toh © www.fotolia.de

S. 214: caraman © www.fotolia.de

S. 215: A Buasi © www.fotolia.de, Christian Jung © www.fotolia.de,

S. 216: Yves Damin © www.fotolia.de, Fatman73 © www.fotolia.de

Hand: danielschoenen © www.fotolia.de

Produktfotos: © SMART Technologies ULC

Screenshots: Christian Kohls

Zeichnungen: Patrizia Stovermann, Christian Kohls

Zeichnungen der Smons: Ulrike Beck

Comic auf der Rückseite: Bianca Redel

Trademarks

Adobe, Flash und *Photoshop* sind Warenzeichen oder eingetragene Warenzeichen von Adobe Systems Incorporated in den Vereinigten Staaten und/oder anderen Ländern.

Algodoo ist ein Warenzeichen von Algoryx Simulation AB in Schweden und anderen Ländern.

Audacity ist ein Warenzeichen von Dominic Mazzoni.

Metaplan ist ein eingetragenes Warenzeichen der Metaplan – Thomas Schnelle Gesellschaft für Planung und Organisation

Microsoft, Windows, Excel und *PowerPoint* sind Warenzeichen oder eingetragene Warenzeichen der Microsoft Corporation in den Vereinigten Staaten und/oder anderen Ländern.

moowinx ist ein eingetragenes Warenzeichen der pharus53 software solutions GmbH.

Wikipedia ist ein eingetragenes Warenzeichen der Wikimedia Foundation, Inc.

SMART Technologies, SMART Board, SMART Notebook, SMART Notebook Math Tools, SMART Response, SMART Exchange sind Marken oder eingetragene Marken der SMART Technologies ULC in den USA, Kanada und/oder weiteren Ländern.

Danksagung

Als erstes möchte ich mich bei allen engagierten Lehrern bedanken, die mit ihren zahlreichen Ideen und Best Practices Grundlage und Motivation für dieses Buch waren. Meinen ehemaligen Kollegen von *e-teaching.org* – Dr. Birgit Gaiser, Simone Haug, Dr. Stefanie Panke, Dr. Anne Thillosen und Dr. Joachim Wedekind – möchte ich für den intensiven Gedankenaustausch über das Lernen und Lehren mit digitalen Medien danken. Ein besonderer Dank geht an das komplette Team von SMART – für das unglaubliche Engagement, die Inspirationen und Kollegialität. Susanne Feick gebührt Dank für die hervorragende Korrektur des finalen Textes; meiner Schwester Claudia danke ich für das letzte inhaltliche Gegenlesen. Alle verbliebenen Fehler sind allein mein Verschulden. Gundel Döhner und Jan Koop danke ich, dass sie spontan ihre Schüler gefragt haben, was ihnen am SMART Board besonders gefällt. Und zuletzt noch ein großer Dank an zwei Personen, ohne die dieses Buch nicht möglich gewesen wäre: Tobias Windbrake für das gemeinsame Entwickeln und Ausprobieren von Ideen über die letzten Jahre hinweg und Patrizia Stovermann für den einfach unglaublichen Einsatz bei der Gestaltung und Strukturierung dieses Buches.